가짜 노동

스스로 만드는 번아웃의 세계

데니스 뇌르마르크 & 아네르스 포그 옌센 지음

이수영 옮김

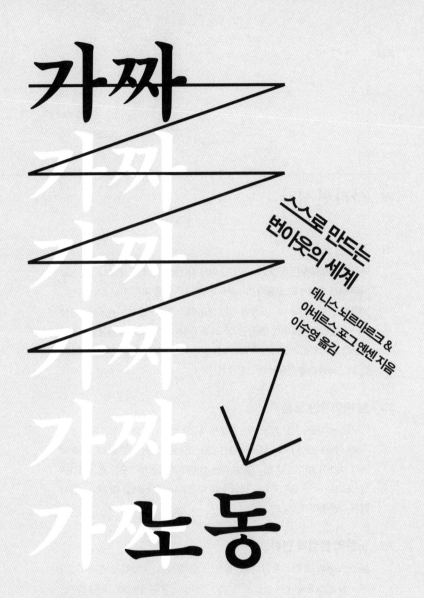

가짜

스스로 만드는
번아웃의 세계

데니스 뇌르마르크 &
아네르스 포그 옌센 지음
이수영 옮김

노동

자음과모음

차례

1부 사라진 시간

1장 지나친 노동량

2장 텅 비어가는 노동

3장 노동의 본질과 변화

『벌거벗은 임금님』은 세계적으로 사랑받는 덴마크 작가 안데르센의 동화다. 이 이야기에는 호화로운 새 의상을 만들겠다고 임금을 속이고선 아무 일도 하지 않는 두 명의 옷감 직공이 나온다. 이 사기꾼들은 임금과 대신들에게 멍청하고 천박한 이에게는 보이지 않고 똑똑하고 고상한 이에게만 보이는 옷감을 짜고 있다고 말했고, 그들의 꾀는 먹혔다. 그래서 임금이 벌거벗은 채로 거리를 행진할 때, 군중 속 어린 소년이 "임금님이 옷을 안 입었어!" 하고 소리치고 나서야 다들 속임수를 깨닫고 지배자의 나르시시즘과 자기기만에서 비롯된 부조리를 인식하게 된다.

    2018년 4월 『가짜 노동^{Pseudoarbejde}』의 덴마크어판이 출간되었을 때 많은 독자들이 이 책과 안데르센 동화의 유사점을 떠올렸다. 저자인 우리도 비교할 점이 꽤 있다고 생각했다. 왜냐하면 이 책은 노동의 세계에 뿌리내린 환상에 대해 묘사하고 있기 때문이다. 노동의 대부분이 우리가 믿고 싶어 하는 것보다 훨씬 더 의미 없는 신기루에 가깝다. 그러나 사람들은 종종 자기 노동의 허상적 본질을 부정한다. 또 어떤 이들은 자기가 하는 일을 아예 이해하지 못한다. 자기 노동의 복잡성을 파악할 능력이 없는 것이다.

출간 전 우리는 이 책의 내용을 독자들이 어떻게 받아들일지 걱정했다. 하지만 책이 서점에 진열되자, 억눌려 있던 목소리들이 분출구를 얻은 듯 예상보다 훨씬 큰 반응이 터져 나왔다.

이 책에서 자신의 모습을 발견한 이들이 소셜 미디어에 자기가 하고 있는 가짜 노동에 대한 글을 올렸으며, 우리에게도 수백 통의 이메일을 보냈다. 독자의 대다수는 책을 읽고 얼마나 속이 후련한지 모르겠다며, 자신의 좌절감과 혼란스러움을 글로 잘 표현해준 것에 대해 감사를 표했다. 그들은 그동안 지독한 소외감을 느꼈으며, 자신에게 뭔가 잘못이 있다는 생각에 괴로웠다고 말했다. 이 책은 그들에게 다른 관점을 제시했다. 즉 진정한 문제는 조직, 경영, 리더십, 사회 안에 있다는 것이다. 또한 많은 이들이 이전부터 품고 있던 막연한 감정에 '가짜 노동'이라는 용어를 제시했다. 이제 독자들은 사회 전체로 보았을 때, 막대한 시간과 에너지의 낭비일 뿐 아니라 개인의 삶에 있어서도 파국적이고 존재론적 낭비인 상황에 대한 개념어를 가지게 되었다. 말하자면 벌거벗은 임금과 대신들처럼 그동안 자신이 속아왔음을 깨닫고 어떻게 하면 이런 한심한 행렬에 효과적으로 대처할 수 있는지 알게 된 것이다.

이 책은 덴마크에서 기록적인 속도로 베스트셀러 순위에 올랐다. 시사적인 주제를 다룬 책으로서는 드문 경우였고, 이 현상과 해결 방법에 대해 더 알아보고자 하는 언론과 업계의 문의가 쇄도했다. 이 책에 달린 해시태그 #pseudoarbejde 역시 비슷한 반응을 낳으며 무의미한 노동에 대한 저항의 흐름을 일으켰다.

어느 순간 사람들은 동화 속의 용감한 어린 소년이 되어 필요하지 않은 인력과 업무들에 대해 목소리를 높였다. 덴마크 전역에 특별 팀이 설치되어 가짜 노동을 밝혀내고 폐지하고 금지시켰다. 심지어 총리인 메테 프레데릭센이 이 책을 읽고 '가짜 노동'이라는 개념과 이를 분석하는 내용을 언급하며 널리 추천하기도 했다. 사회의 정치 지도자들과 기업의 경영진이 우리 생각을 적용해 가짜 노동을 몰아내겠다고 선언하기 시작했다. 우리가 감히 꿈꾸던 것보다 훨씬 큰 규모의 반응이었다.

우리가 이 영어판 서문을 쓰던 당시는 코로나19 대유행으로 국가적 봉쇄 조치가 내려진 시기였다. 사회는 하룻밤 만에 뒤집어졌다. 일자리를 잃고 집에 머무는, 휴직 처리된 노동자들이 점차 늘어났고 영국에서는 정부가 의사, 간호사, 교사, 청소부 등을 포함한 '필수 인력' 목록을 만들어 발표했다. 정말이지 재미있는 건, 전문 경영인, 경영 컨설턴트, 감사 책임자, 홍보 전문가 등은 거기에 포함되지 않았다는 사실이다. 사람들이 집에 머문다고 해서 사회가 돌아가지 않는 것은 아니었다. 하지만 우리 중 많은 수가 이제 필수 인력의 개념을 다시 생각하게 되었다. 특히나 필수 인력 중 많은 수가 형편없는 임금을 받는 반면, 온갖 종류의 컨설턴트들은 돈을 긁어모으고 있는 역설에 대해서 말이다.

유행병에 대한 다양한 국가적 반응은 직장 생활을 매우 다른 관점에서 바라보게 했다. 이 상황은 우리가 '뉴노멀', 즉 새로운 기준을 만들 때 고려해야 할 노동 관습의 특정한 측면을 날카롭게 부각시켰다.

집에서 일하게 된 사람들은 더 이상 예전처럼 많은 훼방을 받지 않아도 된다는 사실을 깨달았다. 회의가 취소되었으나 아무도 아쉬워하지 않았다. 중대한 문제였던 주민 참여 프로그램에 대한 지자체 평가 작업 역시 보류되었지만 봉쇄가 풀려도 이를 다시 묻는 사람은 없을 것이다. 사람들은 갑자기 하루치 업무량을 단 두세 시간 만에 완수할 수 있음을 알게 되었다. 모두 뭔가 하느라 늘 바빠 보여야 했던 일터에서는 상상할 수 없던 방종, 예컨대 창문을 내다보며 생각을 가다듬는 행동을 해도 괜찮았다. 즉, 가짜 노동에는 관중이 필요했던 것이다. 관중이 없을 때 우리가 더 이상 하지 않아도 되는 일은 너무나 많다.

이런 의미에서 코로나19 위기는 이상한 종류의 기폭제가 되었다. '정상'이라 여겨온 시기에 우리가 종일 하던 일을 재평가하는 촉매제가 된 것이다. 하지만 우리가 어떤 일을 하는지와 같은 이런 근본적인 문제에 대한 반성이, 유행병이 창궐할 때만 반짝하고 사라져서는 안 된다. 우리는 주기적으로 이 같은 의미 있는 반성을 해야 한다. 반성이 없는 삶은 맹목적이고 미련하다. 일터에서의 시간과 자원을 낭비할 뿐 아니라 우리의 소중한 삶을 허비하는 것이다. 그 성찰의 과정을 이끌어나가는 데 이 책이 작은 도움이 되길 바란다.

이 책을 통해 가짜 노동의 출현과 확산에 관한 다양한 사례를 소개, 분석하고 개념적 틀을 만들어낼 것이다. 또한 개인적이고 조직적인 차원에서 무엇을 할지, 하지 말아야 할지에 대해 구체적인 방법을 제안할 것이다. 그래서 변화의 지엄한 중요성과 업무의 신성한 본성에 대해 떠드는 허황된 말에 압도되고 혼란스러울 때, 뭔가 잘못된 것은 여러분이 아니라는 깨달음과 믿음을 이 책이 주었으면 한다. 즐거운 독서 되시길!

2020년 5월 덴마크에서

데니스 뇌르마르크, 아네르스 포그 옌센

이 책을 공동 집필한 우리 두 사람은 덴마크의 뉴스 프로그램 〈데드라인〉에 출연해 스웨덴 사회학자 롤란드 파울센의 논문에 대해 토론한 적이 있다. 그 논문은 지식 집약 노동 분야에서 일련의 사람들을 관찰하고 면담한 후, 그들이 하는 일이 거의 없다는 결론에 도달했다. 〈데드라인〉 제작진은 이것이 재미있는 논쟁거리가 되겠다고 판단하고, 정치적 성향이 전혀 다르고 한 번도 만난 적 없는 우리 두 사람을 섭외했다.

하루는 제작진이 우리에게 전화해 프로그램의 기획 의도를 전했다. 우리는 아직 논문을 읽지 않은 상태였지만 제작진의 설명에 귀를 기울였다. 그는 토론이 아주 재미있을 것이라고 말했다. "생각해보세요. 고소득 종사자의 많은 수가 직장에서 시간이 남아돈다고 인정했습니다." 제작진의 말에 우리 둘 다 놀라움을 나타내긴 했지만, 내심 그 연구 결과가 사실일 것이라고 생각했다. 출연을 결정한 우리는 이를 포함해 더 광범위한 사회적 상황에 대해 토론하기로 합의했다.

생방송은 출연자의 뇌를 쟁반에 담아 내놓는 것과 마찬가지이기 때문에 녹화장은 긴장감이 넘쳤다. 분장실에서 만난 우리는, 토론 주제를 미리 꺼냈다가 생방송 토론 때 맥이 빠지는 상황을 방지하기 위해 재담만 주고 받았다. 그러고 보면 그때 우리 두 사람의 의상은 상당히 대조적이었다. 아네르스는 단정한 느낌의 조끼를 입고 넥타이를 맸으며 데니스는 편한 셔츠 차림이었다. 아네르스는 좌파로 섭외되었고 데니스는 우파였지만 왠지 정치적 전형성에 반항하는 차림을 하고 싶은 모종의 충동을 느낀 것이다. 카메라 앞에 자리를 잡고 앉자 앞에 물잔이 놓였다.

프로그램은 문제의 논문을 쓴 롤란드 파울센의 영상으로 시작했다. 그의 현장 연구는 지식노동자, 컨설턴트, 사무직의 업무가 그다지 실체가 없고 계량화하기 매우 어려우며 뜬구름 같다는 사실을 밝혔다. 사실 그들은 업무의 상당 시간을 딱히 하는 일 없이 보냈다. 우리는 영상을 보면서, 머릿속으로는 곧 있을 토론을 준비했다. 긴장한 채 말없이 서로를 흘금거리며 사회자의 신호를 기다렸다. 그러나 사회자는 정체 모를 프린트물에 코를 박고 있었다.

토론이 시작되어 각자 준비한 장기를 펼치려는데, 또 다른 참가자가 갑자기 임금격차에 대한 광범위한 논쟁 주제를 먼저 꺼냈다. 그러자 아네르스가 끼어들었다.

"말씀하시는 내용을 들으니 가장 적게 버는 사람들이 가장 많은 일을 하고 가장 많이 버는 사람들이 가장 적게 일한다고 주장하시는 듯하네요. 뭔가 하고 싶은 다른 말씀이 있나 봐요."

그러자 사회자가 데니스에게 어떻게 생각하느냐고 물었다. 데니스는 오늘날의 지식노동자를 눈에 보이는 실체라는 구식 기준으로 비난하는 것부터가 완전히 잘못되었다고 답했다.

사회자가 끼어들었다.

"혹시 그들이 너무 높은 임금을 받기 때문일까요?"

데니스는 사회자의 질문을 슬쩍 피했다.

"하지만 그들에게 그렇게 많이 지불하기를 원하는 고용주가 있습니다. 그러니 분명 그들의 노동에 어떤 종류의 가치가 있는 거예요. 그렇지 않나요? 어쩌면 그것은 전통적 의미에서의 가치가 아닐 수도 있죠. 그러나 그들이 하는 일을 중시하는 모종의 가치 체계가 현대사회에는 분명히 존재해요."

토론은 한동안 딴 길로 새다가 아네르스가 데니스의 논점을 다시 끄집어내면서 방향을 되찾았다. 아네르스는 데니스에 반대되는 의견을 냈다.

"그렇습니다. 하지만 데니스, 뭔가에 대한 수요가 있다고 해서 그게 꼭 합리적이라거나 건전하다고 볼 수는 없어요."

데니스는 눈썹을 찌푸렸고 약간 놀란 듯했다.

아네르스는 이어서 말했다.

"어쩌면 우리가 컨설턴트의 문제 해결 능력을 너무 믿고 있기 때문에 그들에 대한 수요가 여전히 높고, 그들에게 비싼 용역을 지불하는 시장이 계속 존재하는지도 모르죠. 하지만 그게 반드시 상식은 아닙니다."

토론 주제는 공공 부문이 컨설팅을 얼마나 사용하고 있는지로 넘어갔다. 논쟁이 끝에 다다르자 데니스는 자신의 주요 논점으로 돌아가, 자유 시간은 창조적이고 지식이 집중적으로 필요한 일터에 꼭 필요한 요소라고 주장했다.

데니스는 사회자를 향해 말했다.

"인간은 갑자기 창조적으로 될 수는 없습니다. 반짝 떠오른 생각을 발전시킬 자유를 줘야 해요. 그 반대는 온갖 종류의 제한, 규칙, 체계를 지정해주는 겁니다."

아네르스도 이 말에 동의했다. 실수하고 그로부터 배울 시간과 공간을 가지는 게 중요하며, 스톱워치와 함께 매사에 감시당해서는 개인이 가진 능력을 충분히 발휘하는 것이 불가능하다고 했다.

아네르스가 말했다.

"나도 일터에서 매일 낮잠 시간을 가집니다."

사회자와 데니스는 미소를 교환했다.

이후 녹화를 무사히 마친 우리는 토론 주제가 잘 해결되었다는 홀가분한 기분으로 녹화장을 떠났다. 방송국 앞에서 같은 택시를 탄 우리는 목적지에 도착할 때까지 우리 일뿐 아니라 다른 사람들의 일에 대해 많은 이야기를 나눴다.

그러고 나서 언제 다시 만나 한판 붙기를 기대하며 헤어졌다. 우리 같은 시사 논평가는 라디오와 텔레비전 프로그램에 이따금 출연해 분석과 견해를 제공하는 게 밥벌이니까. 하지만 이후로 좀처럼 다시 만나지지 않았다. 수년이 지나서 데니스가 아네르스에게 이메일을 보내기 전까지 말이다.

'방송에서 만난 지 3년이 됐네요. 그동안 계속 생각해봤는데요. 그때 많이 배웠고 당신이 한 말 중 일부는 옳았다는 결론에 도달

했습니다.'

컨설팅 업계에서 일하던 데니스는 퇴사 후 문득 자신이 하던 업무에 대해 자각했다. 어떤 일은 그저 공허한 말들에 지나지 않았고 실질적 의미가 없었다. 누가 기꺼이 대가를 지불하는 일이라고 해도 그것이 전혀 가치 없는 노동일 수 있다는 생각을 떨쳐버릴 수가 없었다.

토론회 때의 입장을 여전히 고수하고 있었던 아네르스 역시, 그 어느 때보다도 직업의 세계가 뭔가 잘못돼 있다는 확신이 강해졌다. 그래서 다음과 같이 답장을 썼다.

'그 방송 이후 더 많은 일터를 관찰할수록, 텅 빈 노동이 핵심 문제라는 확신이 듭니다. 남에게 보이려 하는 일, 형식적인 보고서, 아무 성과 없는 조직 개편의 끝없는 쳇바퀴에 우리가 얽매여 있지 않다면, 그곳에 들어가는 많은 시간과 노력을 우리가 사랑하는 사람과 좋아하는 일에 쓸 수 있지 않을까, 하고 때때로 생각합니다.'

우리는 이메일만 주고받을 것이 아니라 직접 만나기로 했다. 우리는 만나서 그동안 각자 봐온 것과 해온 일에 대해 오래 대화했고 롤란드 파울센의 책 『공허 노동 Empty Labor』이 드디어 출판되었을 때 왜 더 큰 반향을 일으키지 않았을까 의아해했다. 물론 한바탕 토론회들이 열렸고 우리도 각자 다른 곳에 불려 갔지만 좌파든 우파든 정치권의 누구도 이 문제에 대해 별로 관심을 갖지 않았다.

"어쩌면 누군가의 일이 무의미한 노동이라고 말하는 것이 금기이기 때문에 그런 건지도 모릅니다. 다들 자기가 얼마나 바쁜지 주장하느라 바쁘고, 다른 이들은 그게 정말 중요한 일인가 보다 하고 존중해주죠. 하지만 개인적으로 나는 어떤 사람한테서 그 사람이 무슨 일을 하는지 들었을 때, 나중에 다른 사람에게 그 일을 설명하는 것이 어려워진다는 걸 자주 느낍니다. 그 분야에 대한 저의 이해가 부족해서 그런 것 같지는 않아요. 뭔가 석연치 않은 느낌인 거죠." 아네르스가 말했다.

이후 우리는 문제를 좀 더 들여다보기로 합의했다. 우리뿐만 아니라 많은 사람이 중요하지도, 필요하지도 않은 일에 시간을 낭비하는 이 상황의 근본 원인을 들여다보고 싶었다. 석연치 않은 느낌의 이유를 알아야 했다. 또한 우리가, 즉 사회가 그토록 끈질기고 분주하게 구태의 삽질을 똑같이 되풀이하다가 스트레스로 나가떨어지는 부조리의 원인을 알아내야 했다.

직장 생활은 분명 우리에게 아주 중요해졌기 때문에 직장에서의 일을 미뤄두지 못하고 집에서조차 일을 하는 사람들이 있다. 업무가 점점 사적인 영역으로 침투되도록 허락하고 있었다. 처음에 우리는 롤란드 파울센이 연구한 지식 노동 유형의 직업에서 낭비되는 시간에 초점을 맞추려 했다. 하지만 우리의 관심은 더 넓은 범위로 확대되었다.

이 책을 쓰기 위한 우리의 연구는 데니스의 차를 타고 스웨덴으로 여행을 떠나던 날부터 시작되었다고 할 수 있다. 그리고 그 여행은 결국, 우리의 예상보다 훨씬 많은 사람의 직장 생활을 깊숙이 탐험하는 일이 되었다. 많은 사람이 팔을 활짝 벌리며 우리를 환영했고 그들이 실제 직장에서 하는 일이 무엇인지 알려주었다. 그들에게 무엇이 의미가 있고 무엇이 의미가 없는지, 무엇에 시간을 많이 쓰는지 그리고 일이 어떻게 바뀌어왔는지.

현대 직장 생활의 어두운 이면으로 들어가는 우리 여정은 이 책의 기초를 형성했다. 처음 우리가 그 이면을 파고들기 시작했을 때, 수년 전 방송국 토론회에 별 준비 없이 출연했을 때와 마찬가지로 우리는 우리가 마주치게 될 사람들과 그들의 생각에 대해 거의 아는 게 없었다. 그저 우리 시대에 뭔가 문제가 있다는 생각, 특히 우리가 직장 생활에서 의미를 경험하는 방식과 관련된 무언가가 잘못됐다는 막연한 직감뿐이었다.

여기서 우리가 '어두운 이면'이라든지 '석연치 않다' 같은 말을 사용하는 이유는, 사람들이 먼저 선뜻 나서서 쾌활하게 "맞아요, 난 중요한 일을 하는 게 없어요" 하고 인정하는 경우가 드물기 때문이다. 그보다는 뭔가 잘못되었다고 느껴도 그냥 계속해 나가는 경우가 더 많다.

그러나 때로 내면의 목소리가 불쑥 튀어나와 우리가 지금 하고 있는 일의 의미를 이해하지 못하겠다고 말한다. 실은 이전에도 들어본 적이 있는 목소리지만 이를 무시한 채, 반평생 바쳐온 업무의 공허함을 부정하며 많은 세월을 보내왔던 건지도 모른다.

한편, 노동이 공허하거나 의미 없음을 인정했다고 해서 다음 날 해방되어 깨어나는 것은 아니다. 이는 또한 낭비된 인생에 대한 상당한 슬픔을 수반한다. 더구나 평생에 걸쳐 구축해왔던 성과물과 정체성이 한꺼번에 무너져 내릴 것 같은 두려움이 드는 것도 사실이다. 그러므로 모두가 팔 벌려 이 책을 환영할 수는 없다는 점을 우리는 잘 알고 있다.

저자인 우리가 서로 다른 정치 진영 출신이라는 것은 장점이라고 생각한다. 왜냐하면 양쪽 다 오늘날 만연해 있는 불합리한 노동의 방식을 키우는 데 일익을 담당해왔기 때문이다. 그렇지만 우리는 중간 지점에서 타협하진 않았다. 우리는 일, 근무시간, 돈벌이에 대해 완전히 다른 접근을 시도했다. 그러면서도 정치적 신조보다는 상식과 건전한 판단력에 의존했다. 우리는 여전히 많은 것에 대해 의견이 일치하지 않지만, '가짜 노동'의 세계로 들어가본 이 여행을 통해 인류가 잘못된 길로 들어섰다는 확신을 갖게 되었다.

여러분도 현대 노동 생활에 깃들어 있는 부조리와 비이성으로의 여행을 즐겨보길 권한다. 하지만 먼저 가짜 노동 정도는 진부한 문제로 만들어버릴 수 있는, 더 근본적인 문제라고 생각되는 것을 제시해보고 싶다. '우리는 왜 그렇게 일을 많이 할까?'

이 책의 1부는 우리가 얼마나 많이 일하는지, 대체 왜 아직도 그렇게 많이 일하는지 알아본다. 1장은 석기시대부터 현재까지 노동의 본질과 노동량에 대해 연구한다. 2장은 공허하고 쓸모없는 노동에 대한 다양한 연구를 살핀다. 우리가 볼보를 타고 스웨덴으로 가서 롤란드 파울센을 만나러 갔을 때의 이야기다. 3장에서는 개념어에 집중한다. '텅 빈 노동'이나 '빈둥거리기' 대신 왜 '가짜 노동'이라고 부르는지, 또한 가짜 노동을 더 많이 만들어내는 것이 합리적으로 보이는 직장 안에서 작동하는 기제가 무엇인지 분석한다.

2부에서는 취재원들을 만난다. 그들을 직장에 너무 오래 묶어두고 무의미한 행동을 하게 하는, 의미 상실과 부조리의 다양한 면모에 대해 이야기한다. 4장은 직장인이 하는 업무를 구체적으로 다룬다. 이때 우리는 자신의 지난 이력이 잉여로 가득했다고 회고하는 전 마케팅 책임자를 만나러, 영국으로 여행을 떠났다. 또한, 하는 일 없이 바쁜 척하느라 스트레스로 건강을 해친 조나스와 그냥 모든 걸 때려치우고 고향으로 돌아간 토케도 만났다. 5장에서는 최신의 해결책이 사실은 훨씬 더 많은 일거리를 낳고, 그 결과 너무나 바빠진 직장인들이 오후가 넘도록 정작 할 일을 거의 하지 못하는 현상을 기록한다. 6장은 동료들의 압력 때문에 업무량이 많아지고 실질적 필요와 상관없이 '다른 회사에서 하니까 그냥 우리도 하고 싶어지는' 현상에 대해 다룬다. 7장에서 우리는 다시 스웨덴을 방문해 '공허의 승리'를 연구하는 연구자와 대화를 나눈다. 즉 이것은 과시적인 말, 중요해 보이는 직함, 조직의 목표 선언과 다양한 꾸밈의 형식이 얼마나 핵심 업무를 방해하는지에 대한 논의다. 8장은 긍정, 열정, 포괄이 의미 없는 노동을 어떻게 더 창조하는지 조사한다. 9장에서는 계획을 제대로 세우지 않은 기나긴 회의로 직장인들이 서로를 끊임없이 훼방 놓는 상황을 설명한다. 10장에서는 현대사회가 왜 시간을 노동량 측정의 척도로 사용하기를 고집하는지 묻고, 주4일 근무 회사를 직접 방문했다. 11장에서는 직원들에 대한 불신이 초과 근무를 발생시키고, 직원 모두의 일거수일투족을 감시하려는 욕망으로 자라는 과정을 분석했다.

3부에서는 해결책으로 시간과 의미를 되찾는 방법을 알아본다. 가짜 노동의 문제를 어떻게 풀어야 할까? 우선 12장에서 노동이란 실제로 무엇이고, 일과 건강한 관계를 맺는 것이 인간에게 왜 중요한가에 대해 숙고한다. 일이란 그저 단순한 돈벌이와 생존 수단이 아닌, 우리의 존재론적 의미가 걸려 있다. 13장에서는 평범한 직원이 평범한 직장에서 할 수 있는 일을 찾아본다. 14장에서는 임원을 위한 아이디어를 정리해본다. 마지막으로 15장에서는 사회 전체적으로 우리 모두가 할 수 있는 일을 찾아본다.

이 책을 위해 인터뷰를 허락해준 많은 분이 익명으로 남기를 원했다. 가짜 노동은 여전히 금기의 주제이기 때문에 충분히 이해할 만하다. 인물의 이름만 등장할 경우는 가명이고, 성과 이름이

같이 나오는 경우는 모두 실명이다. 이 자리를 빌려 우리가 다가
갈 수 있게 마음의 문을 열어준 모두에게 감사드리고 싶다. 그들
의 말 중 어떤 것을 이 책에 담을지는 우리가 결정했으니, 그들에
게서 끌어낸 결론에 대한 책임은 우리가 질 것이다.

자, 이제 대강의 내용은 알려드렸다. 하지만 우리의 여정
은 완전히 다른 곳에서 시작한다. 즉, 대서양 건너 뉴욕 현대미술
관(MoMA)에서다.

1부

사라진
시간

1장

지나친 노동량

아직 도래하지 않은 미래

3.6×3.6m에 달하는 커다란 모형이 뉴욕 현대미술관에 도착했을 때, 그 상태를 보고 복원 전문가들은 충격을 받았다. 예상보다 훨씬 나쁜 상태였다. 70년 동안 빛, 습기, 공기에 노출되었던 사정을 고려하더라도 그랬다. 거기에 더해 녹색의 조경 부분 및 주택과 건물을 나타내는 조그만 붉은 상자들 위에는 먼지가 잔뜩 덮여 있었다. 이 기념비적 미래 구상 작품은 나무, 페인트, 판지, 종이로 만들어졌기 때문에 젖은 스펀지로 먼지를 조심스레 '들어내야' 했다. 스펀지에 수분이 너무 많으면 지붕이 내려앉거나 도로가 지도에서 닦여 나갈 테니, 힘든 작업이 될 것으로 예상됐다.

뉴욕 현대미술관 복원가들은 이 낡은 모형을 1935년 4월 록펠러센터에서 처음 전시됐던 옛날 사진들과 비교해봤다. 모형 속 건물들이 이리저리 옮겨지고 방향이 바뀐 것으로 봐서, 모형을 만든 사람이 좀처럼 완성했다고 느끼지 못한 모양이었다. 건축가가 자신의 미래 전망을 구현하면서 자주 변덕을 부린 것이다. 현실의 벽에 부닥치거나 영원히 이뤄질 수 없는 꿈으로 남겠다 싶은 걱정이 들어서 그런 것일지도 모른다.

2014년, 복원 작업을 마친 프랭크 로이드 라이트의 〈브로드에이커 시티〉 3차원 모형이 뉴욕에 다시 전시되었다. 미국 도시의 미래에 대한 가장 뛰어난 비전 중 하나인 이 모형에 담긴 사상을 탐구하고 성찰하기 위해 사람들이 모였다. 곧이어 그들은 이 미래주의적 몽상 속에서 살아갈 사람들에 대해 추측하기 시작했다. 무슨 일을 할까? 그리고 어디로 일하러 갈까?

프랭크 로이드 라이트의 조그맣고 표준적인 주택들에는 모두 과하게 큰 정원이 딸려 있다. 자세히 들여다보면 이것이 텃밭임을 알 수 있다. 미래에는 텃밭에서 먹을 걸 마련한다고? 녹색혁명은 어디로 갔지? 현대에 값싼 당근과 저렴한 가공식품을 선사한 농업의 기계화는 어떻게 된 걸까? 세계적으로 유명한 건축가의 미래 전망은 그저 과거로의 비약적 뒷걸음질일 뿐인 걸까?

현대인의 시각으로 〈브로드에이커 시티〉를 한눈에 이해하기는 어렵다. 일단 개념 자체가 난감하다. 라이트의 미래 도시에 대한 전망은 오늘날과는 꽤 사고방식이 달랐던 시대의 산물이고 우리가 아는 현재와 전혀 닮지 않은 미래를 그린 작품이었다. 아직 우리에게는 〈브로드에이커 시티〉와 같은 시대에 발표된 거의 모든 미래 전망에 등장했던 날아다니는 자동차가 없다. 그뿐 아니라 당시에 기대했던, 꽤 근본적인 삶의 변화 역시 실현되지 않았다.

1930년 프린스턴 대학교 강의에서 라이트는 미래 도시를 풍부한 공간과 여유 시간이 있는 곳으로 전망했다. 일과 사생활이 엄격히 분리되고 "노동자들은 오전 10시에 도시로 몰려왔다가 오후 4시면 쫙 빠져나갈" 것이다. 일주일에 사흘만 그렇게 일하고 나머지 4일은 〈브로드에이커 시티〉에서 정원을 돌보며, 삶을 즐기고 자연과 교감한다.

라이트는 아마도 역사상 가장 영향력이 큰 건축가일 것이다. 독특하고 풍부한 아이디어를 가진 것으로 유명했던 그의 작품 중에서 〈브로드에이커 시티〉는 가장 유별난 작품은 아니다. 오히려 당시 사람들이 가지고 있던 일반적인 미래 예측을 꽤 잘 대변한 작품이라고 할 수 있다. 1930년대 미국에서는 텃밭이 딸린 목가적인 미래 주거지에 대한 발상이 유행했기에 라이트의 구상은 당연하게 받아들여졌고, 그런 미래는 불가피해 보였다. 고층 빌딩이 들어선 대도시의 품위 없는 환경에 등을 돌린 최초의 건축계획이 〈브로드에이커 시티〉였을 수도 있지만, 짧은 노동시간과 풍부한 여가라는 미래 삶에 대한 전망 자체는 독창적인 게 아니었다. 오히려 그건 미래에 대한 일반적인 추측이었다.

정리하자면, 과거의 영광을 복원시킨 이 먼지투성이 모형은 활기차고 역동적인 미래에 대한 당시 사람들의 생각을 보여준다. 그리고 프랭크 로이드 라이트만 그렇게 보았던 것은 아니다.

넘치는 여유 시간을 걱정하는 사회

프랭크 로이드 라이트처럼 영국 경제학자 존 메이너드 케인스 역시 자기 분야에서 거인이었다. 그의 정치적 입장에 모두 동의하지는 않았어도 그의 지성과 영향력을 부정하는 사람은 없다. 아직도 그의 이름은 경제학 이론과 더 실용적인 정치적 이슈를 토론할 때 자주 등장한다. 케인스에게도 자기만의 〈브로드에이커 시티〉, 즉 미래에 대한 경제적·사회적 전망이 있었다. 이것은 라이트와 같은 시대의 산물이었다.

라이트가 프린스턴 연단에 섰을 때와 비슷한 시기에 케인스는 마드리드 무대에 섰다. 그는 더 큰 정치적·경제적·사회적 미래 문제를 다루는 자리에 연사로 초청되었는데, 여기서 제시된 케인스의 전망은 오늘날 우리에게 라이트 못지않은 잘못된 예측으로 보인다. 그는 미래에 여가 시간이 너무 많아질 것이라고 주장했다.

경제학자들이 뭐라든 간에 경제학 역시 정치, 소망, 억측에 영향받지 않을 수 없다. 마드리드 강연은 "더 이상 큰 전쟁도, 엄청난 인구 증가도" 없을 거라는 가정하에서, 케인스 나름의 예측에 의한 명확하고 당연한 결과였다. 이 강연은 그의 논문「우리 손주들을 위한 경제학적 예측」에 정리돼 있다. 이 논문에서 케인스는 1930년까지의 추세에 근거해 "100년 내로 경제적 문제는 해결될 수 있거나 적어도 해결 방법이 보이게 될 것"이라고 결론을 내렸다. 그리고 그 결과 2030년까지 평균 노동시간은 주15시간이 될 것이며 그 시간조차 경제적이기보다는 인간적 필요를 반영하게 될 것이라고 예측했다. "앞으로 다가올 많은 시대에도 고대 인간의 본성은 우리 안에 여전히 강하게 유지되며 모두 만족하게 살기 위해서는 어느 정도 일이 필요할 것이다"라고 케인스는 말했다.

달리 말하면, 그는 미래의 짧은 노동시간을 일종의 치료 수단으로 보았다. 또한 사람들이 너무 많은 여가 시간을 감당할 수 없을 테니 "빵을 버터 위에 얇게 펴 바르도록, 즉 여전히 필요한 노동을 최대한 넓게 공유하도록" 해야 한다고 썼다.

1930년 마드리드의 케인스는 힘든 노동으로 속죄해야 했던 성경 속 아담의 문제는 전혀 신경 쓰지 않았다. 그보다는, 기술과 풍요로 노동이 불필요해진 2030년 지구에서 여가 시간을 어떻게 보낼지가 인간의 가장 큰 문제일 거라고 생각했다. 케인스에 의하면 미래의 사람들은 새로운 기술을 배워야 했다. 그것은 '삶의 기술 그 자체'로서 사람들이 진짜 도전해야 할 문제는 그 모든 자유 시간을 어떻게 사용하느냐일 것이었다.

예상과 너무 다른 현재

1932년 영국 철학자 버트런드 러셀은 60세에 『게으름에 대한 찬양In Praise of Idleness』이라는 제목의 에세이를 냈다. 노동시간 단축이라는 단 하나의 요소를 가지고 완전히 새로운 사회 건설을 궁리해보자는 제안이었다.

　　그의 생각은 제1차 세계대전으로부터 촉발되었다. 러셀을 경악시킨 것은 전쟁 자체라기보다는 전쟁 기간 동안 증대한 번영이었다. 그의 표현에 따르면 "불꽃놀이를 처음 발견한 아이들"을 연상시킬 정도의 열정으로 전쟁 기간 동안 생산력이 엄청나게 증대되었다는 것이다. 총알 제작이나 총 쏘기에 엄청난 인력이 투입되어 생산 인력이 절대적으로 부족했음에도 불구하고 이 같은 결과가 나온 것이다. 그렇다면 노동력의 절반 이상이 전쟁에 투입되었다가 돌아오는 평화로운 시기에는, 기존 대비 절반 이하의 노동시간으로도 같은 번영을 이룰 수 있을 듯했다. 1932년 러셀은 하루 노동시간을 4시간으로 줄이는 안을 제시했고 당시 많은 지식인이 동의했다. 그러나 종전 이후 러셀의 제안은 실현되지 못했다.

왜 하루 4시간 노동이 도입되지 못했을까? 러셀에 따르면 '노예 상태의 법칙'과 종교 때문이었다. 개신교는 노동을 그 자체로 숭배하며 신의 선택을 받은 사람이라는 증거로 보았다. 할 일이 적으면 어른은 술을 마시고 아이는 못된 짓에 빠지게 된다는 주장도 많았다. 러셀은 그 반대임을 보여주고 싶어 했다. 즉, 게으름은 개인뿐 아니라 문명사회 전체에 좋은 영향을 끼친다는 것이다.

러셀은 사람들이 집에서 놀지 않고, 굳이 일터에 나와 일하려 하는 것을 의아해했다. 그는 노동자들이 4시간 근무 후 집에 가는 사회가 더 멋진 삶을 가져올 뿐 아니라 더 고상한 문화를 낳는다고 보았다. 우리 문명의 위대한 진보, 위대한 예술 작품과 기념비적 과학 발견은 노동자들이 아닌, 여가라는 사치를 즐기는 계급에서 비롯됐다. 고대로부터 문명과 교양 있는 개인을 만들어 낸 것은 노동으로부터의 자유였다.

하지만 러셀에 의하면 1932년의 미국인들은 여가에 혐오감을 품고 있었다. 이들은 심지어 자기 자식들조차 일을 너무 열심히 하느라 문화와 교양을 즐길 시간이 없기를 바랐다. 그러나 러셀은 일을 그렇게 열심히 할 필요가 없는데도 문화와 교양을 즐길 시간을 없애는 건 미친 짓이라고 생각했다. "지금까지 우리는 기계들이 발명되기 전과 마찬가지로 계속 노동에 총력을 기울여왔다. 멍청한 짓이었다. 영원히 어리석은 짓을 할 이유는 없다."

하루에 4시간만 일하게 되면, 뭘 해야 할지 알 수 없어질 것이라고 비난하는 이들도 있었다. 러셀도 그 부분을 인정하지만 늘 그랬던 건 아니라고 반박했다. "속 편하게 놀 수 있었던 과거의 능력이 효율성을 숭배하는 풍조에 의해 어느 정도 억제돼왔다." 그런 이유로 자유 시간은 수동적으로 바뀌었고, 사람들은 그 시간에 영화관이나 축구장에 가거나 라디오를 듣게 됐다. (러셀이 현대 매체의 다양화를 봤으면 뭐라고 했을까.) 러셀은 이를 과도한 노동 탓으로 돌린다. 사람들이 여가 시간에 수동적으로 대응하게 된 것은 일을 너무 많이 하기 때문이다. 오늘날의 우리가 여전히 그런 것처럼 말이다. 일을 덜 하게 되면 다른 것을 추구할 여력이 더 생긴다. 예를 들어 한때 유럽 전역에서 엄청난 인기를 끌었던 포크댄스는 모두가 즐기는 여가 활동이었으나 1932년에는 옛 추억에 지나지 않게 돼버렸다. 그런 데 쓸 시간이 없어졌기 때문이다.

그렇다면 러셀의 해답은 무엇일까? 러셀은 노동시간을 줄이는 것이 답이라고 말했다. 교육을 늘리는 것은 답이 아니라고도 했다. 그는 당시 학계가 문명과 사람들의 필요와 절연됐다고 생각했다. 계속해서 러셀은 우리의 일이 줄어들면 탐구심이 더 많아지고 공부를 원하게 될 뿐만 아니라, 생계의 필요에 얽매이지 않아서 공부가 혁신적인 성격을 띠게 될 것이라고 주장했다.

과거의 유한계급은 촌스럽고 억압적이었으며 늘 그렇게 총명하지는 않았다. 러셀은 다음과 같이 말했다. "그럼에도 그들은 우리가 문명이라 부르는 것을 거의 전적으로 일궈냈다. 예술을 기르고 과학을 발견했다. 책을 쓰고 철학을 발명하고 인간관계를 보다 정교하게 만들었다. 심지어 피지배계급의 해방조차 윗계급에서 촉발되는 경우가 많았다. 유한계급이 아니었다면 인류는 야만에서 탈출할 수 없었을 것이다."

러셀이 1932년에 쓴 에세이에 오늘날 우리에게 해당되는 부분이 얼마나 많은지 생각해보면 가히 충격적이다. 그 시대 이후 우리는 조금도 더 현명해지지 않은 듯하다. 만일 라이트, 케인스, 러셀이 '2020년은 상황이 어떤가? 많은 여가 시간을 사랑하는 이들과 보내고 있는가?' 하고 묻는다면 우리는 뭐라고 대답할 것인가? 우리는 겸연쩍은 표정으로, 그들이 상상했던 것과는 전혀 다른 도시에서 오랜 시간을 사무실에서 보내며 무의미해 보이는 일을 하고 있다고 인정해야 할 것이다.

노동시간의 단축과 더 나은 삶을 위한 진보

20세기 초중반 경제인, 정치가, 사회과학자 들은 다들 한 번쯤 미래 사회가 기나긴 휴가처럼 되리라는 예언을 시도했다. 정말이지 19세기처럼 먼 옛날 정치가이자 발명가였던 벤저민 프랭클린도 하루에 4시간 노동이면 차고 넘친다고 선언했다. 영국 철학자 존 스튜어트 밀도 우리 필요의 대부분이 충족되고 더 이상 일할 필요가 없어진 시대를 그려 보였다. 『독일 이데올로기 Die Deutsche Ideologie』에서 카를 마르크스와 프리드리히 엥겔스는 "아침에는 사냥하고 오후에는 낚시하고 저녁에는 가축을 기르고 저녁 식사 후에는 토론하는 사회, 그러면서도 전문적인 사냥꾼, 낚시꾼, 목동 혹은 평론가가 될 필요는 없는 사회"를 논했다.

19세기와 20세기 노동에 대한 태도를 깊이 연구해온 미국 역사가 벤저민 클라인 허니컷은, 노동에 쓰는 시간의 축소가 인류의 진보라는 관념이 분명 존재해왔다고 말한다. 그에 따르면 정치가들은 이를 자연스러운 목표로 간주했으며 이것은 곧 노동조합 운동의 주목적이 되었다.

모든 산업 부문이 노동시간 단축에 대해 똑같이 열성적이진 않았지만, 20세기는 일반적으로 그 경향으로 움직였다고 볼 수 있다. 자동차 생산자 헨리 포드는 이미 1926년에 주5일제를 도입했다. 포드는 일에 더 많은 시간을 할애한다고 해서 자동으로 생산력이 증진되지 않는다는 것을 깨달은 최초의 경영자 중 하나였다. 그는 또한 자신의 노동자들이 늘 일만 하면 언제 자동차를 사서 몰고 다닐 시간이 나겠느냐는 의문을 제기했다.

포드처럼 새로운 관행을 따른 회사도 있었지만, 회의적인 시각을 가진 회사도 있었다. 그들은 경제적 문제보다는 여가 시간이 너무 많아지면 도덕적 해이가 일어나지 않을까를 걱정했다.

1960년대 미국 상원은 2000년까지 주14시간 노동이 실현 가능하리라는 예측 보고서를 냈다. 영향력 있는 두뇌 집단인 랜드 연구소는 인구의 2% 정도로도 미국에서 필요한 모든 것을 생산해낼 수 있을 거라고 예측했다. 케인스, 러셀, 라이트뿐 아니라 많은 지식인들이, 미래 사람들이 훨씬, 훨씬 적게 일할 것이라고 확언했다. 문화 전반이 이와 궤를 같이하면서 새로운 여가 시간을 위해 공원이 생겨나고 야외 유흥이 급증하며 집단 활동이 왕성하게 조직되었다.

1928년 거대 전화 회사 AT&T의 임원 월터 기퍼드는 '지겨운 노동의 나날은 곧 끝날 것'이라는 제목의 인터뷰에서 "기계들이 점점 인간의 어깨에서 짐을 덜어줄 것이다. 우리는 모두 자기가 하고 싶은 일을 할 자유 시간을 더 많이 가지게 될 것이고 물질적으로나 정신적으로나 더 원대한 기회를 얻게 되어 (……) 삶의 기술을 기르고 예술을 더 잘 누리게 될 것"이라고 했다.

미래는 밝아 보였고 노동시간은 실제로 단축되었다. 예를 들면 덴마크에서 철강산업 내 집단 교섭 합의는 1900년 60시간에서 1915년 56시간까지 감축을 이끌어냈다. 비록 여전히 주7일 제 상태이기는 했지만 말이다. 1958년에는 48시간으로 다시 상당량 줄었고 이후로도 계속 평균 1년에 30분씩 줄어서 1976년에는 40시간, 1990년에는 37시간에 도달했다. 이렇게 된 것이 30년 전이다. 그러니까 덴마크에서는 그래프 기울기가 바뀌었다는 말이다. 한 세기 전 케인스, 라이트와 달리 이제는 아무도 주 15시간 노동이 당연한 미래라고 보지 않는다. 전일제 직장은 아직도 37시간이다.

상황은 다른 서구 국가에서도 마찬가지다. 오히려 미국에서 주당 근무시간은 1980년대 이래 증가해왔다. 20세기 들어서 처음 있는 일이었다. 시간 여행자가 이 소식을 라이트, 러셀 등에게 전한다면 틀림없이 대체 무슨 일이냐는 질문을 받을 것이다. '어떻게 우리 기대를 저버릴 수 있습니까? 왜 아직도 그렇게 많이 일합니까?' 더욱 의미심장한 질문도 받을 것이다. '대체 온종일 뭘 그렇게 하는 겁니까?'

이렇게 서로 밀접히 연관된 질문들에 대답하기 전에 슬쩍 과거로 돌아가 지난 천 년 동안 사람들이 실제로 얼마나 일해왔는지 먼저 살펴볼 필요가 있다. 그러면 현 상황의 특이한 성격이 곧 명백해질 것이다.

여전히 남아 있는 석기시대

수천 년 전 사람들이 뭘 했는지 알아보기 위해 우리는 그들이 남긴 것들을 살펴본다. 고고학자들은 석기가 순수하게 기능적이기만 했던 건 아니라고 알려준다. 장식적인 요소도 드러나기 때문이다. 그래서 떠오르는 의문은, 석기시대 인간은 언제 이 도구들을 꾸밀 시간이 났을까?

이는 다소 상식을 거스르는 질문 같다. 어차피 모두가 알고 있듯이 진보란, 등골 휘도록 고된 수렵 채집 생활을 뒤로하고 안정적인 음식 공급과 여가를 즐길 시공간을 향해 나아간 것이기 때문이다.

수 세기 동안 우리는 원시인에 대해 그렇게 들어왔다. 인류가 땅을 쟁기로 갈고 문명이 발달하면서, 그리고 한참 후 산업혁명이 점화되면서 우리는 불쌍한 석기시대 인류의 혹독한 삶을 불쌍히 여기게 되었다. 서구 사람들은 인류 진화를 고된 석기시대에서 오늘날 행복한 삶으로의 발전 과정으로 보았다. 더 많은 부와 자유, 여가를 가지게 된 삶 말이다.

적어도 1970년대까지는 그것이 널리 통용되는 지식이었다. 인류학자들이 아직도 고대 조상처럼 사는 사람들, 칼라하리 사막의 부시먼족, 열대우림의 토착민, 시베리아의 수렵 채집 부족을 연구하고서 꽤 다른 결론에 도달할 때까지는 말이다. 그들이 관찰한 여러 부족은 우리 조상과 가장 닮았으면서도 풍부한 음식과 놀랄 만큼의 자유 시간이 있었다. 석기시대 조상이 하루하루 살아남기 위해 고된 노동을 했다는 신화는 그저 신화일 뿐이다.

미국 인류학자 마셜 살린스는 현대의 고전이 된 논문에서 석기시대는 '풍요 사회의 원형'이라고 결론짓기도 했다. 살린스는 현존하는 대부분의 원시적 사회에 대한 전문적 지식을 가지고 있었고, 자기 분야에 영향력이 컸다. 오래지 않아 다른 학자들도 그의 견해를 따랐고, 석기시대에는 일을 너무 열심히 하지 않아도 먹을 것이 충분했다는 그의 발견에 동의했다.

물론 석기시대에도 삶은 여러모로 힘들었다. 고질적인 폭력과 만연한 질병으로 평균수명은 30대 정도였다. 다시 말해, 힘든 노동 때문에 사람들이 죽는 것은 아니었다. 변화는 농업의 도래와 함께 시작되었다. 정착지를 이루니 땅을 더 잘 사용할 수 있고, 훨씬 많은 식구를 먹일 수 있다니 끝내주는 발상 같다. 하지만 식량 생산이 늘어난다는 것은 훨씬 더 많은 힘든 노동을 의미한다. 그리고 2천 년이 지나자 새로운 농업 계급은 두 배로 일해야 했다. 많은 면에서 농업은 근시안적 전략이었다. 농부의 조상들은 자기 오두막에서 입을 벌리고 기다리는 열 명의 식구들을 보면서 쟁기질이 과연 좋은 선택이었다고 생각할까?

물론 그런 깨달음의 순간은 조상에게도 우리에게도 찾아오지 않을 것이다. 선택이란 나중에 돌아볼 때 이상하게 느껴지는 법이기 때문이다. 인류 최초의 농부들에게 농사는 하늘이 내려준 축복처럼 느껴졌을 테지만, 그것이 그들을 더욱 기진맥진하게 만들었다는 사실은 그 시기 유골에 관한 연구를 통해 너무나 명확히 드러난다. 밝혀진 바에 따르면 13세기 영국 농부는 1년에 평균 1620시간 노동을 했다고 추정되어 석기시대의 700시간과는 큰 차이를 보인다. 하지만 상황은 더욱 안 좋아졌다. 불행히도 더 많은 '진보'가 우리를 기다리고 있었다.

노동에 대한 신앙

19세기 말 독일 사회학자 막스 베버는 오랫동안 풀지 못했던 하나의 수수께끼에 대해 흥미를 갖게 된다. 산업혁명은 영국에서 처음 일어나 미국을 거쳐 남유럽과 독일에 도달하기까지 왜 그리 오래 걸렸는가? 베버는 이 불가사의한 사실에 몰두했고 재미있는 해답을 떠올린다. 1904년 자본주의에 대한 지적 역사학 고전인 『프로테스탄티즘의 윤리와 자본주의 정신 Die Protestantische Ethik und der Geist des Kapitalismus』을 출간한 베버는 대담한 결론에 도달한다. 종교개혁이 근대 자본주의 산업의 길을 닦았다는 결론이다.

다시 말해 증기기관과 공장, 임금노동의 기폭제는 기술이 아니라 이념이었다는 것이다. 베버는 그 증거로 초기 자본가이자 가장 진취적이었던 자본가 몇몇이 매우 신앙심 깊은 금욕적 개신교도였다는 점을 강조한다. 그들은 검소한 삶을 살았으며 세속의 쾌락을 거부하고 신을 섬긴다는 추상적 이상으로 자신의 욕구를 승화시키려 노력했다. 그리고 이것은 지속적인 고된 노동에 대한 산업혁명의 필요에 잘 맞아떨어졌다.

더 최근 연구들은 16, 17세기 미국과 영국에서 칼뱅주의, 퀘이커파 등 독실한 개신교 분파들이 방직, 주물 공장과 조선소에서 초기의 노동 조직화를 주도했다는 점을 확인시켜준다. 이 독실한 신자들은 게으름을 모든 악의 근원으로 보았다.

1850년 영국 산업에서는 주70시간쯤, 미국에서는 그보다 조금 더 오래 일하게 됨에 따라 인간은 그 어느 때보다 많이 일하게 되었다. 전무후무하게 말이다. 산업화는 유례없이 많은 이득과 거대한 부를 낳았고 이는 새로운 계획과 확장에 재투자되었다. 현대의 가장 중요한 발명 중 다수가 이때 싹텄다. 이 시기에 사람들은 손발이 닳도록 일했고, 그렇게 새롭게 찾은 풍요가 미래의 모두에게 더 많은 자유 시간을 가져올 거라는 희망이 싹텄다.

1880년에서 1940년 사이는 위대한 발전의 시대였다. 이때 전기, 증기기관, 기차, 농기계, 내연기관, 전화, 백신, 자동차, 비행기, 하수처리 체계, 타자기, 전신, 축음기, 라디오, 페니실린 같은 신기술이 들불처럼 번졌다. 고된 노동이 눈부신 진보를 낳았고 진보는 신세계에 대한 대담한 희망을 고양시켰다. 증기기관과 이후에 등장한 디젤엔진이 엄청난 양의 수작업을 대체했으니, 마침내 인간이 좀 느긋해질 수 있는 날이 곧 다가올까?

안타깝게도 아니었다. 노동자들의 대량 이탈을 막고 계속 회사에 붙잡아둘 방법들이 새롭게 고안되었고, 결국 인간은 여전히 그물침대에 누울 수 없었다.

19세기 말 산업 노동자들은 더러운 작업복을 벗고, 점차 손톱까지 다듬고 펜을 들기 시작했다. 겉보기에 그들은 예전과 달라진 것처럼 보였으나 자본주의 정신은 온전히 유지되었다. 사람들은 여전히 일해야 했다. 다만, 이제는 사무실에서 노동할 뿐이었다.

가짜 노동하는 사무직의 탄생

덴마크 총리 다섯 명에 관한 텔레비전 다큐멘터리에 출연한 사회민주주의자 포울 뉘루프 라스무센은 노동계급에서 자란 자신의 청소년기를 회고했다. 한번은 그의 어머니가 학교 선생님을 만나서 이렇게 물었다고 한다. "내 아들이 사무원이 될 수 있을 정도로 똑똑한가요?"

이는 시대의 결정적 전환을 보여주는 질문이다. 지저분한 프롤레타리아의 자손이 사무실에서 일하게 될 재능을 가졌는지 묻는 것은, 노동계급의 꿈이 사무직이었음을 상징적으로 알려주기 때문이다. 노동계급을 꼭 천시한 것은 아니다. 하지만 덴마크 사회민주주의 당원의 머릿속에 깊이 밴 생각은, 펜과 종이 혹은 더 나아가 계산기를 가지고 매끈한 책상 앞에 앉아 일하는 전도유망한 사람들에 대한 막연한 동경이었다.

우리 문화 안에는 초기 사무직과 관계된 특권에 대한 증거가 넘친다. 1950년대에 텔레비전을 틀었을 때 쉽게 볼 수 있던 무의식적 존중도 그렇다. 아버지들이 손에 서류 가방을 들고 출근을 위해 집을 나서면 볼이 발간 아이들이 문 앞에서 손을 흔드는 장면 같은 것 말이다. 사무실에서 일한다는 것, 화이트칼라 직업을 가진다는 것은 뭔가 중요한 사람이 된다는 의미였다. 오늘날에는 상상하기 어렵지만, 1950년대의 발전된 세상에서는 여전히 현장에 나가 이마에 구슬땀 흘리며 생계를 꾸리는 사람과 '사무원이 될 수 있을 정도로 똑똑한 사람' 사이에 구분 선이 존재했다.

우리의 조부모 중 많은 수가 사무직으로의 이동을 특별 보상의 한 형식으로 간주했다. 할아버지가 공장에서 관리자로 승진했다고 온 식구들이 뛸 듯이 기뻐했던 것처럼 말이다. 할아버지는 그날부터 직접 노동하는 대신 책상에 앉아 그 노동에 대한 계획을 세웠을 것이다. 눈에 띄는 가장 큰 변화는 아마도 집을 나섰을 때와 같은 깨끗한 손으로 퇴근하는 것이 아니었을까.

그러나 중산층의 꿈인 사무직에 대한 숭배는 작가와 지식인들에 의해 반복적으로 조롱돼왔다. 실질적 생산에 아무런 이바지도 하지 않는, 하루 종일 펜과 종이를 굴리는 이 이상한 직업에 대해 작가와 지식인들은 회의적이었다. 에드거 앨런 포는 19세기 중반에 발표한 단편소설 「군중 속의 사람」에서 '서기라는 족속'에 대해 다음과 같이 묘사했다.

> 꼭 맞는 외투, 밝은 부츠, 매끄럽게 기름 바른 머리, 거만한 입매의 젊은 신사. 마차의 특정한 말쑥함은 그렇다 치더라도, 더 나은 단어의 필요를 위해 '책상주의'라는 용어를 만들면…….

에드거 앨런 포, 월트 휘트먼 같은 작가들은 '서기'를 묘사하기 위해 여성적인 용어를 일부러 사용하며 서기가 하는 일이 실질적 노동, 남자다운 일과는 거리가 멀다는 점을 알리려 했다. 하지만 아무리 진보적인 서구 작가들이 책상 업무의 가짜 같고 지루한 속성에 대해 콧방귀를 뀌어도 20세기와 21세기에 사무실은 천천히, 하지만 확실히 우월한 직장이 되었다. 처음에는 금융기관이 이런 직장으로 여겨졌다. 정말이지 많은 관광객이 르네상스의 도시 피렌체에 가서, 세계적 예술 작품들을 보유한 우피치미술관이 세계 최초의 오피스 빌딩인 줄도 모르고 돌아다닌다. (우피치는 이탈리아어로 오피스라는 뜻이다.) 이 건물은 1560년에 세계적 금융 제국을 이룬 메디치 가문의 사무실로 처음 사용되었다. 비록 지금은 건물의 원래 용도가 이름으로만 남아 있지만 말이다.

사무직의 출발은 느렸다. 18세기가 되어서야 유럽과 미국의 큰 항구에서 서기들이 교역과 재화를 기록하기 시작했다. 1855년 뉴욕의 사무직 노동자는 피고용인 가운데 세 번째로 큰 부류를 이룬다. 1860년 보스턴에서는 전체 인력의 40%를 차지했다. 이 새로운 직종은 곧 노동시장의 전반적인 풍경을 바꾸기 시작했다. 사무실을 잔뜩 품고 있는 건물들이 사방에 들어섰고, 생산 시설은 도시 밖으로 옮겨졌다.

현대의 런던과 코펜하겐 사람들은 상상하기 힘들겠지만, 한 세기 전만 해도 도시들은 중세 특유의 좁고 구불거리는 거리와 골목이 얽혀 있었다. 곳곳에 악취 나는 양조장과 피혁 공장, 기름 방앗간 등 다양한 형태와 규모의 사업체들이 들어섰다가 차차 회계, 법률, 은행, 무역, 행정을 담당하는 건물들에 자리를 내주게 되었다.

니킬 서발은 『큐브, 칸막이 사무실의 은밀한 역사 Cubed : A Secret History of the Workplace』에서 사람들은 처음에 사무 노동을 가혹한 육체노동에서의 해방으로 보았다고 설명한다. 과거 덴마크 총리의 어린 시절처럼 말이다. 그러나 차츰 사무직이 모든 것과 모든 사람을 지배하기 시작하면서, 사무실에서 하는 일은 진짜 일이 아니라는 불만이 나타났다. 오피스 빌딩이 여기저기서 솟아나고 그 빌딩을 채우는 노동과 함께 싹튼 관료제 사회는 아예 새로운 직업, 새로운 업무를 고안하게 되었다.

새로운 발명은 원래 일을 더 쉽게 만들려는 의도였지만, 종종 온갖 종류의 새로운 절차와 새로운 형태의 감독, 그리고 새로운 직업을 요구했다. 전화 같은 연락 수단이 좋은 사례가 될 수 있다. "역설적이게도 이 새로운 의사소통 기술은 빠르고 효율적으로 점점 더 많은 일거리를 가져왔다. 노동자는 이를 처리해나가며 많은 생산물을 만들었지만 동시에 더 많은 문서(청구서, 영수증, 계약서, 보고서, 손익계산서)가 생겨났고 더 많은 타자수와 통신물을 나를 더 많은 운송업자" 즉 미국에서 사무직의 초기 급증을 가져왔다.

숫자가 늘어남에 따라 공간은 점점 더 좁아졌고, 결국 사람들은 유례없이 빽빽하게 들어선 고층건물의 셀 수 없이 많은 사무실 공간, 조그만 네모 칸막이 안에서 일하게 되었다. 관리자들은 문서를 수평이 아닌 수직으로 보관하는 방법을 알아냈고, 좁은 공간에 더 많은 문서를 저장할 수 있게 되었다. 하지만 이런 노력에도 서류 더미는 점점 몸집을 키웠고, 곧 다시 전만큼 많은 공간을 차지하게 되었다.

끝없이 확대되는 사무직 일자리는 올더스 헉슬리, 허먼 멜빌 같은 작가로 하여금 사무실 업무의 삭막한 본성에 대해 성찰하게 했다. 특히 프란츠 카프카는 관료제의 괴물과 서류로 가득한 복도의 미로에 대해 세 편의 장편소설과 수많은 단편소설을 썼다. 하지만 아무리 작가들이 사무직의 유용성에 대한 질문, 그게 '진짜 일'이느냐는 의문을 제기했음에도 불구하고 사무직은 완벽한 승리를 거뒀다. 그렇게 사무직의 지배는 전 세계로 퍼졌다.

그렇다면 사무직의 근무시간은 어떨까? 처음 사무실은 공장을 모방했다. 직원들은 아침 일찍 출근해 오후 늦게 퇴근했다. 사무실 업무가 공장을 모방하긴 했지만 실제로는 기계나 동료와의 근무 교대 등 공장만큼 구애받지 않기에, 직원들은 사무실에서 종종 더 긴 시간을 보냈다. 런던이나 보스턴의 초기 사무원들의 근무 일지를 조사한 니킬 서밧에 따르면, 직원들은 사무실에서 보낸 모든 시간을 진짜 일에 쏟은 것은 아니었다. 예를 들어, 어떤 회사의 서기는 일찍 출근해 그날 우편물을 개봉해 읽고 난 다음 세관과 은행에 갔다. 정오에 그는 "델모니코에서 점심을 먹고 와인을 한잔 마시거나 생굴을 먹기도 했다". 그리고 다시 은행에 가서 다양한 수표에 서명하는 등의 금융 업무를 1시 반까지 본 다음 "회계 사무실로 돌아가 저녁 먹을 때까지 자리를 지켰고, 정기선 같은 것이 존재했을 때는 밤 10시나 11시까지 시내에 머물러 있다가 집으로 돌아가 잠자리에 들었다".

사무직과 육체노동의 대조는 극명했고, 많은 이들이 길긴 하지만 전혀 고되지는 않은 일과에 매혹되었다. 이와 비슷한 상황은 미국 드라마 〈매드맨〉(2007~2015)에서도 볼 수 있다. 광고 대행사의 직원들은 밤늦게까지 일하긴 하지만 간부쯤 되면 소파에서 낮잠을 자거나 카펫 위에서 골프 퍼팅을 연습하거나 비서들과 술을 마신다. 사무직 직장 생활이 점차 그렇게 삶의 방식이 되었고, 인구의 다른 절반에게도 접근이 가능해짐에 따라 점점 더 많은 여성이 노동시장에 들어왔다. 남성 사무원을 대신해 타자원이라고 불렸던 여비서가 서기 업무를 맡게 되었다.

노동의 효율을 위한 변명, 관리직의 증가

사무직은 여전히 노동시간 단축에 미온적이었다. 물론 현대 노동자들이 사무실 혹은 산업 현장에서 산업혁명 당시보다 더 적게 일하는 것은 분명하다. 1870년에는 평균 70시간 언저리였던 것이 2000년에는 40시간가량으로 떨어졌다. 그러나 여전히 미미한 수준의 단축이다. 계산기가 암산을 대체하고, 컴퓨터와 인터넷이 문서 보관과 전달의 수고를 대신하고, 다른 수많은 기술이 절차를 더 효율적으로 만들고, 인력의 필요를 감축시킨 데 비하면 말이다.

　전보와 공기압 송신관 체계가 전화에 자리를 내주고, 전화는 다시 이메일과 모바일 메시지에 자리를 내주었다. 도서관에 가서 찾아야 했던 정보를 요즘은 인터넷에서 손쉽게 찾는다. 예전에는 서기가 은행이나 증권거래소에 갔다 오는 데 반나절이 걸렸지만 지금은 전화, 아니 마우스를 몇 번 클릭하면 단 몇 초에 된다. 게다가 여성들이 노동시장에 진입하면서 인력이 엄청나게 늘어났다. 이들은 제2차 세계대전 때 싸우러 간 사무직 남성들을 대신했다가 한번 일의 맛을 본 여성은 평화가 돌아와도 집으로 가려 하지 않았다.

이렇게 남는 모든 노동력은 너무나 효과적으로 시장에 흡수되어 케인스가 그렸던 주15시간 노동제는 또 다시 저지되었다. 결국 대부분의 사무실은 이런 풍부한 인력과 그들의 시간을 아주잘 사용했다. 그런데, 정말 그럴까?

> (인생의 모든 단계에서) 보통 사람이 느리고 편한 속도에 맞춰 일하려는 경향이 있다는 데는 의문의 여지가 없다. 인간이 더 빠른 속도를 내는 경우는 스스로 상당량의 숙고와 관찰을 거친후거나 본보기, 양심 또는 외부적 압력의 결과다.

근대산업사에서 가장 중요한 인물 가운데 프레더릭 윈즐로 테일러를 빼놓을 수 없다. 위의 인용은 그가 한 말이다. 테일러는 깨어 있는 시간 대부분을 효율성의 추구와 시간 관리에 바쳤다. 산업 시대의 많은 사상가가 그렇듯 테일러는 게으름을 뿌리뽑으려는 열렬하고 깊은 의지를 지니고 있었다. 그는 또한 나태한 자와 농땡이 부리는 자들에 맞설 완벽한 무기, 스톱워치를 가지고 있었다.

19세기 말에 테일러가 스톱워치라는 시간 도구를 휘두르기 시작했을 때, 노동은 엉망이 되어가고 있었다. 적어도 테일러가 보기에 말이다. 포드 자동차나 싱어 재봉틀 같은 대규모 공장의 노동자는 아주 적은 일을 하면서 바빠 보이는 수법을 꾸준히 길러왔고, 테일러는 공장들이 불필요하고 비생산적인 시간 낭비에 돈을 쏟아붓고 있다는 사실을 바로 알아챘다. 테일러의 해결책은 생산공정을 일련의 단순한 행위로 해체하는 것이었다. 그러고 나서 각각의 처리 과정이 정확히 얼마나 걸리는지 관리자가 알 수 있도록 시간을 쟀다. 결국 노동은 일련의 단순 작업이 되었다. 테일러는 노동자를 가치를 생산하는 긴 사슬 속의 단순한 톱니바퀴로 보았다. 그에게 경영이란 각각의 고리 안에서 최대한의 생산성을 짜내는, 꽤 단순한 문제였다.

테일러가 끼친 영향력은 실로 대단했다. 관리직을 위해 특별히 고안된 도구를 최초로 만들어낸 그는 현대 경영학의 창시자로 인정받는다. 그의 방법은 곧 사무직에도 적용되었다. 흰 실험실 가운을 입고 스톱워치를 든 남자들이 직원들의 모든 동작을 꼼꼼하게 기록하기 시작했다. 처음에는 맨눈으로 시작했지만 이후 동작 감시 카메라로 진화되어 움직임을 주의 깊게 분석하고 순수한 수식으로 변환도 할 수 있게 되었다. 노동은 그렇게 아주 작은 요소로까지 분해되었다.

그런데 이런 테일러 체제는 의도치 않은 결과를 낳는다.

그의 발상이 현대 일터의 구석구석까지 널리 퍼짐에 따라, 직원이 하는 일을 감시하는 게 주 업무인 관리직 수가 늘어났다. 사무실도 그랬지만 특히 공장은 점점 더 많은 관리직으로 채워져 점점 더 많은 양의 관찰 일지가 작성되었다. 그것들을 타자로 쳐서 정리해줄 비서가 점점 더 많이 고용됐고, 꼼꼼히 점검해야 할 서류와 사안이 늘어남에 따라 경영진 역시 점점 더 많은 인원이 필요해졌다. 즉, 테일러의 방식은 공장의 일을 줄이고 대신 그 일을 사무실로 가지고 왔다.

니킬 서발은 『큐브, 칸막이 사무실의 은밀한 역사』에서 사무직의 역사를 정리하면서 "예전엔 노동자의 머릿속에만 담겼던 노동 공정을 사무실에서는 분 단위로까지 세분화하여 조직적인 도표를 만들어나갔고, 사무직은 테일러식 경영을 위한 거대한 상층부가 되었다. 사무실은 엄청나게 커져서 스톱워치와 카메라를 갖춘, 모든 화이트칼라의 새로운 거주지가 되었다"고 했다.

즉, 이 새로운 경영법은 아낄 수도 있었던 엄청난 자원을 먹어치우기 시작했다. 이제는 정말로 거대한 정보 이동과 그 흐름을 유지하는 게 순 목적인 새로운 층위의 관리직이 출현했다. 그 결과로 더 많은 사무직이 고용되었고, 사무직 노동 역시 효율성을 명목으로 점점 증가했다.

불행히도 이런 경향은 또 다른 변명거리와 함께 진행되었다. '혁신' 말이다. 지구상에서 인간의 삶의 행로를 지대하게 바꿔놓을 발명 대부분은 이미 만들어졌고, 더 이상 진보할 게 별로 없는 상황에서, 진보를 구실로 삼은 혁신은 좋지 않은 방향으로 나아갔다.

과잉 교육과 남아도는 지식노동자

앞에서 우리는 노동이 시대마다 어떻게 진화해 왔는지 개략적으로 살펴보았다. 현대 노동 생활이 쓸데없는 일과 시간 낭비의 온상이라는 우리의 의심을 확인하기 위해서는 예전의 삶을 알아야 했기 때문이다. 또한 여기에서 과거에 기대했던 풍부한 여가 생활이 결코 이뤄지지 않는, 원인을 설명해주는 어떤 경향을 독자들이 확인할 수 있으면 좋겠다.

과거의 노동에 대해 살펴보면 한 가지 의미심장한 경향이 되풀이되는 것을 알 수 있다. 누군가 더 효율적으로 시간을 절약할 방법을 알아낼 때마다, 또 다른 누군가는 그 시간을 사용할 새로운 방식을 알아낸다는 것이다. 이런 경향을 '지식사회'와 '지식노동자'보다 노동시장의 변화를 더 잘 설명하는 개념은 없다.

이 두 가지 개념이 지난 30년간 직업의 세계를 지배하면서 향상된 교육과 다양한 혁신 덕분에 훨씬 많은 제품이 훨씬 적은 사람들에 의해 만들어지게 되었다. 만일 육체노동이 필요한 공정이 있다면 그 공정은 언제나 개발도상국으로 외주화될 수 있다. 20세기 말 서구 회사들이 생산 공장을 점점 해외로 옮기면서, 운동화와 컴퓨터 등 대부분의 제품이 '중국에서 제조'되었다. 오늘날 서구의 대기업들은 본국만큼 혹은 본국보다 더 많은 해외 노동자를 고용하고 있다.

세계적인 경영 석학 피터 드러커는 1959년에 지식노동자라는 개념을 처음으로 제안했다. 이 개념은 모든 육체노동이 인도와 방글라데시로 외주화된 지금 '우리는 대체 무슨 일을 할 것인가'라는 서구가 당면한 문제에 대한 해답으로 많은 사람에게 환영받았다. 그의 해답은 고등교육에 대한 투자를 옹호하는 것이었다. 다시 말해, 우리에겐 완벽하게 뛰어난 두뇌들이 있는데 왜 손이 필요한가 하는 것이었다. 아직 중국이 가로채가지 않은 노동은, 미래에는 로봇이 하게 될테니, 일자리를 보호하기 위해 우리는 자신의 두뇌에 의존해야 했다. 이후 드러커는 세상을 여행하며 자신의 사상을 전파했다.

오늘날 드러커는 산업계의 영적 스승으로 보일 정도로 자주 인용되는 사상가 중 하나다. 많은 사람이 그를 현대 경영 이론의 창시자로 여긴다. 지식노동에 대한 그의 초기 발상은 정말이지 거의 예언 같은 것이었음이 드러났다. 그 예언의 실현 여부는 의심의 여지가 없다.

우선, 교육 부문이 엄청나게 확대되었다. 비교적으로 소수를 위한 엘리트 교육기관이었던 대학은 매년 점점 많은 젊은이를 빨아들였다. 예전엔 아주 약간의 교육이나 훈련만으로도 충분했던 일자리들이 갑자기 대학에서 전공해야 하는 학문이 되어, 학사나 석사 학위가 필요해졌다.

드러커와 경영학 스승들의 말처럼 지식노동자들은 점점 더 빠른 속도로 양산되었고, 현대 회사에 필요한 혁신 업무의 핵심이 되었다. 다시 한번 노동시장은 그럭저럭 이 모든 똑똑한 사람들을 새로운 자리로 흡수할 수 있었다.

그럼에도 여전히 뭔가 좀 이상했다. 궁극적으로 이런 대학과 경영대학원 졸업생들을 위해 맞춤 제작된 많은 일자리가 특정 학문의 자질과 지식이 전혀 필요하지 않았던 과거의 일자리와 별반 다르지 않았다. 심지어 드러커조차 이게 문제가 될 수도 있음을 알았다. 1979년 드러커는 지적인 사람들이 지루한 업무를 맡고 나서 자신이 지나친 교육을 받았음을 깨닫게 되는 상황에 우려를 표했다. "대단한 '지식인'이 되리라 기대했던 자신이 일개 '직원'일 뿐임을 알게 되는 것이다."

다시 말해, 노동시장에 지식노동자가 넘쳐나 일종의 과잉 사태를 유발했다. 이 현상을 연구한 런던 킹스 칼리지의 앨리슨 울프 교수에 의하면 우리는 지금 오직 잉여 대학 졸업생을 흡수하기 위한 목적의 일자리를 만들어야 하는 지경에 왔다. 이는 점점 더 많아지는, 그리고 높아만 가는 교육이 우리 삶의 수준을 보장해줄 것이라는 신념의 결과였다. "이것이 사실이라는 경험적 증거가 실은 꽤 허약하더라도 말이다."

다른 연구들도 비슷한 결과를 내놓았다. 예를 들어 심리학과 건축학에서 자격을 갖춘 전공자도 자신이 배운 기술을 제대로 사용하는 경우가 드물다. 왜냐하면 이들이 학위를 단지 구직자를 거르는 용도로 사용하는 직장에 들어가기 때문이다. 회사로서는 최고의 인재를 영입해야 하기에, 교육을 적게 받은 사람도 얼마든지 잘할 수 있는 일자리임에도 굳이 더 높은 학위를 가진 사람들을 뽑으려 했다. 그리고 회사의 이런 전략에 대해 우리 사회는 문제를 제기하지 않는다.

이런 의미에서 현재 교육 정책과 산업 정책을 좌우하는 지식사회와 지식노동자라는 개념은, 지치지도 않고 계속 새로운 노동을 발명해내는 인류의 능력을 보여주는 가장 직접적인 최신 사례다. 그리고 이것은 우리가 이 장에서 지적하고자 한 반복되는 역사적 현상이기도 하다.

지식노동자의 등장은 노동시장을 보다 공급 주도적인 곳으로 변화시켰다. 사람들은 훈련을, 산업계와 정부는 그들이 일할 수 있는 곳을 찾아냈다. 예전에는 주변에 도끼, 튤립, 교통수단, 연어가 부족하면 사회에 대장장이, 원예가, 버스 운전사, 어부가 더 필요하다는 것을 알기 쉬웠다. 반면 오늘날 지식사회는 그런 인과관계를 알아차리기 어려운 꽤 낯선 세계다. 현대사회에도 여전히 많은 생산물과 다양한 유형의 서비스(미용사, 연예인, 웨이터)가 필요하다. 거기에 더해 고등교육을 받은 엄청난 수의 사람들에게도 역할을 찾아줘야 한다. 그래서 최근 몇십 년간, 거의 아무도 상상하지 못했던 온갖 종류의 업무가 생겨났다.

현대에 생겨난 직종에 종사하는 상당수는 다른 이들에게 자신이 하는 일이 무엇인지 설명하기 어렵다는 사실을 깨닫는다. 지식사회는 온갖 종류의 업종과 몇 년 전만 해도 전혀 알려지지 않았던 틈새 일자리를 고안했다.

인사, 홍보, 마케팅, 영업, 경영 전략, 기업의 사회적 책임, 준법 감시, 정보 기술, 혁신, 연구 개발, 물류, 회계 관리, 조달, 직원 교육 담당, 보상, 품질 확인, 감사, 브랜딩, 교정, 공유 서비스, 프로젝트 관리, 이동성 사업 개발 등. 물론 이것이 끝이 아니다. 변화 경영, 효율 경영, 시장 성장, 교육, 다양성, 문화 지성, 업무 관리, 인성 분석, 고용과 구인 등에 대한 일련의 컨설팅도 여기에 포함된다. 공적 분야에도 관리, 환경 조사, 품질 확인, 인가 등의 일자리가 가득하다. 즉, 공적 부문에서든 사적 부문에서든 풍부한 지식노동자들을 융통할 많은 새로운 일자리를 조합해냈다. 그래서 우리 사회에는 여전히 할 일이 잔뜩 있는 것처럼 보인다.

혁신과 맞바꾼 혹독한 노동

그런데 잠깐, 주15시간 노동이 실현되지 못한 합리적인 이유를 우리 모두 어느 정도 짐작하고 있지 않았나? 인류의 모든 발명, 우리가 진화해온 방식, 긴 기대 수명에 대가가 따르는 것은 아닐까 하는 생각 말이다. 그래서 스마트폰, 페니실린, 심혈관 우회술 같은 것에 대한 대가는 노동일지 모른다. 인류가 새로운 수준의 편리, 쾌락, 번영, 행복에 도달할 때마다 사회는 우리에게 조금 더 많은 노동을 요구했다. 우리는 계속 조금만, 조금만 더, 하면서 수십 년 혹은 수 세기 동안 그 모든 여분의 자유 시간을 미뤄야 했다.

분명하고 직접적이지는 않더라도, 지식 경제와 현대 노동 시장 내 많은 새로운 역할들이 현대인의 개인적이고 재정적인 성공의 중요한 측면으로 자리 잡았다. 또한 이 책의 저자인 우리를 포함해서 누군가 신식 일자리의 유용성에 의문을 품는다면, 그것은 이해력 부족으로 보는 것이 일반적이다. 하지만 우리는 그것을 이해력의 부족 때문으로 보지 않는다. 현대인의 자유 시간이 부족해지는 이유가 인류의 무한한 발전에 따른 대가라는 설명은 이치에 맞지 않는다. 더구나 1970년대 이후로는 근본적으로 새로운 개발이 이뤄진 게 없으니, 더욱 말이 되지 않는다.

대부분의 독자는 우리의 주장을 듣고 고개를 갸우뚱할 것이다. 결과적으로 현대인은 더 빠른 자동차, 더 빠른 비행기, 더 좋은 의료 서비스를 가지게 되었으니까. 게다가 현대인은 더 오래 살게 되었고 정보 기술 분야의 연산 능력은 18개월마다 2배씩 증가하고 있다. 그러나 실제 모든 개선은 실행성과 접근성의 측면에서 이뤄졌다.

예를 들어 인터넷은 1960년대에 처음 발명됐지만 보통 사람들의 접근이 가능해진 이후에야 비로소 지금처럼 세상을 바꾸어 놓았다. 오늘날 우리는 여전히 1953년에 발명된 자동차를 몰고 다니고 과거와 똑같은 제트 비행기를 타고 날아다닌다. 세탁기, 기차, 전구도 마찬가지다. 우리는 증조부모와 아주 다른 삶을 살고 있지만, 우리 조부모와는 그렇게 다르지 않고 부모와는 거의 비슷한 삶을 살고 있다. 지난 몇십 년간 세계는 생각만큼 바뀌지 않았다. 정말이지 진보가 정체되었다는 주장이 나올 만하다.

예상을 빗나간 진보, 대침체의 시대

2005년 물리학자 조너선 휴브너는 인류의 삶의 방식을 획기적으로 바꾼, 가장 중요한 발명에 대한 조사에 착수했다. 결과는 꽤 실망스러웠다. 그는 우리가 1873년에 혁신의 정점에 도달했다고 주장한다. 그 이후로는 진짜 결정적인 혁신의 횟수가, 경제학자 타일러 카우언이 '대침체 시대'라고 부른 지점을 향해 추락해왔다는 것이다. 아래 표는 이 곡선을 나타내며 지금부터 몇십 년 내에 혁신이 완전히 멈출 것으로 예측한다.

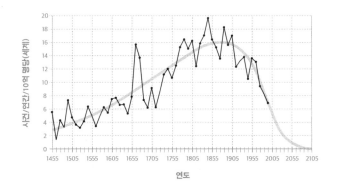

지금의 시대는 그 어느 때보다 많은 인구, 혹은 양질의 교육과 훈련을 받은 인구를 보유하고 있음에도 혁신은 아주 드물게 일어나고 있다. 아마 더 자세히 살펴본다면 결국 피터 드러커의 지식사회도 그다지 대단한 게 아닐지 모른다.

스탠퍼드와 MIT 대학교의 한 연구팀은 우리가 얼마나 똑똑한지 알 수 있는 최고의 측정법을 연구했다. 이른바 '총요소 생산성'인데, 노동과 자본의 투입이라는 전통적인 측정 방법으로 설명되지 않는 생산성의 성장을 측정했다. 연구팀은 기술, 의료, 농업 같은 산업에 대한 심도 있는 조사를 벌였다. 그리고 오늘날 우리가 1930년대에 비해 연구에 약 20배 더 투자하지만 오히려 예전보다 새로운 발명이 줄어들고 있다고 결론 내렸다. 이는 지금 우리 사회가 그 어느 때보다도 빠른 속도로 발전하고 있다는, 대다수의 감각과는 정면으로 배치되는 상당히 당황스러운 결과다. 사실상 혁신이 거의 한 세기 동안 늦춰져왔다는 점을 알려주는 구체적인 통계 자료도 여기에 포함되었다.

스탠퍼드의 경제학자 찰스 존스의 견해도 이 연구 결과와 일치한다. 그는 1950년에서 1993년 사이에 이루어진 성장의 80%가 이미 예전에 나온 발상과 발명의 정교화 작업으로 이루어졌다고 밝혔다. 이 관점에 의하면 달 착륙조차 그다지 대단한 게 아니다. 1969년 인류는 현대의 휴대용 계산기 속에 담긴 연산 수준의 기술을 이용해 달에 착륙했다. 그리고 반세기 후 인류의 연산 능력은 기하급수적으로 증가했지만, 성취의 속도는 예전과 같지 않다. 더 이상 어느 분야에서도 도약을 이루지 못하고 있는 것이다.

1969년엔 진보가 이렇게 느릴지 아무도 예상하지 못했다. 이 당시에 개봉한 SF영화들을 봐도 그렇다. 지금 우리 시대는 스탠리 큐브릭의 〈2001: 스페이스 오디세이〉 영화 속 설정 연도에서 20년이 훌쩍 지났지만, 감독의 상상이 실현되려면 아직 멀었다는 걸 생각하면 당황스러울 지경이다. 인류학자 데이비드 그레이버는 1950년대 사람들이 현대에 만들어진 SF영화를 봐도 전혀 대단함을 느끼지 못할 거라고 주장한다. 커다란 화면에서 보이는 것이라곤 그저 지금까지 기대해왔던 것과 비슷한 일상이기 때문이다.

앞에서 소개했던 프랭크 로이드 라이트의 작품 〈브로드에 이커 시티〉만 해도, 이미 지붕 위에 조그만 비행접시 같은 이동 수단들이 윙윙거렸다. 어쩌면 이것은 당연한 일이었다. 날아다니는 자동차 없이 어떻게 미래 전망이 완성될 수 있겠는가? 〈블레이드 러너〉(1982)와 〈백 투 더 퓨처〉(1985)와 〈제5원소〉(1997)에 이르기까지, 영화 제작자들은 날아다니는 자동차가 머지않아 나올 거라고 확신했다. 그러나 미래는 예상 같지 않다.

우린 대체 온종일 뭘 그렇게 하는가

지금까지의 내용을 정리해보면 노동시간이 짧아지기를 멈춘, 심지어 어떤 경우는 더 길어지기까지 하는 이유는 우리 사이에 퍼져 있는 어떤 통념 때문이다. 인류가 더 큰 차원에서의 유용한 진보와 개개인의 잠재적 자유 시간을 맞바꿨다는 통념을 우리는 믿지 않는다. 자료가 이런 통념을 뒷받침하지 않기 때문이다. 지금 우리 사회는 예전에 비해 더 잘살게 되었을지는 몰라도 결정적 발명은 별로 이뤄내지 못했다.

미래에는 여가 시간이 점점 더 많아지고 노동은 줄어들 거라고 생각했던 케인스, 라이트 등이 오늘날의 상황을 봤다면 어떤 반응을 보일까? 진보가 정체되어 있을 뿐 아니라, 게다가 여전히 줄지 않은 긴 근무시간에 아마 크게 충격받을 것이다.

이 책에서 우리는 한 세기 전에는 피할 수 없는 미래로 보였던 노동시간 단축의 포부가 실현되지 못하고, 모든 사무직의 증가에도 불구하고 현대의 노동이 과거만큼 사회에 이바지하지 못하는 이유를 설명하고자 한다. 해답의 일부는 1장에서 살펴본 노동의 역사 안에 들어 있다.

인류의 탄생 이래 노동의 역사를 연구해보면 적어도 다음과 같은 사실을 알게 된다. 인간은 재량 시간이 더 확보될 때마다 자신을 계속 분주하게 만들 새로운 방법을 생각해냈다. 심지어 실질적인 일에서 점점 멀어지면서도 노동의 속도를 늦추려 하지 않았다. 오히려 반대로, 주로 실내에 틀어박혀 앉아서 일하는, 더욱더 추상적이고 점점 더 이해하기 어려운 유형의 일을 하느라 결국 더 바빠졌다.

이런 역사에 대한 조망은 지금 상황의 역설을 강조한다. 니킬 서발이 『큐브, 칸막이 사무실의 은밀한 역사』에 기록한 대로 사무직 노동자들, 즉 서기, 화이트칼라, 중간관리자, 지식노동자 등은 종종 의아하고 자주 우스꽝스러워 보였다. 이 새로운 직군의 시초는 심지어 기성 질서에 위협을 가하는 것으로 보였다. 그들의 '여성스러움' 때문에 혹은 그들이 종이 말고는 생산하는 게 없기 때문이다. 또한 (쓰고 또 써야 하는) 서기, (책상에 못 박힌) 하인, (세세한 것에 얽매이는) 현학자, (뭐든 못마땅한) 관료들이 자기 일을 한 발 떨어져 구경하며 한바탕 비웃고픈 욕구를 느꼈다는 사실은 시사하는 바가 크다.

그게 아니라면 스콧 애덤스의 『딜버트Dilbert』를 어떻게 설명할 것인가? 이 미국 만화는 사무직 노동자 생활을 신경질적으로 웃기고 종종 기이할 정도로 정밀하게 묘사하여, 좌절감에 사로잡힌 팬들을 오랫동안 즐겁게 해주었다. 무능한 상사들과 의미 없는 업무, 소모적인 힘겨루기 등은 많은 사람이 아주 잘 알고 있는 풍경이다. 또한 〈오피스〉(2005~2013)는 어떤가? 원래 리키 저베이스가 BBC를 위해 집필하고 이제는 전 세계적 성공을 거두어 9개국에서 리메이크된 이 드라마는 『딜버트』와 비슷한 주제를 탐색한다. 무의미한 업무, 관료제를 위한 관료제, 구제 불능의 상사, 극단적인 권태, 다른 동료가 하는 일에 대한 완전한 무지 등이 그것이다.

프랑스의 심리학자이자 경제학자인 코린느 마이어는 2004년 꽤 소동을 일으킨 책 『게으름아, 안녕?Bonjour paresse』을 발표해, 프랑스에서 제일 큰 회사 중 하나인 프랑스전력공사에서 낭비하며 보낸 수많은 시간을 가차 없이 폭로했다. 그녀는 그 회사에서 보낸 오랜 시간 동안 자신이 한 일이 얼마나 없었는지, 자신의 업무가 얼마나 멍청하고 무의미했는지 정확하고 잔인한 용어로 냉혹하게 묘사한다. 마이어에 따르면 지식노동자로서 그녀가 전력공사에 이바지한 지식은 좋게 말해도 엄청나게 제한적이었다. 마이어의 회고록은 25만 부가 팔렸고 그녀를 고용했던 전력공사는 그녀를 고소했다.

여기서 요점은, 현대 노동에 대한 풍자가 새로운 현상이 아니라는 것이다. 하지만 농부, 어부, 대장장이, 항만 근로자라는 직업에 대해 풍자적이거나 비판적인 작품을 쓴 사람은 아무도 없다. 반면에 사무직은 처음부터 통렬한 비판의 대상이 되었다. 허먼 멜빌의 첫 책 『필경사 바틀비 Bartleby, the Scrirener』는 그가 『모비 딕 Moby Dick』으로 유명해지기 훨씬 전인 1853년에 출판되었다. 이 소설은 익살스러운 작은 소동을 다룬다. 흠 없는 이력으로 열심히 일하던 서기가 어느 날 갑자기 지시받은 일을 거부하는 이야기다. 바틀비는 어느 날부터 시키는 모든 일에 "나는 하지 않기를 선호하겠습니다"라는 의아한 대답으로 일관한다. 많은 문학평론가들은 이를 업무의 부조리함에 대한 수동적 저항의 상징으로 해석했다.

허먼 멜빌의 『필경사 바틀비』에서 에드거 앨런 포를 거쳐 『딜버트』에 이르는 작품들을 보면 현대의 노동 생활이 좌절감을 낳고 있다는 건 분명하다. 우리는 케인스, 라이트 등이 전망했던 모든 여가 시간과 진보를 누군가에게 사기당하고 빼앗긴 듯하다. 무슨 이유에서든 간에 우리는 거의 이해하지도 못할 뿐 아니라 분명히 "하지 않기를 선호"하는 온갖 종류의 일을 하고 있음을 깨달게 된다.

다음 장에서 우리는 야심 찬 여행길에 올라, 현대의 근로자가 실제로 무슨 일에 매여 있고, 그들이 자신이 하는 일과 시간 사용 방식에 대해 어떤 기분을 느끼는지 알아본다. 우리가 일터에서 보내는 시간과 효율성 사이의 실제 관계는 어떨까? 이 질문에 대한 대답을 통해 우리가 매일 겪어야 하는 일들, 우리 업무와 직장이 생각만큼 제대로 굴러가고 있지 않을지도 모른다는 마음속 깊은 곳의 회의감에 조금 더 현명하게 대처할 수 있을 것이다. 최소한 『딜버트』를 읽었거나 〈오피스〉를 보았거나 『게으름아, 안녕?』을 산 수백만의 사람들 혹은 스스로 이런 생각을 해본 사람들은 자신이 이런 기분을 느끼는 유일한 사람이 아님을 어렴풋이 인식했을 것이기 때문이다. 이제 현대의 직장이 뭐가 잘못됐는지 살펴볼 차례다.

2장
텅 비어가는 노동

아무도 눈치채지 못한 퇴근

2004년 1월 16일 핀란드 헬싱키 세무서의 직원들은 나이 든 동료 하나가 책상 위에 엎드린 채로 죽어 있는 것을 발견했다. 직장에서 누가 죽는다는 건 엄청 충격적인 일이다. 하지만 우리가 깨어 있는 동안 직장에서 보내는 시간을 생각하면, 누구든 사무실에서 피할 수 없는 인생의 결말에 다다를 수 있는 가능성을 아주 배제할 수는 없다. 다만 이 충직한 60세 직원의 죽음이 특수했던 점은 죽은 지 이틀 후에 발견됐다는 것이다. 직장에서 사망했는데 하루 종일 아무도 알아차리지 못했다니 너무 극단적인 사례로 보인다. 그러나 비슷한 이야기가 인터넷에 많이 떠돈다.

이런 도시 전설(실화일 수도 아닐 수도 있는)이 말해주듯 사무실에서는 수많은 사람이 여러 방식으로 아무도 모르게 퇴근해버린다. 미국의 어느 IT 회사는 내부 보안 점검을 하다가, 자기 일은 중국에 외주를 주고 근무시간을 유튜브와 이베이를 검색하며 근무시간을 보내던 직원 하나를 발견했다. 그는 자기 임금의 일부를 중국 선양의 어느 프로그래머에게 보내고 있었다.

한편 독일의 어느 65세의 엔지니어는 2012년에 은퇴할 때, 관리자와 동료들에게 자신이 1998년 이후 아무 일도 하지 않았음을 고백했다. 마지막 출근 날 쏘아 올린 한 통의 이메일에서 그는 업무의 전면적 재편성, 능률화 및 세련화, 책임 분산제 등이 자신의 일을 점차 빼앗아갔고 나중에는 실질적으로 할 일이 아무것도 남지 않았다고 말했다. 그가 퇴사하기 전까지 이 사실을 알아차린 사람은 아무도 없었다. 그 엔지니어가 뭘 하는지 어차피 아무도 몰랐기 때문이다. 그는 날마다 출근해서 자기 자리에 앉아 뭔가 꼼지락거렸고 14년 동안 괜찮은 봉급을 챙겨 갔다. 공식적인 은퇴는 2012년이었지만 그가 일을 그만둔 지는 꽤 오래되었다고 볼 수 있었다.

이런 이야기를 들으면 사람들이 사무실에서 대체 무슨 일을 하는지 이제는 정말 진실을 밝혀야 한다는 생각이 든다. 어떻게 어떤 직원은 일주일에 37시간을 채우는 데 아무 문제가 없는 반면, 또 어떤 직원은 하는 일 없이 매일 매월 매년을 보낼 수 있을까? 노동의 세계가 정말 제대로 굴러가고 있는 게 맞을까? 직장인이 실제로 느끼는 기분을 어떻게 하면 시원하게 밝혀낼 수 있을까?

직장 만족도가 낮아지는 이유

여론 조사 기관 갤럽에서 조사한 '전 세계 직장 순위'는 142개국에 있는 온갖 종류의 회사를 비교하여 직장 만족도를 가늠하는 최고의 척도 중 하나다. 그런데 최근 몇 년간의 결과는 매우 실망스러웠다. 거칠게 말하자면 직장 만족도는 세계 전역에서 바닥을 치고 있다. 그런 만큼 갤럽은 이 상태를 세계적 위기라고 발표해 왔다.

갤럽은 노동 상태를 세 범주로 나눈다. '열심'은 행복하고 기운차게 매일 출근하는 사람을 뜻한다. 일반적으로는 이 부류가 가장 많으리라 생각할지도 모르지만, 현실은 전혀 다르다. 적어도 2013년 조사에 의하면 그렇다. 열심히 일하는 직장인은 일부(13%)인 반면, 가장 큰 집단(63%)은 '무성의' 범주에 들어간다. 이들은 일에 아예 관심이 없거나 전혀 전념하지 않는다. 세 번째인 24%는 '적대적' 부류로, 아침에 이불에서 나와 일터로 향하는 것을 힘들어할 뿐 아니라 사실상 다니는 직장을 증오하며, 크든 작든 적극적으로 반항을 한다. 이 마지막 집단은 전 세계의 거의 3억 4천만 명의 노동자를 포괄한다. 이들은 종종 사기를 치고 최대한 적게 일하기 위해 비상한 노력을 기울인다. 충격적인 것은 이 범주가 열심히 일하며 일에 만족하는 직원 대비 거의 2배에 달한다는 것이다.

갤럽의 조사는 놀라울 정도로 암울하기만 하다. 예를 들어, 직장인의 21%가 상사로부터 어떤 동기 부여도 받지 못한다고 말한다. 그리고 오직 약 3분의 1만이 기업의 사명을 이해하거나 조금이라도 관심이 있다고 말한다. '회사의 전반적 전략과 목표를 열정적으로' 떠받칠 '의욕 충만한 직원'을 만들기 위해 온갖 법석을 떠는 기업의 노력을 생각할 때, 이 수치는 분명 이상하다. 수많은 회사의 경영진이 이런 상황을 전혀 모르고 신나게 헤매고 있는 건지, 아니면 그저 신경 쓰지 않는 건지 우리는 질문해봐야 한다.

우리는 생각보다 적게 일한다

페인트가 마르기를 지켜보는 것과 같은 지루한 노동을 하며 자리를 지키고 있다 보면 언젠간 승진할 수도 있다는 통념은, 우리 가운데 많은 이가 자신이 실제보다 더 많은 시간을 일한다고 생각하는 이유를 설명해줄 수 있을지도 모른다. 즐거울 때는 시간이

쏜살같이 흐르고 지루해죽겠을 때는 그렇게 느릴 수가 없다는 점은 인생의 엄청난 부당함 가운데 하나다. 결론은, 우리 중 많은 이가 일에 쓰는 시간의 양을 시종일관 과대평가한다는 것이다.

덴마크의 로크울 재단은 한 연구에서, 그 옛날 프레더릭 테일러의 마음을 흡족하게 해주려는 듯, 연구자들이 스톱워치를 들고 덴마크 노동자들을 따라다니게 했다. 그리고 비록 자기가 주당 평균 39.3시간을 일한다고 생각했더라도 실제로는 33.2시간을 일했을 뿐이라는 결론을 내렸다. 업무시간이 6시간 넘게 사라진 것이다. 게다가 그 수치는 계속 올라갔다. 이유를 짐작하자면, 아마도 39시간 일한다고 말하는 편이 33시간 일한다고 말하는 것보다 높은 사회적 지위를 가져다주기 때문이 아닐까?

다른 나라에서도 비슷한 패턴을 보였다. 미국과 벨기에에 관한 어느 조사에서는 사람들이 자신이 하는 일의 양을 최대 10%까지 과대평가하는 경향이 나타났다. 여러 직업 중에서도 특히 컨설턴트의 수치가 높았다. 또 다른 기관의 조사 결과를 보면, 미국 경영 컨설턴트의 35%가 주80시간까지 일한다고 주장했지만 사실이 아니었다. 이 조사는 특정 집단이 자신의 노동량 과장을 부추기는 경쟁적 풍토에 영향을 받는다는 점을 발견했다.

이런 연구 결과들은 흥미롭다. 왜냐하면 우리가 실제로 얼마나 일하는지 자신도 잘 모르거나, 우리에게 할 일이 충분하지 않지만 감히 그 사실을 인정할 수 없음을 의미하기 때문이다. 이는 또한 우리가 생각만큼 생산적이지 않다는 점을 반영한다. 우리는 혁신적인 돌파구를 만들어내지 못하고 있으며 많은 서구 국가는 여전히 2008년 금융 위기 이전만큼의 생산성을 회복하지 못하고 있다.

수치를 살펴볼수록 노동 세계에 열린 거대한 블랙홀의 존재를 확인하게 된다. 사람들은 자신이 얼마나 일하는지 (혹은 일하지 않는지) 인지하지 못하고 여가와 일을 뒤섞어 아주 오랜 시간 빈둥거리거나 아무도 모르게 책상 위에 쓰러져 죽는다. 그렇다면 사람들은 직장에서 온종일 뭘 하는 걸까?

업무와 관련 없는 일과를 보내는 사람들

2009년 스웨덴 민간 항공 관리국은 근무시간의 거의 75%를 포르노를 찾아다니는 데 쓴 일곱 명의 직원을 해고했다. 이는 스웨덴에 국한된 현상은 아니다. 사실 회사에서 직원들의 온라인 활동을 감시하기 시작한 지는 꽤 되었다. 이들이 사용하는 도구 중 하나는 스파이소프트웨어라는 회사에서 개발했다. 그들에 따르면 포르노 사이트 방문의 70%는 월요일부터 금요일, 9시에서 5시 사이에 일어난다. 점잖은 물건을 파는 인터넷 쇼핑몰에서도 이 패턴이 확인된다. 개인적 용도의 물건을 사는 행위가 근무시간에 엄청나게 증가하고 저녁과 주말에는 오히려 떨어진다.

스칸디나비아의 온라인 상점 수백 곳에서 매일 수천 가지 가격을 확인하는 덴마크의 제품 비교 사이트인 프라이스러너에서도 이 현상이 확인된다. 이 사이트의 한 관리자는 잡지 『데타일포크Detailfolk』에서 이렇게 말했다. "월요일이 단연코 대목입니다. 90%의 방문이 근무시간인 8시에서 4시 사이예요. 그러니까 직장에서 대부분의 주문이 발생하는 거죠." 다른 설명은 불가능하다.

어차피 인터넷에 남은 흔적은 거짓말하지 않는다. 적어도 데이터와 트래픽 같은 객관적 자료에 한에서는 그렇다. 익명성 아래에서 사람들은 이런 종류의 행동을 기꺼이 인정한다. 거의 37%의 미국인이 인터넷에서 업무와 관련 없는 것을 검색하며 일과를 보낸다고 고백했다. 앞의 갤럽 조사에서 '적대적' 부류에 해당했던 사람들 일부는 분명 여기에 포함된다.

미국의 또 다른 조사는 직장인이 일주일 근무시간 중 평균 8.3시간을 일터가 아닌 장소에서 보낸다고 했다. 다른 말로 하면, 일주일에 하루 이상 해당하는 시간이 업무와 전혀 관련 없는 곳에 사용된다는 말이다. 어찌 보면 케인스가 그렇게까지 잘못 예측하지는 않은 것이다. 그가 전망했던 상당량의 여가 시간이 근무시간에 발생하고 있으니까. 비록 임금을 받고 노동하기로 한 시간이라도 말이다.

물론 모든 사람이 업무 시간 중 딴짓을 해도 된다고 생각하지는 않는다. 근무시간에 업무 이외의 행위를 한다는 걸 꿈도 꾸지 않는 사람도 분명 있을 것이다. 혹은 적어도 이를 인정하지 않으려고 할 것이다. 실제로 세계 전역에서 노동량이 상대적으로 불균등하게 분배되어 있다는 증거가 있다.

2001년 유럽의 어느 조사에 의하면 응답자의 30%가 일과 중 절반 이상을 매우 집중해서 일한다고 말했고 또 다른 30%는 딱히 집중적으로 일하는 시간이 없다고 말했다. 첫 번째 응답자는 단연 목소리가 가장 큰 집단이다. 일이 너무 많은 시간을 차지한다고 부단히 하소연한다. 반면에 직장에서 대충 시간을 보내는 사람들이 주류 매체나 온라인에서 떠들어대는 일은 드물다. 여기서 우리는 암암리에, 열심히 일하지 않는 것이 사회적 금기라는 것을 알 수 있다.

사회적 금기, 바쁘지 않다는 말

스웨덴 사회학자 롤란드 파울센의 연구는 사람들이 정신을 빼놓고 출퇴근하면서도 왜, 어떻게 잘리지 않는지 살펴보는 것이었다. 파울센 연구에 대해 더 듣고 싶어서, 어느 날 우리는 스웨덴으로 가서 그를 직접 만났다.

어느 이른 오후, 룬드 대학교의 소박한 회의실에서였다. 파울셴은 작은 체구에 검은 머리를 가진 과묵한 남자였다. 말을 천천히 또박또박 했기 때문에 우리는 그의 스웨덴어에 쉽게 대처할 수 있었다. 우리는 정말 이 만남을 고대해왔다. 많은 면에서 파울셴은 우리가 이 책을 쓰게 된 원인을 제공해주었다. 2014년에 텔레비전 스튜디오에서 우리가 만나게 된 것도 그의 '텅 빈 노동Empty Labor'에 대한 연구 때문이었다. 우리 여정의 출발점에서 그를 만나는 것은 어쩌면 당연한 일이었다.

파울셴은 수년간 노동 문화에 관심을 가져오다가 '텅 빈 노동'에 대해 자발적으로 말해줄 지원자를 찾는 광고를 내게 되었다고 설명했다. 이때 '텅 빈 노동'이란 '봉급을 받는 이가 하리라고 고용주가 기대하지 않는 활동'이라고 정의된다. 놀랍게도 파울셴은 곧 익명이라고는 해도, 자신이 직장에서 하는 일이 별로 없음을 기꺼이 인정하는 수많은 이의 연락을 받게 되었다.

그의 연구는 많은 놀라운 사실을 밝혀냈다. 파울셴은 직장인들이 뭔가 그럴듯한 일을 하는 것처럼 보이게 만드는 능력이 얼마나 뛰어난지 알게 되었다. 어떤 이들은 사적인 행동과 전반적 게으름을 은폐할 간편한 구실을 잔뜩 가지고 있었다. 현황 조사, 인맥 관리, 고객 지원, 통상 점검, 연구 조사, 시장 분석, 사정 평가 등. 이런 일들이 어떤 절차로 구성되고, 얼마나 시간이 걸리는지 정확히 아는 사람은 아무도 없다. 그리고 여기서 핵심은 이런 일들이 혼자서도 할 수 있는 일이라는 점이다.

파울센은 책에서 일부 직원이 다른 직원들을 위해 보초 역할을 맡는 현상에 대해 설명한다. 보초는 동료들에게 상사가 오고 있다고 알린다. 이런 식의 책략은 대부분의 경우 무언의 동의로 이뤄진다. 일례로 늘 예정보다 늘어지게 마련인 티타임을 들 수 있다. 느긋하게 시간을 보내고 휘적휘적 자리에 돌아가도, 아무 일도 하지 않고 시간을 얼마나 보냈는지에 대해 아무도 말하지 않는다. "이것은 일종의 비밀 규약입니다. 아무도 '일을 하지 않으니 참 좋다'라고 입 밖으로 소리 내어 말하지 않습니다."

우리는 파울센에게 매일 일하러 가서 그냥 내키는 대로 지내면 꽤 좋을 것 같다고 말했다. 안 좋을 리가 있겠는가? 파울센은 고개를 끄덕이며 우리 말에 동의했다. 하지만 텅 빈 노동에는 대가가 따른다. 손익계산상으로는 괜찮을지 몰라도 인간은 이런 부조리한 상태의 삶을 오랜 기간 견디기 힘들어한다. 우리는 이 점에 대해 나중에 더욱 깊숙이 탐색할 것이다. 하지만 먼저, 현대인에게 그렇게 많은 시간을 딴짓에 소모하는 직장 생활이 가능한 정확한 이유를 이해할 필요가 있다.

할 일 없는 직원의 괴로움

"간단히 말하자면 문제는, 그렇게 할 일이 많지 않다는 겁니다."

파울센의 말투는 담담했지만 우리에게는 굉장히 도발적으로 들렸다. 만일 우리 주변에서 무작위로 100명에게 물어본다면 다들 할 일은 너무 많고 시간은 적다고 대답하리라 예상되었기 때문이다. 하지만 파울센이 직접 조사해서 들은 이야기는 우리 예상과 달랐다.

"이상적으로는 물론 상사에게 가서 할 일이 없다고 말할 수 있습니다. 하지만 아무것도 하지 않는다는 건 심각한 금기이고 직원에게 할 일을 찾아주지 못하는 상사는 실패자가 되기 마련입니다. 사실 이런 상사가 꽤 흔하고, 때로 직원이 상사에게 시간이 남는다는 암시를 흘리기도 하지만, 무시당하는 이유는 당연히 존재하지 않는 일을 만들어내기 어렵기 때문이죠. 직장에서 늘 해야 할 일이 있다는 건 신화나 다름없습니다."

파울센에 의하면 할 일이 없다는 것은 상사가 부하에게 정말 듣고 싶어 하지 않는 불평이다. 그 상사에게 직원이 필요 없다는 인상을 주게 될 수도 있으니까 말이다. "많은 직원을 책임지고 있다는 것은 관리직에게 지위의 상징입니다. 그들은 끝없이 서로에게 '너희 팀은 몇 명이냐'라고 묻죠. 그러니 인원 감축은 안 될 말입니다."

파울센에 따르면 직원은 할 일이 없고 상사는 일거리를 찾아주지 못할 때, 이에 대해 언급하지 않는 것이 양쪽에게 최선인 상황이 돼버린다. 파울센이 연구한 텅 빈 노동의 괴상한 점은 직원이 아무 일도 하지 않으면서 엄청난 시간을 낭비해도 조직은 종종 그냥 잘 굴러가는 것처럼 보인다는 것이다. 이는 결국 상호 이득이라는 관점에서 설명된다. 굳이 현실을 들춰내서 이득을 얻을 사람이 없다는 것이다.

우리는 마침 스웨덴에 온 김에 스웨덴 민간 항공 관리국에서 일어난 포르노 추문에 관한 화제를 조심스레 꺼내보려 했다. 하지만 파울센이 먼저 선수를 쳤다. "물론 그 사건의 재미있는 점은, 이전에는 아무도 그 직원에게서 문제를 발견하지 못했다는 겁니다. 그들이 대부분의 시간을 포르노 사이트 등에 쏟았다는 인터넷 기록이 밝혀지지 않았다면 그 조직은 그들을 계속 신경 쓰지 않았을 테죠. 업무는 했으니까요. 다만, 근무시간의 절반으로도 충분했다는 걸 경영진이 알아낸 건 순전히 우연이었습니다. 직원들을 감시하기 시작하고 나서야 알아챘죠. 결국 직원들이 아주 적게 일해도 회사는 잘 굴러갑니다."

그렇지만 해당 업무를 담당한 직원이 업무를 하는 척하며 이베이에서 선글라스를 사는 의아한 상황이 조직의 밝은 미래를 약속하지는 않는다. 정확히 말하면 그와 정반대다. 그리고 이것은 개인에게도 마찬가지다. 장기적으로 볼 때, 제대로 일하지 않는 이런 시스템 안에서 사람은 결국 지치고 스트레스를 받는다.

"만일 직원들이 속임수를 쓰는데도 회사가 잘되고 즉각 문제가 나타나지 않으면 우리는 현재 상황에 대해 더 존재론적인 질문, 즉 이렇게 페이스북이나 트위터에 많은 시간을 쓰는 게 좋은 일인가 하는 의문을 스스로에게 던지게 됩니다." 파울센은 또한 사람들이 직장에서 사기 치고 있다는 기분을 느끼게 되는 경향, 즉 가면을 쓴 사기꾼에 대해 언급했다. '가면 증후군imposter syndrome'은 특히 관리직에게 널리 퍼져 있으며, 자신이 무가치하고 완전히 무능력하다는 회의감에 고민하는 모습을 보인다. 그런데 이 증후군은 때때로 부하 직원을 덮치기도 한다. 예를 들어 상사가 3일이면 충분할 일을 주면서 2주의 시간을 줄 때, 또는 티타임이 점점 길어지는 게 짜증날 때, 책상에 돌아가서 할 일이 없다는 걸 너무 잘 알 때 말이다.

파울센은 이렇게 말했다. "사람들은 체면을 차리느라 '실제로 일하는 것보다 훨씬 더 많이 일하는 척'을 하는 데 꽤 많은 시간을 씁니다. 자기가 하는 일이 꼭 필요한 이유를 꾸며대지만 주변을 속이다 보면 깊은 공허감을 느끼게 되죠. 진짜 일을 하거나 개인 생활에 쏟을 수도 있는 귀한 시간이니까요. 물론 자기 일이 그렇게 오래 걸리지 않는다는 걸 깨닫게 된 초반에는 행복해하며 좀 풀어지고 유튜브에 시간을 보냅니다. 하지만 몇 년 지나면 불만스러워져요. '정말 이게 다야?' 하는 생각이 들기 시작하면서 존재론적 위기에 빠지죠. 심지어 모든 게 지긋지긋해지는 것 같은 무력감으로 고생하기도 합니다."

모든 게 지긋지긋해진다고? 그게 뭘까?

모든 게 지겹다면 당신도 보어아웃 증후군

프랑스 향수 회사의 성공한 관리직인 프레데리크 데나르를 보며 사람들은 부러워했다. 그의 기본 연봉은 8만 유로였다. 그런데 2016년, 데나르는 전 고용주에게 40만 유로의 소송을 걸었다. 그 이유는 4년 동안 따분해죽을 정도로 적게 일했기 때문이다. 게다가 자신이 맡은 일이 참을 수 없을 만큼 지겨웠다고 했다. 결국 이 44세 남자는 "그렇게 적은 일을 하고 봉급을 받는 게 수치스러울 정도"까지 이르고 말았다.

　이 사건은 데나르가 법원으로까지 갔기 때문에 주목을 받았지만, 이 같은 사례는 프랑스나 독일에서 결코 특이한 이야기가 아니다. 사실 직장에서의 극단적 지루함으로 인한 스트레스는 아주 흔한 일로, 이런 현상은 모든 게 지겨운 '보어아웃 증후군boreout syndrome'으로 알려져 있다.

　2009년 유럽 노동자 11238명을 대상으로 한 조사에서 독일 노동자의 39%, 벨기에 33%, 스웨덴 29%, 덴마크 21%, 즉 유럽 노동자 약 3분의 1에 해당하는 사람들이 자신이 처리하는 일의 양이 너무 적다고 응답했다. 2004년 어느 조사를 보면 24%의 응답자들이 직장에서 가끔 존다고 인정했다. 2015년의 한 연구에서는 미국 사무직 노동자의 '주요 업무'라는 것이 일과 시간의 46%만을 차지한다고 결론 내렸다. 겨우 1년 후에는 이 수치가

39%까지 떨어졌다.

이들의 목소리는 2014년 세계에 충격을 준 롤란드 파울센의 저서 『텅 빈 노동』의 바탕이 됐다. 현대의 기업들은 본사의 인상적인 콘크리트 건물처럼, 합리적이고 효율적이라고 생각되어 왔다. 그런데 어느 날, 우스꽝스럽게만 보였던 〈오피스〉와 『딜버트』의 모든 캐릭터가 살아서 튀어나온 것처럼 너무나 현실적인 책이 등장한 것이다. 풍자가 아니라 실제였고, 사무실 생활의 부조리가 밝혀졌다.

이 책에서 파울센은 텅 빈 노동이 퇴출되고 있다는 징후를 전혀 발견하지 못하겠다고 썼다. 그 반대로 텅 빈 노동은 끈질기게 지속되어 사람들을 지쳐 나가떨어지게 하고 영혼에 상처를 입히고 있다. 스트레스는 할 일이 너무 많은 탓에 발생할 수도 있지만 심한 지루함, 보람의 결핍, 무의미한 타성으로도 유발된다. 스트레스는 감옥 내 수감자와 교통 정체에 갇힌 운전자처럼 할 일이 아주 적은 상태의 사람들에게도 덮친다. 사실 일시적으로 바쁜 기간에 스트레스가 발생하는 경우는 많지 않은 편이다. 스트레스의 축적은 자기 삶을 통제할 수 없다는 느낌과 더 관련 있다. 이것은 아마도 불만족스러운 노동자가 점점 병약해지는 이유, 즉 현대 노동 생활에 드리운 그림자에 대해 설명해줄 것이다.

지난 10년간 노동 환경을 연구하는 많은 사회과학자가 경종을 울려왔다. 지금도 기록적인 숫자의 사람들이 스트레스로 휴직하고 있다. 2020년 WHO는 스트레스가 가장 큰 질병의 원인 중 하나가 되리라 예측했다. 인구 550만 명인 덴마크에서 43만 명의 사람들, 노동력의 15% 이상이 매일 직장 내 스트레스로 고생하며 그중 30만 명이 매우 심각한 상태다. 50만 명 이상이 일에 대한 스트레스 때문에 심신이 탈진하는 번아웃 증후군^{burnout} ^{syndrome}을 느끼며 그 결과 매년 3만 명이 병원 신세를 진다. 말할 필요도 없이 이 수치는 상승 중이다.

롤란드 파울센의 나라 스웨덴에서도 스트레스로 고생하는 사람의 수가 폭발적으로 증가해왔다. 인구의 거의 10%가 어떤 종류든 항우울제를 복용 중이다. "내가 책에 쓴 것과 같은 종류의 노동 상태가 사람들을 병들게 하는 건 아닌지 질문해봐야 합니다. 내가 보기엔 너무 잔인할 정도로 무의미한 노동이 분명 정신 건강을 해치는 원인이 되고 있습니다. 사람들은 자신에게 묻습니다. '난 정말 이렇게 시간을 보내고 싶은 걸까? 내가 평생 하고 싶은 일이 이건가?'라고요."

나의 일이 무의미하다고 느껴질 때

롤란드 파울센의 주장이 옳을지도 모른다는 증거는 곳곳에서 발견된다. 덴마크 국립노동환경연구소의 조사에 의하면 무의미한 업무와 직장 내 소속감 결핍은 결국 장기 병가와 조기 퇴직으로 귀결될 가능성을 증가시킨다.

2015년 영국의 데이터 분석 업체 유고브(YouGov) 설문에 따르면, 자신의 일이 세상에 조금이라도 도움이 된다고 생각하느냐는 질문에 50%만이 그렇다고 대답했다. 13%는 모르겠다고, 37%는 자기 직업이 아무 의미도 없다고 단언했다.

2017년 네덜란드의 한 연구 결과는 더욱 절망적이다. 응답자의 40%가 자기가 하는 일이 가치가 없다고 느꼈다. 2013년 『하버드 비즈니스 리뷰 Harvard Business Review』는 12000명의 응답자 중 50%가 자기 직업이 전혀 중요하지 않고 아무런 의미도 없다고 답했다는 황량한 연구 결과를 발표했다. 기업들이 직원의 자긍심을 고양시키기 위한 '기업의 사명'을 만들어내느라 외부 자문을 고용하는 등 온갖 자원을 퍼붓고 노력했지만, 모든 것은 수포로 돌아간 듯 보인다. 역시 응답자의 절반이 기업 목표나 강령에 전혀 관심을 가질 수 없다고 했기 때문이다.

그렇다면 이 모든 사람은 뭘 하고 있고 왜 이들은 자신의 일에 의미가 없다고 생각하게 됐을까? 당연한 이야기겠지만, 파울센이 조사한 사람들처럼 모두가 고용주를 속이는 것은 아니다. 많은 사람이 분명 바쁘고 할 일이 넘쳐날 것이다. 그보다 문제는, 그들이 실제로 무슨 일을 하느냐이다. 다르게 말하자면, 어떤 사람들은 업무로 보이는 일로 일과를 채우고 있긴 하지만, 쓸

모라는 측면에서 계량화하기는 어렵지 않은가? 사무실에서 포르노 사이트를 돌아다니지는 않는다고 해도, 사실상 아무 가치 있는 결과도 생산하지 못하는, 겉보기만 일을 닮은 행위에 갇힌 상태는 아닌가?

런던 정치경제대학교 교수이자 인류학자인 데이비드 그레이버는 2013년에 실질적 내용과 의미가 결여된 일들을 묘사하며 '허튼 직업 bullshit jobs'이라는 용어를 고안해내 국제적으로 선풍을 일으켰다. 그는 좌파 잡지인 『스트라이크 Strike』에 이 개념을 처음 썼고, 이 내용을 본 사람들 사이에서 사회운동이 벌어졌다. 활동가들은 "자신의 직업이 존재해서는 안 된다고 느끼는 상태에서 어떻게 노동의 존엄성에 대한 논의를 시작할 수 있을까?"라는 물음을 담은 포스터를 런던 지하철에 붙이고, 바쁜 통근자들에게 우리 사회가 뭔가 잘못됐다는 것을 상기시켰다.

그레이버는 리셉션, 파티 그리고 여러 행사 때마다 법률, 인사, 영업, 마케팅 같은 다양한 직종의 사람들과 대화했다. 그들의 머릿속은 좌절감으로 가득했고, 술을 몇 잔 들이켜고 나면 하나같이 자신의 속내를 그레이버에게 털어놓고 싶은 욕구를 느꼈다. 그레이버의 일은 정말 재밌어 보이는데, 반면 자기 일은 지루하고 헛돼 보인다고 말이다. 그레이버는 이들과의 대화에서 많은 영감을 받아 사람들의 아픈 곳을 건드리는 악명 높은 논문을 써냈다. 이미 문제를 의식하고 있던 비판적인 독자들만 호응을 한 것이 아니었다. '허튼 직업'이라는 용어에 직접 해당되는 직업인들 중 일부도 자신의 상황을 분명히 인지했다. 사회적으로 엄청난 관심을 받은 그레이버는 이 현상에 대한 심층 연구를 진행했다. 내용과 의미가 대체로 결핍된 일을 하고 있다고 털어놓은 이들에게서 500여 가지 사례를 모아, '허튼 직업 이론'을 다듬고 2018년 저서 『불쉿 잡 Bullshit Jobs』을 출간했다. 안타까운 것은 출간 2년 후인 2020년 9월, 그가 너무 빨리 세상을 떠났다는 사실이다.

노동시장은 과연 합리적일까

> 세상은 너무 복잡해졌다. 우리 모두는 일터에서 하루를 헤쳐나가면서도 실은 얼뜨기라는 걸 들키지 않으려 허세를 부리게 되었다. 나는 세상이 매분 매시간 실없는 일을 합리화하려 애쓰는 사람들의 엄청나게 부조리한 노력으로 가득하다고 본다.
>
> ─스콧 애덤스, 『딜버트』의 작가

그레이버의 논문은 우리가 일터에서 실제로 하는 일에 대한 비판적 대화를 촉발했다. 결국 그레이버와 파울센 등의 연구는 뭔가 심각하게 잘못되었다는 일반 대중의 느낌에 실제 사례를 더해 구체화하고 이를 분석해 이론화한 것이다. 자세한 내용은 책의 나머지 부분에서 살펴보겠다.

파울센의 사무실을 떠나며 우리는 이런 생각을 했다. 그가 만든 '텅 빈 노동'이라는 개념을 사용해서 수많은 직장인들의 행동을 설명할 수 있겠다고. 대부분의 업무에 의미가 결여돼 있음을 발견하고 나름대로 다시 의미를 부여하려 하기 때문에 직장에서 포르노를 찾고 유튜브를 보고 온라인 쇼핑을 하고 긴 티타임을 가지는 등 사적인 시간을 보내는 것이다. 아주 극단적인 경우에는 직접 외주자를 섭외하거나 아무도 모르게 조용히 세상을 떠나기도 한다.

거기에 더해 그레이버가 주장한 '허튼 직업'이 정말 존재한다면 문제는 생각보다 심각해진다. 점점 더 무의미해지고 설명하기 어려워지는 텅 빈 업무에 점점 더 많은 시간을 쓰는 분위기가 되었음을 이미 많은 연구 결과가 말해주고 있다. 이로써 우리가 겪는 문제는, 단순한 지루함 혹은 시간 낭비보다 훨씬 더 심각하다. 우리 직업 생활에 정말 근본적인 잘못이 있는 것이다.

어쩌면 케인스는 틀리지 않았을지 모른다. 우리가 틀렸을지 모른다. 일하지 않으면 뭘 해야 할지 몰랐기 때문에 이렇게 오랜 시간 노동하게 되었는지도 모른다. 이제야 표면적으로나마 의미 있어 보이는 사적인 작업들로 그 시간을 채우게 되었지만, 실은 그것들도 그저 허튼짓거리일 뿐이다.

그게 진실이라면 현대적이고 합리적이며 효율적인 기업 조직이라는 관념은 신기루고, 1장에서 본 노동의 역사를 통틀어 계속 반복되는 똑같은 패턴에 우리는 다시 한번 갇힌 셈이다. 효율성의 개선을 통해 일의 양이 줄어들 거라는 감질나는 기대에 이끌려 찾아낸 '해결책'은 결국 우리에게 더욱 많은 일을 가져다주었다.

인간은 왜 이러고 있는가? 그리고 거기서 더 나아가서, '진짜 노동'이란 대체 무엇인가?

3장
노동의 본질과 변화

텅 빈 노동의 네 가지 유형:
빈둥거리기, 시간 늘리기, 일 늘리기, 일 꾸며내기

우리의 여정을 계속해나가기 전에 몇 가지 핵심 개념과 좀 더 친숙해지면 좋겠다는 생각이 든다. 롤란드 파울센이 정의한 '텅 빈 노동'의 네 가지 유형을 살펴보자.

　첫 번째, '빈둥거리기'는 아무것도 하지 않는 것이다. 20세기 초 사회학자 소스타인 베블런은 노동과 여가 시간의 관계를 분석하면서 빈둥거림은 상층계급의 결정적 특징이라고 했다. 상층계급은 돈이 많아서 스스로 아무 일도 하지 않을 뿐 아니라 다른 계급 사람들이 아무 일을 하지 않아도 돈을 줄 수 있었다. 주인들이 만찬을 즐기는 동안 하인들은 한구석에 돌기둥처럼 똑바로 서 있곤 했다. 이상한 일도 아니었을뿐더러 당시에는 이것이 단연 세련된 일로 여겨졌다.

요즘 사람들도 빈둥거리지만, 대부분은 몰래, 가끔씩만 공개적으로 빈둥거린다. 예를 들면 1990년대 자부심 높은 IT 회사들은 사무실에 탁상 축구 게임기를 구비해두었다. 파울센이 예를 든 건, 하루에 1시간가량 일하고 나머지 시간에는 서로 음악을 골라주거나 아니면 인터넷을 돌아다니는 직장인들이었다. 그들은 이런 상황이 옆 팀에 늘 알려지기를 원하는 것은 아니었기 때문에 종종 자신들이 하는 일을 숨긴다. 그렇다면 모니터 앞에 그냥 앉아 있는 것보다는 키보드라도 두드려대고 전자 달력을 색색의 칸으로 채우는 게 더 나은 위장이 아닐까?

빈둥거리기가 모두의 취향이라고 할 수는 없기에 많은 사람이 시간을 많이 쓸 수 있는 다른 전략을 세운다. 잉여라는 사실을 숨기기 위한 두 번째 전략인 '늘리기'에 의존하는 것이다. 시간 단위로 봉급을 받는 조직에서는 특히 시간 늘리기가 흔하다. 늘리기의 목적은 관리자의 눈을 속이는 것만이 아니다. 사실은 자신이 필요 없는 존재라는 사실에 직면하고 싶지 않은 것이다. 일하기 위해서가 아니라 직장이 필요해서, 출근할 곳이 있는 사람이 되기 위해서 그렇게 한다.

'늘리기' 전략을 취한 사람은 근무시간을 넉넉히 쓰며 온갖 관계없는 일로 하루를 채운다. 뉴스를 읽고 SNS나 블로그에 게시물을 올리고 채팅을 한다. 혹은 할 일을 만들어낸다. 필요도 없는 문서 보관 체계를 재구성한다거나 하는 것처럼 말이다.

일거리를 늘리려는 여러 방법을 곧바로 알아채기는 어렵다. 예를 들어 그 자리에서 바로 구두를 고치게 되면 얼마나 금방 고칠 수 있는지 손님이 알게 될 테니 다음 주에 오라고 하는 수선공은, 자신의 노동에 더 많은 가격을 매길 수도 있고 쉬는 시간을 가질 수도 있다.

어떤 사람들은 자기 일에 짜증이 나서 생산적인 일은 아무것도 하지 않으려고 한다. 그들은 노력을 꾸며내 자신의 하루를 더 취향에 맞게 만든다. 출근한 것만으로 충분하기에 8시간을 온전히 업무에 바치는 것을 정말이지 내키지 않아 한다. 중요한 건 게임에 참여하는 척하는, 올바른 말을 하고 있다는, 뭔가를 한다는 환상이다. 이것이 프랑스 경제학자이자 정신분석가 코린느 마이어가 채택한 전략이었다. 그녀는 2004년 세간에 물의를 일으킨 책『게으름아, 안녕?』에서 자신이 아무 일도 하지 않고 종이 한 장을 움켜쥔 채 복도를 이리저리 돌아다니면서 하루를 보내던 이야기를 썼다.

하지만 정말 회사에서 이렇게 하고 싶은 사람이 있을까? 왜 실제 업무 대신 다른 일을 하는 걸까? 게으름 때문일까? 집에 봉급을 계속 가져가기 위해서? 어쩌면 일이 너무 힘들거나 쓸모 있는 사람이라는 환상을 계속 유지해야 하기 때문일 수도 있다. 그렇다면 그것은 의식적일까 무의식적일까?

룬드 대학교에서 파울센을 만난 뒤 우리는 학생식당에 앉아 무의미한 노동에 대해 배운 것을 정리했다. 그런데 정리를 하다 보니 질문이 쌓여갔다. 다양하게 반복되는 이 문제를 모두 포괄할 수 있는 보다 더 좋은 용어가 필요했다. 파울센이 지적한 빈둥거리기, 일을 늘리고 꾸며내는 행위뿐만이 아니라 그레이버의 허튼 직업에 대한 개념도 모두 잡아낼 용어가 없을까? 겉보기에는 멋져도 표면을 걷어내거나, 맥주 한두 잔을 걸친 채 인류학자와 마주치면 금방 탄로 날 게 뻔한 직업을 정확히 나타낼 용어가 필요했다.

텅 빈 노동보다 더 심한 것들

학생식당 밖으로 나와 보니, 룬드 대학교 앞 광장에서 학생들이 스웨덴의 전통적인 개강 파티를 준비하고 있었다. 몇몇은 체조팀으로 보였는데 곡예팀이 아닌가 싶은 학생도 있었다. 다들 즐거워 보였다. 우리는 다시 차를 타고 덴마크로 돌아오면서 롤란드 파울센이 들려준, 직장에서 아무 일도 하지 않는 사람들에 대해 의논했다. 정말 그들은 아무 일도 하지 않는 걸까?

코펜하겐으로 들어가는 다리에 도착할 때쯤, 텅 빈 노동과 진짜 노동을 대결시키는 개념적 이분법은 상황을 온전히 설명할 수 없다는 점을 깨달았다. 수많은 사람이 노동이라고 생각하는 업무를 하거나, 적어도 노동과 닮아 보이지만 전혀 중요하지 않은 어떤 업무를 하며 임금을 받는다. 더구나 이런 종류의 일을 하며 딱히 결실이 있지 않아도 바쁘다고 느끼는 이가 있다.

전혀 힘들지는 않더라도 잔뜩 스트레스 주는 업무, 누구에게도 설명할 수 없는 업무, 누가 설명해도 이해할 수 없는 업무를 포괄할 '텅 빈 노동'이라는 개념의 대안이 필요했다. 그래서 우리는 '가짜 노동 pseudowork'이라는 적당한 용어를 찾아냈다.

가짜 노동은 더 다양한 상황을 포함한다. 명령받은 업무, 급여 받기로 한 업무, 조직에서 요구하는 업무, 노동과 비슷하게 생겼지만 노동은 아닌 업무 등이 여기 해당한다. 가짜 노동을 하면 우리는 실질적인 일을 한다고 느끼지 못하면서도 계속 바빠진다. 혹은 우리가 아는 일 중에 무의미하지 않은가 의심되는 업무가 있다면 그게 바로 가짜 노동이다.

'가짜 노동'의 수도(pseudo-)라는 접두어는 거짓 혹은 허위를 의미하는 그리스어 'pseudos'에서 왔다. 어떤 단어 앞에 붙어서 그 뒤에 오는 말이 보이는 대로의 진실이 아님을 가리킨다. 예를 들어 가명(pseudonym)이라는 단어는 진짜 이름이 아니라는 뜻이고, 사이비 과학(pseudoscience)은 진짜 과학이 아니라는 뜻이다.

'가짜'에 대한 연구는 철학의 기본적 과제다. 허상과 실재를, 즉 외관(Schein, paraître)과 존재(Sein, être)를 구별하는 것이다. 헤라클레이토스, 파르메니데스, 플라톤의 시대 이래로 철학자들은 겉보기와 다른 현상의 정체를 밝히려 노력했다. 그러므로 노동인 것과 노동이 아닌 것을 구별하는 시도는 진짜의 한계를 구분 짓고 가짜가 시작되는 지점을 열거하는 철학적 전통을 따르는 것이다.

이런 의미에서 가짜 노동에 관한 이 책은 비평적이고 철학적인 작업이기도 하다. 다시 말하면 진짜 노동과 진짜로 보이지만 실상은 가짜 노동인 무언가의 구분 선을 밝히는 것이다.

가짜 노동도 필요하고 중요하고 긴급해 보일 수 있으며, 많은 이에게서 진짜 노동이라고 인정받아 봉급을 받을 수도 있다. 심지어 칭찬과 명예가 따를지 모른다. 하지만 스웨덴에서 집으로 돌아오는 다리에서 우리는 어쩌면 당연하게 여기고 임금을 받아왔던 것보다 세상에는 진짜 노동이 훨씬 적을지도 모른다는 것을 깨닫기 시작했다.

그렇다면 지금보다 더 많은 시간을 쉴 수는 없을까? 에너지를 더 좋은 일에 쓸 수는 없을까? 주15시간 노동이 실현되지 않는 원인이 가짜 노동이 될 수 있을까?

가짜 노동의 정의들

가짜 노동은 의미가 없고, 가치 있는 결실을 맺지 못하며, 실제 아무 영향을 미치지 못한다. 그래서 '텅 빈 노동'은 가짜 노동이고, '빈둥거리기'는 의도적인 가짜 노동이다. '가짜 노동'이 반드시 고의적인 노동 회피나 절대적인 내용 없음을 나타내는 건 아니다. 단지 궁극적으로 중요하지 않기 때문에 허위인 노동, 허위로 할 일을 만들어내는 행동을 포괄하는 개념으로 본다. 가짜 노동이 없어져도 세상은 아무 문제 없이 계속될 것이다.

  그러나 가짜 노동은 그냥 텅 빈 노동이 아니다. 바쁜 척하는 헛짓거리 노동, 노동과 유사한 (하지만 노동은 아닌) 활동, 무의미한 업무다. 즉, 아무 결과도 내지 못하는 작업이거나 마찬가지로 거의 결실을 보지 못하는 뭔가 다른 것이 계획·제시·착수·실행되기 위해 사전에 이뤄져야 하는 노동을 지칭하기도 한다. 또한 뭔가 의미 있는 성과로 이어지길 바랐지만 그렇지 못한 노동도 지칭한다.

  예를 들어 모두가 시간 낭비라는 걸 아는 큰 프로젝트를 상대적으로 어린 직원에게 그저 뭔가 할 일을 주기 위해 맡긴다면, 이것이 가짜 노동이다. 이미 알고 있는 것들에 대해 듣는 회의도 가짜 노동이다. 프로젝터가 꺼지자마자 잊어버릴 프레젠테이션, 일이 잘못되는 걸 막지 못하는 감시나 관리도 가짜 노동이다.

또한 할 일이 없다는 걸 가리거나, '나는 일하는 사람'이라는 기분을 지키고 자존감을 유지하기 위해 서류 정리를 전부 다시 한다든지 하는 일도 가짜 노동이다.

집에 거의 도착했을 때 우리는 가짜 노동이라는 용어가 이런 다종다양한 현상을 꽤 잘 포괄한다고 합의했다. 이제는 이런 종류의 노동을 하는 이들만 찾으면 되는 것이다. 바로 그 순간 우리는 교통 정체로 차들이 전혀 움직이지 못하는 구간에 들어섰다. 빠르게 쌩쌩 지나칠 때는 흐릿해 보이던, 옆 차선 차 안 사람들의 얼굴이 선명히 보였다. 모두 정지 상태에 있었기 때문이다. 그때 우리는, 가짜 노동이란 쓰레기를 낳을 뿐 아니라 쓰레기에서 출현한다는 걸 깨달았다. 매번 누군가에게 프로젝트 자금이 지원될 때마다, 선택될 확률이 낮은 수많은 사람이 지원서를 제출하며 시간과 에너지를 낭비해왔다.

이렇게 매번 뭔가 바뀔 때마다 뭔가가 또 파괴된다. 오스트리아 경제학자 조지프 슘페터는 혁신을 '창조적 파괴'라고 정의했다. 그는 새로운 것이 등장할 때마다 많은 오래된 것들이 어쩔 수 없는 잉여의 존재가 된다고 말했다. 예를 들어 새로운 DAB 주파수가 아날로그 전파를 폐물로 만드는 것처럼 말이다. 변화에 태생적으로 파괴적인 측면은 많은 노동을 허위로 바꿔놓는다.

가속 중인 문화에서는 끊임없는 변화가 사실상 정상이 되어왔기에, 우리 모두는 결국 직업의 임시적 속성에 대해 생각해야 한다. 오늘 하는 일이 내일은 쓸모없어질지도 모른다. 그렇다면 왜 계속하는가? 비유적으로 말하자면, 우리는 다음 단계의 구조 조정이 코앞에 다가왔다는 것을 알기 때문에 임시방편의 해결책에 몰두하고 있는지도 모른다. 그렇다면 다소 진부하지만, 이런 가속화와 낭비가 가짜 노동을 급속하게 증식시키는 이유인 걸까?

눈에 보이는 노동, 보이지 않는 노동

답은 그렇지 않다. 뭔가 다른 결정적 변화가 1장에서 설명한 노동의 역사 속에서 일어났다. 농업에서 공장, 사무실로 옮겨가는 동안 가짜 노동은 더 흔해졌다. 어떻게 이런 일이 일어났는지 이해하기 위해서는 다음의 개념을 구분하는 것이 중요하다. 더 좋은 표현을 찾기 전까지는 '무대 앞 노동'과 '무대 뒤 노동'이라고 구분해 부르기로 한다.

　무대 앞의 노동은 눈에 보인다. 어느 시점에서든 걸린 시간과 이뤄진 진척을 계량할 수 있고 보통은 일처리에 걸린 시간을 반영하여 보수가 책정된다. 버스 운전사를 예로 들어보자. 그들의 일은 운전하는 것이고 자신의 운행 거리를 항상 알 수 있다. 버스가 비었다면 좀 무의미하게 느껴질지도 모르지만 승객을 운송하는 일을 가짜 노동이라고 정의하기는 어려울 것이다. 이런 무대 앞 노동에서 낭비되는 게 있다면 보통 그것은 시간이다. 예를 들면 도로 공사 노동자가 과도하게 긴 휴식 시간을 갖는 것이다.

무대 앞 노동의 다른 사례는 어린이집에서 아이들을 돌보고 환자를 수술하고 식당에서 요리하는 것이다. 이런 업무들에 허위 요소가 전혀 끼어들지 않는 것은 아니다. 예를 들어 곧 죽을 수밖에 없는 환자에게 하는 수술이나 결국 버려질 음식을 만드는 일 등이 그것이다. 본질적으로 가짜 노동은 아니다. 적합한 조건 하에서는 매우 큰 의미가 있는 일이며, 더 많은 시간을 들여야 할 수록 더 의미 있는 노동이 될 수 있다.

사실 무대 앞 노동자가 들이는 시간과 거기서 생산된 가치 사이에는 보통 비례관계가 성립한다. 버스 운전사의 초과 근무는 도시 전역에 더 많은 승객을 나를 수 있고, 의사의 초과 근무는 응급 맹장 수술을 한 건 더 할 수 있는 시간이 확보됨을 의미한다.

무대 앞 노동자에게는 늘 그들을 지원하고 조율하고 감독하는 관리직이 있다. 예를 들어 공장 노동자 뒤에는 감독이 있고, 감독 뒤에는 관리자가 있는 식이다. 이런 관점에서 보면, 관리자는 무대 뒤에서 일한다고 할 수 있다. 그래서 관리자가 하는 일은 눈에 잘 보이지 않는다.

20세기의 단계적 산업화는 무대 뒤 노동을 기하급수적으로 확장시켰다. 요즘에는 엄청난 양의 무대 뒤 노동이 컨설턴트, IT 전문가, 관리자, 연구자, 경영인, 홍보팀, 지원팀 등에 의해 이뤄진다. 무대 뒤 노동은 직접 계량할 수 없고 (때로 계량을 위한 장치가 고안되기도 하지만) 눈에 띄는 경우가 드물다. 게다가 끝나지 않는 일이기에 어떤 의미에서는 비극적이다. 관리는 '이만하면 됐다'는 게 없다. 그래서 경영 교육과 코칭이 늘 필요하다. 이들을 단속하는 감사관이 있지만 완전한 통제는 불가능하다. 그래서 언제나 더 첨단의 기술과 더 꼼꼼한 보고 시스템이 요구된다.

이런 상황에도 불구하고 무대 뒤 노동 역시 자주 계량화되어 시간당 보수가 주어진다. 오늘날까지도 무대 앞 노동의 절차를 모방하기 때문이다. 이 역시 무대 뒤 노동이 품은 비극의 일부다. 대가를 얻는 만큼 대가를 바치는 것이다. 시간을 바치고 시간당 돈을 얻는다. 그러나 여기서 차이가 발생한다. 컨설턴트는 뭔가 하는 척하며 쉽게 3시간을 보낼 수 있지만 운전사는 버스를 운전하는 척할 수가 없다. 그럼에도 둘 다 특정량의 시간을 투입하고 보수를 받는다. 이렇게 둘 중 한쪽은 속이기가 훨씬 쉽다.

사무직은 대부분 무대 뒤 노동이다. 비록 대부분의 사무실이 이제는 개방형이 되었지만 누군가의 일이 얼마나 진척되었는지 아는 것은 여전히 매우 어렵다. 그렇다고 사무직 업무가 다 가짜 노동이라는 말은 아니다. 하지만 도로 공사자들이 취하는 휴식과 달리 그들의 가짜 노동은 눈에 띄지 않는다. 가짜 노동은 번드르르한 출판물, 인상적인 웹사이트, 두꺼운 보고서를 낳기도 하지만 이 모두를 허위로 만드는 것은 그런 노동의 불필요성이다.

다시 말하지만, 모든 무대 뒤 노동이 가짜 노동이라고 말하는 게 아니다. 수많은 무대 뒤 진짜 노동이 존재한다. 관리자는 공장 업무를 조율하기 위해 꼭 필요하고, 예산을 세워야 하며, 결정을 내리고, 책임을 맡아야 한다.

그럼에도 지난 세기 무대 뒤 노동의 폭발적 증가, 특히 지난 50년간의 가속도가 가짜 노동의 완벽한 양육 환경을 조성했다. 그리고 이렇게 된 원인의 일부는, 무대 앞 노동을 먼 곳에서 들여온 값싼 인력과 자동화 기계에 위탁했기 때문이라는 것이 우리의 주장이다. 선진국에 남은 것은 사무직 일자리뿐이다. 그렇다면 사무직 노동 대신 더 많아진 자유 시간을 즐길 수도 있었지만 이런저런 이유로 선택되지 않았다.

노동이 그 자체에 가짜 노동을 더 많이 만들어내는 것이 '합리적'으로 보이는 메커니즘을 갖고 있었기 때문이다.

합리성과 이성, 다르게 보기

사람들은 종종 '합리성'과 '이성'을 동의어로 사용하지만 이 책에서는 둘을 구분하여 볼 것이다. '합리성'은 국지적 체계 내에서 목적을 가진 것처럼 보이는 태도를 의미한다. 예를 들어 고문은 '이성'적이지는 않을지 몰라도, 전쟁 시기에는 정보를 뽑아내는 '합리'적 방식으로 보일 수 있다. 이렇듯 각각의 체제나 업계는 나름의 고유한 합리성을 가지고 있다.

홍보업계에서는 늘 의미를 전달하는 것이 합리적으로 보인다. 경영업계에선 매사 확인하는 것이 합리적으로 보이고, 마케팅업계에서는 상품과 서비스를 잘 파는 게 합리적으로 보인다. 공통적으로는 오해가 생기면 더 많은 소통을 제안하고 이메일에서 더 많은 사람을 참조로 넣는 게 합리적이다. 실수가 발생하면 다시는 이런 일이 일어나선 안 된다고 공표하고, 더 광범위하고 훨씬 면밀한 검증 과정을 도입하는 게 합리적으로 보인다. 또한 우리와 비교 대상인 다른 업체에서 새로운 기술을 사용하기 시작하면 우리도 그래야겠다는 생각을 하는 게 합리적으로 보인다. 하지만 그것이 궁극적인 목적을 진전시키지 못한다는 의미에서 이성적이지 못하다면? 시도는 합리적이었으나 결국 핵심 상품, 서비스 제공에 방해된다면 어떻게 해야 할까?

넓게 보든 좁게 보든, 시스템 내에서 성공하는 것이 합리적인 일이다. 합리성은 성공으로 가는 최고의 기회를 누가 가질 것인가를 결정하는 규칙이다. 그래서 사람들은 웬만하면 그 규칙에 따라 행동할 뿐 아니라, 그렇게 함으로써 그 규칙의 근거가 된 합리성을 강화한다. 그래서 어떤 제안이 합리적이라는 단순한 사실만으로 그것이 이성적이라고 판단할 수는 없다. 예를 들어 홍보팀이 계속 확장되는 것은 기업, 조직, 지자체를 운영하는 데 이

성적인 방향은 아닐 수 있지만 그래도 닥친 상황에 대처하는 합리적 방법처럼 보일 수는 있다. 더구나 모두가 그렇게 하고 있을 때는!

끊임없이 무럭무럭 자라는 관료 조직은 이 현상의 너무나 익숙한 사례다. 관리직은 늘 점점 더 많아지지만 그 근거인 합리성은 아무도 문제 삼지 않는다. 오히려 관료들은 관료제가 가장 합리적이라고 생각한다. 프랑스 철학가 도미니크 자니코는 해부학적 은유를 사용해 권력과 통제가 비대증, 즉 너무 커져서 다른 신체에 해를 입히는 장기 같은 것으로 진화했다고 말한다.

한때 합리적이었던 것이 이제는 비합리적인 것이 됐다. 관료제는 해결책보다는 문제를 일으킬 가능성이 더 큰, 통제를 벗어난 합리성의 유일한 사례가 결코 아니다. 어떤 것들은 나중에 더 깊이 살펴보겠지만 지금 단계에서는 몇 가지 사례만 언급하겠다.

경쟁 시스템: 경쟁이 품질을 향상시키고 국가의 개입은 성가시게 비실용적이며 독점을 낳는다는 것은 자명한 상식처럼 되었다. 관료제와 전체주의에 대한 자유주의적 비판에 의하면, 국가의 업무를 자유 시장에서 처리하도록 내놓으면 합리성이 담보된다는 것이다. 그렇다 보니 교육 지원금이 학생 수에 기초해서 배분되는 사례가 발생한다. 재미있고 오락적이고 쉬운 과정을 내세우는, 수준 높지 않은 교육기관에 학생이 몰리고 지원금도

더 받는다. 그래서 교육기관들은 평가 수준을 낮춰서 문턱을 낮추고, 더 적은 노력으로 더 많은 졸업생을 양산한다. 학생을 더 많이 끌어들이는 것은 합리적이다. 그래야 그 기관이 더 많은 교사를 고용하고 계속 운영될 수 있기 때문이다. 그러나 이 중 아무것도 교육기관의 본래 '존재 이유'와 상관이 없다.

정보와 통신의 지배: 우리는 통신의 지배를 받는 세상에 산다. 통신이 삶의 너무 많은 부분을 차지해 이제 거의 하루 종일 통신을 하며 보낸다. 이는 우리 모두가 점점 더 많은 정보를 흡수해야 하고, 그러느라 점점 더 많은 시간을 써야 함을 의미한다. 이것은 합리적일 수 있지만 반드시 이성적인 일은 아니다. 게다가 그 과정에서 점점 더 많은 무대 뒤 노동이 창출된다.

임시 프로젝트: 이전에 논의했듯 프로젝트 기반 사업은 방대한 양의 노동 낭비를 수반한다. 관료제의 태만에 대한 반감, 그리고 이제는 소련 전성기 때 같은 장기(5개년) 계획을 세우는 것이 불가능하다는 자각이 커짐에 따라, 국가와 기업은 임시 프로젝트에 집중하게 되었다. 떨어진 지원자들의 시간 낭비도 어마어마하지만 프로젝트 기반 사업의 분위기 전반이 태생적으로 임시적인 성격을 띠게 되었다. 사람들은 현재 프로젝트가 끝나기 전에 다음 일자리를 찾기 시작한다. 그들이 하는 일은 당장 프로젝

트에 도움이 되든 말든, 다음번에 무엇을 할 수 있는지 보여주는 데 집중된다. 결과는 중요하지 않다. 중요한 것은 평판이다. 이는 모든 걸 임시방편으로라도 최대한 빠르고 싸게 해결하는 미봉책을 부추긴다. 어차피 금방 다른 곳으로 갈 테니까 말이다.

법률제도: 노동시간의 상당량은 모든 게 합법적인지, 혹시 간과한 허점은 없는지 확인하는 데 바쳐진다. 계약서를 작성하고 특허를 내는 데 기력이 소모된다. 인수 합병은 말할 것도 없다. 수많은 인력이 다양한 최악의 경우를 가정하고 선제적 방어를 준비하느라 수년을 소모한다. 치명적 세부 사항을 놓친 이가 내가 되어서는 안 되기에 수천 시간을 들여 오류와 간과를 검사하고 이중 삼중 확인한다. 실제로 오류와 간과가 발생한다는 사실이, 모두가 그걸 막는 노력을 기울여야 하는 합리적 이유가 된다.

우리는 합리성의 다른 사례를 뒤에서 더 살펴볼 것이다. 이 모든 것들에 공통된 한 가지는 '좋은 의도'다. 악의적이거나 무의미한 노동을 낳으려 능동적으로 노력하는 사람은 없다. 그럼에도 우리는, 이런 합리성과 다른 수많은 합리성이 세상에서 가짜 노동을 제거하기보다 더 많이 발생시킨다는 의심을 우리는 품고 있다.

의도대로 작동하지 않는 기술의 실체

가짜 노동에 대한 충분한 설명을 위해 우리가 도입해야 하는 마지막 개념은 '기술'이다. 합리성이 게임 규칙이라면 기술은 게임 수단이다. 기술은 테크닉(techniques)과 테크놀러지(technologies)를 둘 다 포함한다. 테크닉은 물질적 혹은 비물질적 의미의 도구다. 예를 들어 스프레드시트는 테크닉이다. 이런 테크닉을 사용해서 하려는 일이 테크놀러지다. 인적자원 관리는 스프레드시트로 처리된다. 테크닉은 합리성처럼 좋은 의도의 산물이다. 테크닉의 목적은 모두를 위해 모든 일을 더 쉽고 빠르고 좋게 만드는 것이다. 하지만 불행히도 상황이 늘 그렇게 귀결되지는 않는다.

우리가 언제나 문제를 파악하는 것도 아니다. 왜냐하면 테크닉이 우리를 특정 방향으로 세상을 바라보며 이해하도록 제한하기 때문이다. 예를 들어 이메일은 우리를 언제나 연락이 가능한 존재로 만들었다. 테크놀러지는 우리가 더 많은 해답을 추구하도록 격려한다.

한편 테크놀러지는 스스로 영원히 계속되려는 성향이 있다. 예를 들어 학생의 독해 능력이 어떤 검사로 측정될 수 있다는 관념은 학생이 독해 능력을 검사받아야 함을 의미한다. 그러다 보면 이런 검사로 측정된 학생의 성적에 따라 교사의 위신이 판단되고 그래서 교사는 수업을 그 평가 기준에 맞춘다. 그렇게 검사 테크놀러지 내에서 검사의 합리성은 획일성을 창출하는 메커니즘으로 작용한다.

물론 인간은 자신이 하는 일을 추진시키는 고유의 동기와 의도를 가진다. 우리는 체스 말에 불과한 존재가 아니다. 개별적 욕망을 가지며 여러 합리성의 개입을, 즉 우리가 벌이는 게임을 어느 정도까지는 의식하고 있다.

동기란 인간의 모든 행동 뒤의 의식적 혹은 무의식적 원인이다. 예를 들어 우리는 좋은 직장에 다니면서 진취적으로 보이고, 인정받고, 승진하고, 지루한 업무를 피하면서도 또 너무 많이 일하지 않기를 바란다. 비록 자신의 직업, 집, 자가용을 지키기 위해서 일할 뿐이라고 해도 일터에서 있으나 마나 한 존재로 여겨지고 싶은 사람은 아무도 없다. 그래서 우리는 조직에서 가르쳐준 일의 올바른 방식, 합리성을 고수하는 등의 규칙에 따라 게임하며 첫 출근 날부터 받은 테크닉과 테크놀러지를 사용한다.

그러나 이 체계는 뭔가 잘못되었다. 혹은 적어도 더 이상, 의도대로 잘 작동하고 있지 않다. 사람들이 더 나빠졌기 때문이 아니다. 그보다는 노동시장 내 합리성과 기술이 서로 상호작용을 한 결과다. 다시 말해서 더 많은 합리성, 더 많은 테크닉과 테크놀러지의 출현은 늘 더 많은 '노동'을 창출한다.

가속화의 역설

'요즘은 모든 게 너무 빨라!' 노인들이 휠체어에 앉아서 외치는 말씀은 옳다. 우리 시대를 상징하는 특정한 비합리성이 있다면 그건 '가속화라는 합리적 비합리성'일 것이다. 독일 사회학자 하르트무트 로자와 프랑스 철학자 폴 비릴리오가 보여주었던 것처럼 가속화는 역설적인 결과로 이어진다.

우리에게 자유를 선물해줘야 하는 신기술은 사실상 우리를 점점 더 옭아매왔다. 세탁기로 많은 양의 빨래를 빠르게 할 수 있게 되었으니 집안일이 더 편해지고 여가 시간이 늘어나야 했지만, 실상은 어떤가? 한 달에 한 번 옷을 빠는 대신 매일 빨아야 한다. 마차보다 훨씬 빠른 자동차는 시간을 절약해주는 것 같았지만, 우리가 점점 더 먼 거리를 오가게 만들며 운송에 더 많은 시간을 쓰도록 했다. 편지와는 비교도 할 수 없을 만큼 신속한 온라인 이메일 덕분에 시간이 대폭 절약되는 듯했으나, 결과적으로 그렇지 않았다. 과거에는 편지를 쓰기 위해 하루에 몇 분 내지 몇십 분을 썼다면, 지금은 시시각각 이메일함을 확인하는 것이 하루 일과가 되었으며 훨씬 더 많은 시간을 소비하게 되었다. 가속화에는 역설이 내재되어 있다. 우리를 해방시켜주리라 기대했던 기술은 결국 더 많은 일을 만들어냈다.

그리고 우리가 특히 고생하며 많은 시간을 투자해야 하는 분야를 꼽으라면 그것은 새로운 기술 습득과 관련이 있을 것이다. 또한 기술은 우리에게 자꾸만 그것을 더 널리, 효율적으로 사용하라고 명령한다. 주로 무대 뒤에서 일어나는 가짜 노동도 대체로 비슷한 것을 요구한다. 주어지는 기술을 활용해 점점 더 많은 일을 해야 하는 상황에 처했으나, 우리는 별다른 거부 반응을 보이지 않는 듯하다. 우리 할머니를 포함해 아주 소수만이 왜 그래야 하느냐고 물을 뿐이다.

노동의 허위 형성

독일의 문화 철학자 오스발트 슈펭글러는 광물학에서 빌려온 '허위 형성pseudo-morphosis'이라는 용어를 자신의 저서 『서구의 몰락』에서 사용했다. 바위에 에워싸인 결정체들이 물에 침식되면 결정체 형태의 거푸집이 남는다. 이때 화산 활동으로 흘러나온 용암이 이 거푸집 안에 들어가 부자연스러운 방식으로 식어서 결정화되는 경우가 있다. 외면상으로는 자신을 둘러싸고 있던 바위의 결정과 닮아 있다. 하지만 본질적으로 새로운 결정체의 내부 구조와 외면 모습의 불일치가 나타난다. 광물학자들은 이를 가리켜 허위 형성이라고 부른다.

    슈펭글러는 이 개념을 문화에 적용시켜 '역사적 허위 형성'에 대해 이렇게 말한다.

"오래된 낡은 문화가 아주 광범위하게 퍼진 땅에서, 새로 태어난 젊은 문화가 숨도 쉬지 못하고 순수한 특유의 표현 형태를 성취하지 못했을 뿐 아니라 자의식조차 온전히 발달시키지 못한 상황을 가리키기 위해, 나는 역사적 허위 형성이라는 용어를 제안한다. 젊은 영혼의 심부에서 솟아오른 모든 것이 낡은 거푸집에 갇혀, 젊은 감각이 낡은 틀 안에서 딱딱해진다. 그리고 자신의 창조력으로 자라나는 대신 먼 곳의 권력을 미워할 수 있을 뿐이며 그 증오는 자라서 괴물이 된다."

우리는 지난 세기 후반기에 우리 문화가 허위 형성 과정을 겪었다고 믿는다. 원칙적으로 우리는 더 많은 시간을 자유롭게 만들고 더 큰 노력, 에너지, 관심을 서로의 관계에 쏟았어야 했다. 하지만 산업적 의식 구조에 사로잡혀 그러지 못했다. 더 위대한 자유의 기회를 움켜쥐는 데 실패한 것이다.

인식하지 못하고 하는 일들

슈펭글러는 이외에도 또 다른 중요한 지점을 짚었다. 허위 형성 동안에는 순수하고 독특한 형식들을 창조하고 자기 인식을 개발하기가 불가능하다는 것이다. 가짜 노동의 시대에 사람들은 자기가 하는 일에서 자신을 인식하지 못한다. 왜냐하면 애초에 노동 안에서 자신을 발견하는 게 불가능하거나, 뭔가 잘못되었음을 인식하고 조치를 취하는 데 필요한 '자기 인식' 개발이 불가능한 방식으로 노동이 설정되었기 때문이다.

소크라테스는 무지에 대한 자각, 즉 자신이 아는 게 없음을 안다는 겸손한 잘난 척으로 유명하다. 비슷하게는 미국의 도널드 럼즈펠드가 했던 '알려진 앎' '알려진 무지' '알려지지 않은 무지'라는 표현이 있다. 이라크의 위험성을 표현하며 제2차 걸프 전을 정당화하려 했던 문구로 악명이 높다. 다시 말해 우리가 '안다는 사실을 아는' 경우가 있고, '모른다는 것을 아는' 경우가 있으며, '모른다는 것을 모르는' 경우가 있다.

그러나 위 문구들 중에 빠진 표현이 하나 있다. '안다는 사실을 모르는'이라는 문구인데, 즉 이 경우가 주로 가짜 노동을 만든다. 단순히 직면하기 불편하고 곤란해서 현실을 억누르고 있는 것만은 아니다. 그것은 동시에 이질적이면서도 친숙한 현실이다. 우리가 일 속에서 자신을 인지하지 못함에도 불구하고 너무나 오랫동안 해오고 있기 때문에 '우리가 아는 것'은 우리로부터 이질적인 것이 되었다.

우리 중 많은 이가 과거 결정체의 거푸집 안에 갇혀 있다. 이제는 퇴물이 된 합리성에 집착하며 프로젝트에 착수하고, 상품을 출시하고, 제안서를 발표하고, 새로운 형식의 관리 감독을 고안한다. 우리는 그것이 가짜 노동임을 알며, 그것이 더 많은 비슷한 가짜 노동을 낳는다는 것도 알지만 정작 우리 자신이 그것을 안다는 사실은 알지 못한다.

그래서 풍자는 가짜 노동의 표현 형식이 된다. 우리 대부분은 언젠가 한 번쯤 말하거나 생각했을 것이다. '어떤 사람들이 하는 일이 진짜 일 같지 않다'라고 말이다. 그래서 그들의 일을 다른 사람에게 설명하는 것이 불가능하다는 것을 발견했을 것이다. 아무래도 말이 안 되는 일이지만, 우리는 왠지 이런 생각을 하게 된다. 내가 지식이 부족해서 그런 건가? 하지만 실제로는, 가짜 노동이 진짜처럼 보이는 그들의 거울의 방에 우리가 함께 있지 않아서 그런 건지도 모른다.

자신의 가짜 노동을 인정하는 사람들

어떤 사람들은 허위 형성과 그것의 소외 본성을 간파하게 되어, 자신이 하던 일 혹은 지금 하는 일이 가짜 노동이라고 인정한다. 우리는 그런 사람들을 찾아내어 실제 일터에서 하는 일이 뭔지 물어보기로 했다. 그런 사람들은 놀라울 정도로 찾기 쉬웠다. 우리가 SNS에 올린 광고를 보고 연락해오거나 그냥 우연히 마주쳤을 때, 그들은 반색하며 우리에게 달려들었다. 공공연히 좌절감을 드러내며 자기 일의 많은 부분이 헛짓거리, 무의미한 접시 돌리기임을 아주 잘 알고 있었다.

우리는 또한 자신의 가짜 노동을 정말 의미 있고 중요하다고 느끼는 사람이 많다는 것을 알고 있었기 때문에, 자신이 대체로 바쁘다고 여기는 사람에게도 연락했다. 물론 그냥 게으름뱅이와 사기꾼인 자들은 걸러내야 했다. 자료를 스프레드시트에 입력하느라 시간을 보내는 많은 불쌍한 사람들도 제외해야 했다. 비록 이들과도 대화를 하고 싶었고 이 문제가 많은 사회적 관심과 논쟁의 대상이 되고 있긴 하지만 말이다.

자신의 가짜 노동을 인정하는 사람들 가운데는 의사, 간호사, 교사, 사회복지사도 있다. 그들 역시 자신의 일이 의미 없는 가짜 노동에 빠져들고 있다는 점을 인식해왔고, 종종 드러내놓고 말했다. 자신의 일터 혹은 어딘가에 진짜 노동이 존재한다는 것을 알지만, 정작 자신은 아무것도 하지 않는 가짜 노동으로 바빠서 진짜 노동을 할 수 없다는 사실에 괴로워한다.

마지막으로 행사나 만찬 자리에서 우리에게 "요즘 무슨 일 하세요?" 하고 물었던 사람들이 있다. 우리가 이 책의 내용과 방향에 대해 들려주면 많은 사람이 잠시 생각에 잠겼다가 이렇게 말하곤 했다. "내 일이 그런 것 같네요." 우리는 그들의 사례도 많이 수록했다.

가짜 노동의 미로 같은 우주로 들어가는 우리의 여정은 때로 절망의 구렁텅이로 던져지는 기분도 들었지만, 결코 피하지 않았다. 우리는 이 책을 통해 결론이 나지 않는 회의, 읽히지 않는 보고서, 실제 일과는 관계없는 시간표, 사람을 돌아버리게 하는 지루한 일의 사례를 더 많이 소개하고 싶었다. 그러나 독자들에게 있어 이 여정이 최대한 가치 있을 수 있도록, 해결책에 좀 더 초점을 맞추었다.

우리가 이런 접근법을 선택한 이유는 일단 가짜 노동을 인식하고 그 비합리성을 인정한다면, 가짜 노동에 복무하는 합리성과 신기술에서 사람들이 해방될 수 있는 가능성이 상대적으로 더 높아진다고 믿기 때문이다. 가짜 노동의 문제가 개인의 책임이라고 말하고 싶지는 않다. 오히려 그 반대다. 문제는 합리성 그 자체 안에 있다. 그러나 분명한 것은, 그 합리성을 인간이 꿈꾸고 도입했으며 인간만이 바꿔놓을 수 있다는 점이다.

이 책의 본격적인 이야기는 잉글랜드 셰필드에서 자신의 직장 생활을 회고하는 한 남자로부터 시작된다. 그는 그냥 집에 머물러 있는 대신 무의미하고 내용 없는 프로젝트를 일으키느라 대부분의 업무 시간을 보냈다. 우리는 그를 통해 노동에 대한, 세계에서 가장 중요하지만 아주 소수의 사람만이 아는 법칙에 대해 배우게 되었다.

2부

사라진
의미

4장
가짜 노동을
포기하지 않는 사람들

가짜 노동을 위한 두 달

우리는 이른 아침 런던에서 기차를 타고 잉글랜드에서 네 번째로 크고 잘 알려진 도시 중 하나인 셰필드에 도착했다. 영국의 기차에서 파는 상품과 서비스 수준은 국유화된 덴마크 철도에서 수십 년간 보았던 것과 상대가 되지 않았다. 끊기지 않는 와이파이, 따뜻한 음식, 신속한 서비스. "이게 바로 자유경쟁이야." 데니스가 빈정거렸다. "혹은 국가가 서비스에 제대로 투자하면 이렇게 되지." 아네르스가 응수했다. 우리 중 누가 옳은지는 모른다. 하지만 덴마크와 달리 분명 이곳은 뭔가 잘 돌아가고 있었다.

정말이지 직접 보고 느껴야 품질을 제대로 평가할 수 있다. 왜냐하면 누구나 자기가 파는 상품에 대해 원하는 대로, 멋대로 말할 수 있기 때문이다. 항상 진실일 필요는 없지만, 아무리 많은 미사여구로 포장해도 결국 나쁜 상품을 구원할 수는 없다. 그럼에도 기업과 조직은 마케팅과 홍보에 막대한 자원을 쏟는다. 캠페인을 고안하기 위해 수많은 사람을 전 세계에서 고용하고, 광고를 집행하고, 만족도를 측정하고, 시장조사를 지휘한다. 셰필드에서 우리가 만난 스티브 매케빗에 따르면 이런 노고의 많은 부분이 헛된 시간 낭비다.

스티브 매케빗은 리즈베킷 대학교 리즈 경영대학원 브랜드 커뮤니케이션 학과의 객원교수다. 1993년 그는 그리 크지 않은 규모의 비디오게임 제작사의 홍보 담당자로 일을 시작했다. 계속 승진했고 2006년에는 임원이 되었다. 10년이 넘는 직장 생활을 통해 충분히 겪었다고 생각한 그는 『도시에서 빈둥거리기 City Slackers』라는 책을 썼다. 업계 전반을 비판하는 이 책에 담긴 메시지는 단순했다. 홍보업계에서는 아무것도 하지 않으면서도 그 (비)과정을 통해 상당한 보상을 받는 게 믿을 수 없을 만큼 쉬웠다는 것이었다. 적어도 그가 그 회사에서 근무하는 동안에 목격한 바는 그랬다.

우리는 그를 분주하고 소란스러운 카페에서 만났다. 뉴질랜드 음식을 전문으로 하는 곳이었다. 유리잔과 접시 사이에 녹음기를 올려놓고, 스티브 매케빗 앞으로 최대한 밀었다. 하지만 그의 말이 시작되자 굳이 그럴 필요가 없었다는 걸 알게 되었다. 그는 목소리가 무척 컸다. 그가 저술한 책『도시에서 빈둥거리기』도 그와 비슷한 느낌이었다. 표지에 써 있는 '세계의 노동자들이여, 여러분은 인생의 시간을 낭비하고 있다!'는 선언은 그 유명한 마르크스의 문구를 풍자적으로 가져왔다.

책이 출간되었을 때쯤, 매케빗은 비디오게임 회사를 떠났다. 지금은 자문가이자 예닐곱 군데의 이사회에 비상근으로 출석한다. 그의 책은 이전까지 금기였던 중요한 논쟁을 촉발시켰다. 왜 어떤 사람들은 오랜 기간 거의 아무 일도 하지 않고도 조직 내에서 수년씩 보낼 수 있는가 하는 문제였다.

그는 그렘린 인터렉티브에서 6년 일하고 나서 인포그램스 (나중에 '아타리'로 이름이 바뀌었다)에서 일했다. 커뮤니케이션 책임자로서 다양한 상품을 홍보하는 업무를 맡았다. 큰 책임감이 따르는 자리였고 많은 수의 직원과 대행사를 감독하는 업무도 포함되었다. 그리고 그들에겐 할 일이 전혀 없을 때도 있었다.

"그 당시 게임 시장에는 나름의 주기가 있었어요. 대다수의 게임은 크리스마스 시즌 6주 동안 팔렸죠. 그래서 이 사사분기 동안에 매출의 80%가 발생했어요. 8월부터 크리스마스까지는 정신없이 바빴죠. 하루에 12시간, 주말에도 일하는 게 보통이었지요. 연차 휴가 같은 것은 감히 못 썼고요."

연초 몇 달과는 대조가 극심했다. "그러나 나한테 가장 스트레스가 심할 때는 사실 일사분기였어요. 갑자기 1월 2일이 됐는데 내가 거느리고 있던 홍보팀에게 바쁘게 할 일을 줘야 하는 거예요. 우리 회사 직원뿐 아니라 연간 비용을 지급하는 외주 대행사들에게까지도요. 하지만 3월까지는 가치 있는 일이 진짜 하나도 없었어요. 처음 두 달은 휴가로 생각할 수도 있었어요. 사실 회사의 입장에선 이 사람들이 1년 중 10개월 정도만 필요했죠. 나한테는 무시무시한 소식이었지만 이 사실을 그냥 인정할 수는 없었어요. 내 팀을 그냥 놀게 둘 수 없었죠. 그들에게 할 일을 찾아줘야 했어요. 그래서 그들은 결국 내가 '소프트 프로젝트'라고 부르는 일을 하면서 많은 시간을 보내게 되었던 것 같아요. 고상하고 재미있는 일처럼 보였지만 실은 그냥 공허한 프로젝트였어요."

허위 프로젝트라는 예술

매케빗은 보통 이런 일이 막연하고, 측정 불가능한 결과가 뒤따르는 프로젝트로 포장된다고 설명한다. "할 일을 짜내는 건 정말 힘들어요. 예를 들어서 내가 '올해는 북유럽 시장에 집중해보자. 그쪽 협력사 관계자들에게 연락해봐'라고 하면서 그 시장조사 명목으로 몇 명을 그쪽으로 보낼 수 있어요. 그럼 그들은 2주 정도

출장지에서 시간을 보내고 관찰한 것을 파워포인트로 요약해서 영업과 마케팅팀에 발표하죠. 발표로 1시간가량을 보낼 수 있어요. 물론 거기에 전략이나 기술에 어떤 변화를 가져오는 대단한 발견이 있는 건 아니에요. 게다가 바쁜 시기가 다시 치고 들어오면 아무 상관 없는 일이 돼버리죠."

그러나 이런 종류의 케케묵은 프로젝트와 프레젠테이션은, 일사분기의 두 달간 매케빗의 팀이 생존할 수 있게 해주었다. 그는 이를 소프트 프로젝트라고 불렀고 우리는 허위 프로젝트라고 부른다. 진짜 일처럼 보이지만 아무 결과도 낳지 못하고 누구에게도 실질적인 소용이 없어 계속 이어지지도 않았으니 말이다.

매케빗의 또 다른 허위 프로젝트는 마케팅팀에 '시장의 방향성'에 대한 조사를 요청하는 것이었다. 사실 이 역시 필요 없는 일이었는데, 왜냐하면 가을에 그들의 신작 게임이 어떻게 받아들여질지는 아무도 알 수 없었기 때문이다. 어차피 그들로서는 기껏해야 어찌할 수 없는 어떤 무관한 현상에 대한 단상만을 얻을 뿐이다. 이미 새 게임은 개발 단계에 있으니까 말이다.

"에너지와 재능의 낭비였다고 생각이 됩니다. 하지만 다른 방법은 정말 생각 못 했어요. 팀은 잘 돌아가고 있었고요. 윗분들의 입장에서는 우리가 잘하고 있었죠. 그건 사실이었지만, 불행히도 1년에 10개월 동안만이었어요."

어떤 면에서 그들은 잘했다. 적어도 그들에게 주어진 기준에 따르면 말이다. 외부 평가와 독립 감사에서 그렘린 커뮤니케이션 팀은 늘 최상위 성적을 받았고 매케빗 자신도 매우 유능하다는 평판을 얻었다.

"내가 전혀 독특한 상황에 놓여 있지 않다는 점을 깨달았습니다. 업계 전반에 똑같은 문제를 직면한 팀이 수두룩했습니다. 궁극적으로 의미 없는 활동에 허비되는 에너지 양이 어마어마한 것이지요. 좋은 피고용인이란 그저 더 잘 빠져나가는 사람이 아닐까 하는 생각까지 들었죠. 결국 그 생각이 영감이 되어 『도시에서 빈둥거리기』를 썼어요."

예를 들어 마케팅 관리자는 바빠 보이기 위한 쉬운 방법으로 온갖 사람들과 의미 없는 회의를 소집할 수 있다. 그러나 매케빗에 따르면, 서툴게 그러고 다녔다가는 자리만 차지한다는 게 뻔히 보이게 되어 문제가 될 수 있다. 매케빗이 보여주었듯이 더 큰 노력을 기울여서, 그와 그의 팀이 바빠 보이는 허위 프로젝트를 만들고, 감시 장치하에서 우아하게 날아다닐 수 있어야 한다.

매케빗이 이야기하는 동안 우리는 필기를 했다. 우리 주변 소음은 가라앉아 있었고, 사람들은 점심 휴식을 끝내고 일터로 돌아가고 있었다. 어디서 무슨 일을 하는지는 몰라도 말이다.

"대부분 회사에서는 그냥 회의로만 바빠 보여도 별 문제 없습니다. 나 또한 다음 회의 시간만 점검하며 얼마나 많은 회의에 그냥 앉아 있었는지도 모릅니다. 때로는 회의에 참석하러 다른 나라까지 날아가곤 했습니다. 나처럼 불필요한 회의에 참석하기 위해 유럽 하늘을 이리저리 날아다니는 사람이 얼마나 많을까 가끔 궁금해하곤 했죠."

일은 적고 책임은 커지는 중역의 유혹

자문가로 수년을 보낸 스티브 매케빗은 많은 회사에서 고위 경영자들의 행동을 관찰할 기회가 있었다. 여기서 그는 같은 패턴이 나타나는 데 주목했다. 그 패턴은 할 일이 그다지 충분하지 않은 사람들이 회의와 출장이 포함되는 프로젝트를 만들어내는 성향이 있다는 것이었다.

　"내 경험에 의하면 중역이 된 사람들은 예전엔 늘 바빴을 겁니다. 하지만 결정을 내리는 대가로 봉급을 받게 되면 실제로는 종종 할 일이 많지 않습니다. 그보다는 중요한 책임을 맡게 된 거죠. 올바른 결정을 내리면 회사는 번창하고, 잘못된 지시를 내리면 돈을 잃습니다. 그러나 비록 그게 중요한 업무라고 해도, 주 40시간을 채우기란 어려워집니다. 상당수의 고위 경영진이 회사 내에서 자신의 할 일이 그리 많지 않다고 인정할 겁니다. 대신 그들이 회사 안에서 돌아다니는 걸 직원들에게 보여줘야 합니다. 또한 그들은 뭔가 잘못됐을 경우를 대비해야 합니다. 결정을 내리거나 즉시 개입해달라는 요청을 언제 받을지 모르죠. 그래도 일상적인 회사 운영 시, 그들은 꽤 여분의 존재입니다. 어떤 중역들은 그 지루함을 견디지 못해 자신의 흥미를 끄는 사업 분야에 개입을 시작합니다. 예를 들어 광고에 관심 있는 중역 하나가 무모한 홍보 계획을 마케팅팀에 강요하기도 하고요. 직원들은 상사를 비판할 처지가 아니어서 그 일을 진행하느라 시간, 에너지, 돈을 낭비하게 됩니다."

"거의 일종의 계약처럼 들리네요." 우리의 말에 매케빗이 동의했다. "그래요. 그런 거죠. 상사가 나에게 할 일을 줄 때, 시간 낭비라는 걸 알지만 상사의 아이디어니까 실패해도 내 책임은 아니다, 그러는 동안 나에게도 바쁘게 할 일이 생겼고 상사는 만족한다는 식인 거죠. 결국 모두가 이득인 거예요."

좀 미친 소리처럼 들린다. 왜 덜 일하는 사람에게 그 대가로 멋진 직책과 더 높은 임금을 보상으로 주는가? 어쨌든 연구 결과는 매케빗의 경험이 독특한 것과는 거리가 멀다는 걸 보여준다. 예를 들어 핀란드의 한 조사에서는 임금이 높을수록 텅 빈 노동과 비생산적인 방식으로 근무시간을 보낼 가능성이 크다는 결과를 보여주었다. '사이버공간에서 빈둥거리기'에 대한 2008년의 연구 또한 조직 내 꼭대기층에 있는 많은 이들이 개인적 소일거리와 인터넷 방문으로 근무시간을 허비하는 문제가 있음을 보여주었다. 모든 경영진이 빈둥거린다는 뜻은 아니지만 별로 그렇게 바쁘지도 않다는 것이다.

독자들도 알게 되겠지만, 가짜 노동의 세계로 들어가는 여정을 계속할수록 우리는 매케빗처럼 수요일부터 주말을 시작할 수 있는 수많은 현직 혹은 전직 중역이 있다는 걸 알게 되었다. 이렇게 이른 주말을 맞는 까닭은 그들이 일을 꺼리기 때문이 아니다. 그저 할 일이 별로 없기 때문이다. 집으로 갈 것이냐, 허위 프로젝트로 시간을 채울 것이냐의 선택에 직면했을 때 대부분이 후자를 택한다.

주어진 시간에 딱 맞게 늘어나는 노동

매케빗이 홍보 일을 하던 시절, 상사에게 가서 팀이 할 일이 없다고 말하는 건 상상도 못 할 일이었다. 직원과 고객 들에게 대충 이메일이나 써 보낼 수도 없었던 이들은, 자신이 부풀려진 임금 체계에 걸맞은 사람이라는 것을 보여주기 위해 출장과 회의를 발명해야 했다. 진실을 말했다가는 모가지가 잘릴 게 뻔했다. 프로젝트를 만들어내고 가짜 노동으로 일과를 채우는 수밖에 대안이 없었다.

이런 의미에서 매케빗은 '파킨슨의 법칙'의 탁월한 실제 사례였다. 만약 이 책의 독자들 중에 파킨슨의 법칙을 처음 들어보는 사람이 있다면, 그동안 조직의 운영에 관한 가장 매혹적이고 중요한 이론 하나를 놓치고 있었던 것이다.

파킨슨의 법칙은 영국의 해양사학자 시릴 노스코트 파킨슨이 발견하고 발전시켰다. 그는 1955년 『이코노미스트 The Economist』에 자기 생각을 요약해 발표했다. 그 논문에 실린 일련의 발상과 가설에는 후대에 길이 남을, 그의 이름이 붙여진 개념이 포함돼 있다. "일은 그것의 완수에 허용된 시간을 채우도록 늘어난다."

무슨 뜻이냐고? 파킨슨은 관료제의 무한한 확장 능력에 대해 말한 것이다. 해양사학자이자 군대 장교로 복무했던 그는 당시 한 가지 희한한 사실에 주목했다. 대형 군함은 62척에서 20척으로, 장교 수는 31%까지 감소하는 등 함대는 줄어드는데, 기지에서 일하는 인력은 40%가 증가했고, 특히 행정팀은 78%까지 급증했다. 파킨슨은 관리 조직의 규모가 줄어들어야 하는 때에 오히려 관리직의 수가 점점 더 많아진다는 결론을 내릴 수밖에 없었다.

파킨슨은 정부의 다른 부처에서도 비슷한 양상을 보이는지 찾기 시작했고 곧 발견했다. 영국 제국은 당시 서서히 쇠락하고 있었다. 한때 해가 지지 않던 땅은 점점 줄어들었다. 다시 독립을 주장하는 식민지들에서 영국은 점차 철수했고, 특히 1935년에서 1954년 사이에 제국주의 활동이 극적으로 축소되었다. 상식적으로는 식민지 당국이 인원을 감축해야 했지만 실제로 당시 공무원의 수는 거의 450% 증가했다.

비슷한 현상이 '잉글랜드 왕실 의회'에서 시작되어 후에 '영국 상원'으로 바뀐 조직에서도 나타났다. 이 정치 조직은 설립 당시에는 주로 귀족으로 구성되었으나, 점차 영국 정치 체계 내 영향력을 잃어갔다. 그에 따라 업무량도 감축되어야 마땅했지만 의원 수는 점점 늘어났다. 1601년 60명에서 1952년에는 850명이라는 폭발적인 증가를 기록하며 실무와는 무관한 사람들로 채워졌다. 이는 분명 반복되는 양상이었다. 파킨슨은 다음과 같이 결론지었다. "장교의 수와 업무량이 서로 무관하다는 것은 사실로 밝혀졌다." 여기에 더해 그는 꽤 유명해진 법칙을 생각해냈다.

만일 사람들에게 어떤 일을 할 수 있는 10시간이 주어진다면 그들은 10시간을 사용할 것이다. 하지만 똑같은 일에 25시간이 주어진다면 놀랍게도 그 일은 결국 25시간이 걸릴 것이다. 사람들이 게으르거나 기만적이거나 의도적으로 속이려 해서가 아니라 그저 "우리가 달성해야 하는 업무는, 써야 하는 시간에 비례해 중요성이 증가하고 복잡해지기 때문이다".

잉여 인력이 되기를 원하는 사람은 없다. 그러므로 근무시간은 뭔가에 사용돼야 한다. 그래서 사람들은 최대한 천천히 일하고, 삼중으로 확인하고, 잠깐씩 딴 데 신경을 분산시킨다. 그러다가 어디까지 했는지 깜빡해서 다시 시작하고, 아무도 신경 쓰지 않는 세부 사항을 연마하고 나면 드디어 목표에 도달한다. 그리고 당초 예상보다 2배 혹은 3배의 시간이 더 걸린 것을 뒤늦게 깨닫는다.

우스꽝스럽게 들릴 것이다. 파킨슨 역시 자신의 연구를 그저 기분 나쁜 농담으로 치부하고 냉소하려 했다. 하지만 다른 연구자들이 이 이론을 시험하기 시작했고 꽤 설득력 있는 결과를 얻었다. 단순한 실험들이었다. 사람들에게 제시된 시간 안에 일련의 작업을 수행하게 하고, 다시 한번 2배의 시간을 주었을 때 결과의 향상이 있는가를 보았다.

그런데 정말 이상하게도, 아무리 많은 시간을 줘도 실험 참가자들 모두 주어진 시간을 온전히 다 써야 한다고 생각했다. 즉, 더 바쁘거나 덜 바쁜 것은 얼마나 많은 일을 실제로 마치느냐를 측정하는 아주 확고한 척도는 아니었다. 아주 적게 일하면서도 바쁘게 보낼 수 있는 것이다.

파킨슨의 법칙이 성공적으로 작동되고 있음을 확인한 연구자들은 실제 노동의 세계에서 실험을 계속했다. 결과는 예상대로였다. 파킨슨의 법칙은 사회심리학자 등 연구자들에 의해 목재상부터 사무직, 물리 실험실, 나사 소속 과학자에 이르기까지 모든 부문에서 관찰되었다. 모든 곳에서 같은 결과가 나온 것이다. 종종 적은 시간이 주어진 사람들이 일을 더 효율적으로 해내거나 심지어 더 많이 해냈다. 반대로 더 많은 시간이 주어지면 똑같은 일이라도 더 오래 걸렸다.

자꾸 늘어나는 관리직, 자를 때는 생산직 먼저

파킨슨의 법칙은 우리가 노동시간을 줄이지 못한 가장 중요한 이유가 돼준다. 점점 더 많은 일이 무대 뒤로 이동함에 따라 일거리를 늘려 시간을 채우기가 더 쉬워졌다. 목재소에서는 누군가 일의 속도를 늦추면 모두가 알 수 있다. 그러나 사무실에서는 누가 얼마나 빨리 일하고 있는지, 정말 무슨 일을 하고 있는지, 마우스 딸깍임과 키보드 두드림만으로는 아무도 알 수 없다. 결과적으로 파킨슨의 법칙은 무대 뒤에서 더 잘 작동한다.

파킨슨의 법칙의 전제 조건은, 업무의 양이 증가하지 않음에도 계속 늘어나는 사무직 일자리라고 할 수 있다. 물론 기업 경영자, 특히 민간 부문에서는 파킨슨의 법칙의 작동을 무조건 부정할 것이다. 대부분의 조직은 자신들의 합리적이고 능률적인 사업 방식을 너무 확신한 나머지, 오직 다른 회사만이 노동시간과 관리직의 양을 증가시키는 이런 어리석은 법칙의 희생양이 된다고 생각한다.

이렇게 자신의 합리적 행동의 비합리성을 인지하지 못하

는 무능력 혹은 회사의 방식 뒤에 깔린 단기적이고 사적인 동기가, 파킨슨의 법칙에 대한 또 다른 흥미롭고 더 집중적인 연구로 밝혀졌다. 1970년에 두 사회학자가 '직원 감축과 과정 합리화에도 불구하고 관리층은 왜 점점 커지는가'라는 질문을 던졌다. 이들의 물음대로 사무직, 중간관리직, 경영진은 거의 제거가 불가능한 것처럼 보이며 늘어나기만 하는 인력 부문을 대표하는 듯했다.

1975년의 한 연구는 여기에 꽤 단순한 원인이 있음을 보여주었다. 늘 그렇듯 인간의 본성, 즉 자기방어 때문이다. 상황이 좋을 때 조직은 관리직과 실무직을 더 고용한다. 사업 주기가 바뀌고 절약해야 할 때가 오면 여분의 노동력 감축은 주로 실무직에 돌려진다. 관리직은 권력에 더 가깝고 자신을 닮은 일자리를 보호하는 데 아주 능숙해서, 실무직보다 사무직이 비율상으로 더 적은 감축이 이뤄진다.

생산 인력의 감축에도 불구하고 회사들은 나쁜 시기를 잘 넘길 수 있다. 역시나 파킨슨의 법칙이 적용되기 때문이다. 생산량은 그대로 유지되는 것이다. 그러는 동안 회사 내에서는 압박이 완화되었다. 사람들은 슬슬 새로운 할 일을 발명했으며, 새로운 일에 대처하며 그들을 관리하느라 시간을 보낼 새로운 직원을 고용해야 했다.

스티브 매케빗은 이 모든 상황을 큰 회사에서 근무하던 십 몇 년 동안 관찰했다. 1993년 자신을 포함해 직원이 4명뿐이던 6년 후 그가 떠날 때는 20명이 일하고 있었다.

"처음보다 5배나 많은 직원 수였지만 효율성이나 이윤에서 5배의 성과가 나지는 않았죠. 심지어 3배의 영향력이 있지도 않았어요. 하지만 훨씬 많은 회의를 소집했죠."

새로운 직원들이 들어온 또 다른 원인도 파킨슨의 분석으로 설명될 수 있다. 파킨슨에 따르면, 경영진은 직원들이 일이 부족하다고 불평하게 두기보다는 그들이 일하는 시간을 늘리는 것이 자신들의 이익에 더 부합한다는 것을 알고 있음이 분명했다. 장기적으로 회사는 팀에 더 많은 사람을 고용할 것이었다. 아무도 절반의 시간으로도 일할 수 있다고 인정하고 싶어 하지 않았다. 그래서 실은, 직원이 더 필요하지 않다는 점을 아무도 지적하지 않았다.

인력 부풀리기는 또한 롤란드 파울센이 언급했듯, 관리자의 권력 기반을 강화한다. 관리자는 많은 수의 직원을 거느림으로써 필수불가결한 존재가 된다. 그리고 파킨슨의 법칙은 그런 구조를 만드는 손쉬운 도구로 쓰인다.

이는 모두 상호 이득 추구의 문제가 된다. 직원이 자기 일이 너무 적다는 사실을 입 다물면, 상사는 허위 프로젝트를 만들어낼 필요가 없고, 나에게 소중한 '큰 팀의 리더' 직책을 부여해주는 존재들을 굳이 잉여로 만들 필요가 없음을 자축할 수 있게 된다.

상사들의 과시 경쟁

만일 이런 연구들의 결과가 타당하다면, 민간 부문과 공적 부문 양쪽의 많은 관리직에게, 그들을 둘러싼 가짜 노동의 규모에서 사람들의 주의를 돌려놓는 것이 상당한 관심사가 된다. 최우선 관심사는 그들의 정당성과 중요성을 고스란히 유지하는 것이다. 관리 업무의 중요성이 과대평가됐다는 사실을 폭로해봤자 큰 이득을 얻을 사람은 아무도 없다.

관리 계층의 자신을 돌보는 능력은 전통적으로 '황금 악수' 라고 불리는 고액 퇴직금 계약과 수억 원에 달하는 보너스에 반영된다. 요즘 미국 CEO는 직원들의 평균 임금보다 200배 많은 봉급을 가져간다. 이미 다양한 연구에서 중역의 임금과 기업의 이득 사이에 상관관계가 매우 적은 것으로 (때로는 부정적인 것으로) 나타났음에도 그렇다. 다시 말해, 꼭대기층 사람들에게 아주 높은 임금을 주는 것은 효용이 거의 없고 오히려 나쁠 수 있다. 그럼에도 이는 여전히 풍토병처럼 퍼져 있다.

게다가 이런 최고위 중역들은 서로의 터무니없는 봉급을 합리화하고 자기들 모두가 얼마나 유용한지 세상을 설득하는 데 고도로 능숙하다. 자기 일이 얼마나 가치 있고 중요하고 어렵고 꼭 필요한지 서로 맞장구치는, 아주 소수가 뿜어내는 특정 합리성 덕분이기도 하다. 이 합리성은 여러분이 파워 엘리트의 일원이라면 지지하기 쉽겠지만, 사실 임원들이 하는 일이 많지 않음을 우리는 이미 알고 있다. 스티브 매케빗처럼 그들은 수많은 직원을 거느리고 하늘 높은 봉급을 받으면서도 때로 하는 일이 거의 없다. 그럼에도 주변 사람들이 그들이 하는 일(보고서 만들기, 발표, 제안, 전략 세우기)을 돈 들일 가치가 있다고 생각하는 한 이 점은 문제가 되지 않는다.

물론 외부에서는 그림이 달라 보일 수 있다. 매케빗이 책 서문에 썼듯 "현대 회사에서는 발표된 것이 실질 내용보다 중요하다". 허위 프로젝트는 '바빠 보이는' 게 핵심이다.

매케빗의 책은 사실상 지금 현대 회사에서 자라나는 젊은 직원이 어떻게 하면 '바빠 보이도록 꾸밀 수 있는가' 하는 매뉴얼로도 기능한다.

예를 들어 회의 일정으로 가득 채운 전자 업무 일지를 자세히 살펴보면, 그 절반은 실상 그냥 전화 통화고 나머지 절반은 언제든 취소할 수 있는 것들이다. 그러나 아무도 그걸 확인하지 않는다. 심지어 직장에서 이메일을 쓰고 자정에 보내지도록 예약을 걸어둬서, 수신자 전부에게 매번 늦게 답장하는 것 같은 기분을 느끼게 할 수도 있다. 또는 일부러 기차역이나 공항에서 고객과 상사에게 전화를 걸어 자신이 계속 바쁘게 다니는 것 같은 인상을 줄 수도 있다.

어떤 사람은 어쩔 수 없이 이런 게임을 벌인다. 다들 뭔가

하느라 바쁘고 그게 미덕이라고 여겨지기 때문에 선택의 여지가 없는 것이다. 나도 바쁘든지 아니면 적어도 그런 척이라도 해야 한다. 다음 장에서 보겠지만, 때로 이것은 사람들의 목숨과 건강을 위험에 빠뜨리기도 한다.

바쁜 척하기의 대가

우리는 다시 덴마크로 돌아왔다. 그리고 사전에 약속이 돼 있던 조나스를 만났다. 조나스는 삼십대 후반이다. 무의미한 일이 그에게 대가를 치르게 했다. 우리와 대화하는 동안 그는 자주 자신이 했던 일에 대해 말하는 것을 힘들어했다. 문장을 끝맺지 못하고 자기가 들어도 이해할 수 없는 말을 하게 돼서 미안하다며 자꾸 사과했다. 조나스는 장기간의 스트레스로 고생했고 신경쇠약을 겪어 오랜 기간 정신병원에서 보냈다. 그렇게 병가 휴직을 반복했고, 다시 일을 시작한 지는 오래되지 않았다. 지금 하는 일은 주9시간짜리 일인데, 복지 기관의 '평가 과정'의 일부다. 이전까지 그는 자신이 지자체에 의지해 일자리를 찾거나 '평가'당하는 처지가 되리라고 상상해본 적이 없었다.

과거, 조나스는 늘 엄청나게 많이 일하는 유형이었다. 덴마크의 유력 회계 법률 자문 회사 등에서 일했다. 이곳들 모두 바쁘고 늦게까지 일하는 것을 미덕으로 삼고, 으리으리한 수준의 높은 야망을 세우는 일터였다. 조나스는 홍보부에서 일했다. 흥미 있는 업무도 있고 힘든 업무도 있었다. 하지만 많은 업무가 요점이 없고 불필요하고, 지나치게 시간을 허비했다. 분위기상 야근해야 했고 그 긴 시간을 일로 채워야 했다.

그가 말했다. "그런 압력 속에서 끝내주게 일했어요. 가족을 보는 시간은 점점 줄어들었지만 내 앞에 떨어지는 무의미한 일들을 거부할 수 없었죠."

그냥 집에 갈 수는 없었다. "5시쯤 그날의 할 일을 모두 마치는 경우가 꽤 자주 있었어요. 비록 내가 '할 수 있는' 일이 더 있을지도 모르지만 정말 신물이 났고 그냥 집에 가고 싶었죠. 하지만 5시에도, 6시나 8시에도, 주차장에는 여전히 많은 차와 오토바이가 있었어요. 절대 퇴근할 수 있는 분위기가 아니었죠. 배우자와 아이들을 위해 집에 가야 한다는 걸 너무 잘 알면서도, 나는 억지로 다시 책상 앞에 앉아 그냥 페이스북을 확인하거나 대답할 가치가 없는 연락에 답하곤 했어요. 하루는 이메일을 보다 효율적으로 분류할 눈부시게 뛰어난 방법을 발견했다가, 다음 날에는 왜 그렇게 했는지 기억이 나지 않아서 다시 되돌리기도 하고요. 또 어느 날은 어슬렁거리면서 다른 동료들에게 말을 걸어 일을 방해하곤 했죠. 그들도 뭘 하고 있었는지는 모르겠지만, 내가 집에 가도 될 때까지 시간을 보내는 데는 도움이 됐어요."

중요성, 아니 더 정확하게는 꾸며낸 중요성이 사무실에서 끊임없이 생산되는 가짜 노동에 연료를 제공했다. 조나스는 동료와 상사에게 중요해 보일 필요가 있었다. 집에 간다는 건 바쁘지 않다는 뜻이고 바쁘지 않다는 건 중요하지 않다는 뜻이었다. 그렇기 때문에 그는 종종 할 일이 없어도 이런저런 허위 프로젝트에 매달리거나 바쁜 사람이라는 환영을 만들어내야 했다.

바빠 보이기 위한 책상 꾸미기

그런 외양을 유지하고 회사에서 가치 있는 직원으로 인정받기 위해 조나스는 최대한 바쁘게 보여야 했다. "일정은 늘 채울 수 있었습니다. 가능하면 이중으로 기록했는데, 정말 효과적인 방법이었어요. 아무도 제대로 들여다보지 않았고 '가능하지 않은' 시간이 많으면 바빠 보였으니까요. 회의를 아주 이른 아침 혹은 아주 늦은 저녁에 잡는 것도 좋은 방법이었습니다. 그러면 흔히 조롱하는 말로 '잉여'가 아니라 '일꾼'처럼 보였으니까요."

바쁘게 보여야 한다는 압박이 너무 심해서 조나스는 앞서 언급된 수법들을 써서 상사에게 쓴 이메일이 새벽 2시에 배달되도록 했다. 특히 더 한가한 기간을 위해 꿍쳐둔 수법도 있었다. "책상에서 식사하곤 했죠. 그러면 즉각 점수를 딸 수 있었어요!

점심 먹으러 나갈 수 없을 정도로 바쁜 거니까요."

서류도 책상 위에 잔뜩 놓아두곤 했다. 겉보기엔 중요해 보이는 종이지만 실은 역시 그의 바쁜 삶을 연출하는 데 필요한 단순한 소품으로, 수 주간 그냥 놓여만 있을 것들이었다. 또한 보여주기를 위해 컴퓨터 모니터 2대와 노트북이 책상 위에 놓여 있었고, 조나스는 거기에 깨알 같은 글씨가 적혀 무척 중요해 보이는 샛노란 포스트잇으로 더욱 심도 있게 꾸몄다. "한쪽 화면에는 진짜 복잡한 코딩 화면을 띄워놓고 상사에게서 온 이메일을 다른 화면에 띄워놓으면 내가 얼마나 중요한 일을 하는지 모두 볼 수 있었어요" 하면서 조나스는 웃었다.

조나스는 또한 매주 잡혀 있는 팀 회의가 다음 주의 업무를 의논하는 게 아니라 그 전 주에 한 일을 뽐내는 자리임을 곧 깨달았다. 사람들은 자신이 한 일을 상패처럼 줄줄이 늘어놓았다. 내가 얼마나 바쁜지, 어떤 결과를 낳았는지 전시해 보이는 게 핵심이었다.

조나스는 또한 인문계 졸업생이 법률 회사에서 일하는 게 어땠는지 묘사했다. 모두가 중요한 일을 하고 있고 한시도 바람 잘 날 없으며 늘 바쁜 곳에서 말이다. 그는 그들이 무슨 일을 하고 있는지 이해하거나 그들의 일과 연결되기가 점점 더 어려워졌다. "그래서 내면이 공허해짐을 느꼈죠."

일이 거의 모든 시간을 집어삼켰으며 그는 일을 바로 처리하고 이메일에 몇 분 내로 답장해야 한다는 막대한 중압감에 시달렸다. 모든 것이 견디기 힘들었는데, 그건 일이 만족스럽지 않았기 때문이다. 그는 끊임없이 결과물을 보여줘야 한다는 중압감으로 고생했고 자신이 해낸 일, 지금 하고 있는 일, 앞으로 할 일을 보여주는 문서 없이는 책상을 절대 떠나지 않는 버릇이 생겼다. 그럼으로써 조나스는 상사나 동료들이 제기할 의문에 언제든지 답할 준비가 되어 있었다. 미친 듯이 바쁜 것은 법률 회사에서 세심하게 연출되고 무대화된 삶의 방식이었다. 멈출 수도 없었다. 결국 그의 삶은 신경쇠약과 입원으로 이어졌다.

로고가 없으면 회사가 망하나

조나스가 세계 정상급 회계법인의 덴마크 지사 온라인 사이트를 맡게 되었을 때 모든 공허감이 절정에 달했다. 그는 그때 자기가 뭘 하는지 거의 알지 못했다고 고백했다. "나는 보통 아침이면 프랑스나 미국에서 온 끝도 없는 문서들을 이해하지도 못하면서 읽어야 했어요. 그리고 보통 어시스턴트에게 웹사이트 수정 사항을 전달하고 같이 해결해나갔죠. 아주 작은 수정도 억겁의 시간이 걸릴 수 있었어요. 모든 사람과 그들의 반려견을 고려해 일을 처리해야 했고, 또 다들 할 말이 너무 많았어요. 왜 그래야 했는지 아직도 모르겠어요. 그해 전체를 그저 연기만 하면서 보냈죠. 나는 내 일을 이해할 수 없었어요."

그 회사는 직원이 수천 명이었고 홍보팀만 해도 30명이었다. 조직은 고도로 관료적이었고 모든 일에 온갖 규칙과 승인이 필요해서, 뉴욕이나 파리에서 급하게 원하는 사안이 있어도 답을 주려면 몇 주 혹은 몇 달도 걸릴 수 있었다.

조나스는 회상했다. "회사에서는 웹페이지 하단에 파란색을 쓰라거나 어떤 이미지에 노란색을 쓰라고 하는 거예요, 설명도 없이." 디자이너로 가득한 사무실 전체가 오직 회계법인의 웹사이트 하나를 위해 일했다. 하위 페이지를 위한 새로운 색깔 체계 하나를 결정하는 데만 엄청난 시간이 소요됐다.

"한번은 위에서 지시가 내려왔어요. 우리한테 새로운, 역동적인 로고가 필요하다는 거예요. 인터넷에는 최근 경향에 대한 셀 수 없는 기사가 있었고 우리도 당연히 대세를 따라야 했죠. 회사 로고는 눈에 금방 띄는 세 가지 색으로 구성되어, 상황에 따라 이따금 색이 바뀌는 디자인이었어요. 이 로고를 변경하는 데 전 세계에 얼마나 많은 사람이 관계되었나 생각해보면, 먼저 회사 이름을 단 세 글자로 줄이는 아이디어를 내고, 그다음 색깔과 모양을 합의하고……." 조나스가 고개를 저었다. "전 세계의 관리직과 그렇게 많은 전략 회의를 하고 나서 우리는 덴마크에만 수천 쪽인 웹페이지들에 로고를 적용해야 했죠. 게다가 회사는 160개국에 지사가 있었어요! 정말이지, 값비싼 비용과 시간을 낭비하는 무의미한 일이었죠."

조나스는 이를 세포분열이라는 생물학적 과정에 비교했다. 아무 이유 없이 커지는 통제 불가능한 상황인 것이다. 예를 들면 어느 날 어떤 팀에 이전 해에는 존재하지 않던, 없어도 다들 늘 잘해왔던 어떤 책임을 맡은 정규직 직원이 갑자기 생기는 것이다. 수년간 조나스는 파킨슨의 법칙을 관람하는 맨 앞줄에 서 있었다.

"내가 근무했던 모든 회사의 모든 팀은 자신의 규모를 다른 곳과 비교합니다. 특히 인사팀과 홍보팀은 회사 내 제일 큰 조직이 되려고 경쟁하죠. 그래서 계속 새 자리와 할 일을 만듭니다. 다른 팀을 이기려고요. 그게 기본적으로 그들의 목적이에요. 어떤 관리자도 '뭘 원하느냐'는 질문에 '아무것도 필요 없어요. 원하는 게 다 있습니다' 하고 대답하는 법이 없었어요. 예외가 없죠."

조나스에 의하면 가장 큰 문제는 이것이다. 관리직은 늘 소망 목록을 가지고 있다. 그리고 늘 '더 많은 자원'과 '더 많은 인력'을 요구한다. 그리고 그게 왜 필요한지에 대한 타당한 이유를 많이 가지고 있다. '뭐가 필요하냐'는 질문에 관리직이 늘 같은 대답, '더 많이'를 대답하기 때문에 조직이 기하급수적으로 커지는 것을 그는 오랫동안 지켜보았다.

"그게 아니면 회계법인에 30명이나 되는 홍보팀이 왜 필요하겠어요? 이해가 안 가죠. 물론 위기가 찾아올 때마다 인원 감축이 이뤄지지만 오래지 않아 수는 다시 슬금슬금 늘어납니다."
자기 합리화에, 노동권의 증명과 주장에 엄청난 시간이 소비된
다고 보았다. 바빠 보이기는 꼼꼼히 잘 연출된 정당성 실어 나르
기의 일부다. "이렇게 바쁜데 어떻게 우리가 필요 없는 존재겠어
요!"

결국 조나스는 모든 걸 감당할 수 없었다. 110%를 요구하
는 회사에 99%로 부응하더라도 만족시킬 방법은 없었다. 더욱
좋지 않았던 것은 일을 마쳐도 집에 갈 수 없었다는 점이다.

어떤 사람들은 다른 방법을 생각해냈다. 몇몇 운 좋은 사
람은 경영진이 게으름뱅이를 발각해낼 능력이 없고 뭘 하든 신경
쓰지 않는 곳에서 일한다. 토케가 일했던 직장이 그런 곳이었다.

학교에서의 가짜 노동

토케는 덴마크 고등교육기관의 하나인 지방의 '직업 대학'에서
직업 학위 과정 강사로 일한다. 우리가 인터뷰했던 많은 사람처
럼 그는 정체가 드러나면 곤란했다. 그의 경우, 받는 임금만큼의
일을 하지 않기에 더 그랬다. 어쨌든 토케는 모든 시간을 의미 있
게 보낸다고 해도 게으름뱅이를 발각해내는 것이 사실상 불가능
할 거라고 말한다. 또한 그 역시 무의미한 노동에서 벗어나지는

못했는데, 이에 대해서는 나중에 이야기하자.

토케의 주 업무는 학생들을 가르치고 평가하는 것이다. 또한 연구 업무도 진행하게 돼 있지만 "대개 피할 수 있었어요. 다행히도"라고 말했다. 언젠가는 박사 후 과정 자리를 제안받기도 했다. 그러나 그 직업 대학이 학사 운영에 미숙해서, 온갖 가능성을 다 고려하느라 너무 많은 요구 조건과 세부 내역을 만들어내기에 토케는 포기했다. "그들은 계속 새 규칙을 만들어내면서 그 자리에 대한 저의 질문에는 대답을 못 했죠. 결국 안 하기로 했어요."

그 대신 토케는 직업 대학의 핵심 임무라고 믿는 것에 매달렸다. 그것이 가장 가치 있는 일이기도 했다. 가르치고 상호작용하며 젊은이들을 교육시키는 일들 말이다. 그는 3년 반 과정의 영양학을 가르쳤다. 그가 잘하는 일이었고 그가 제공할 것도 가장 많았다.

문제는, 대학에서 토케에게 37시간에 해당하는 임금을 지급하는데 강의를 위해 일하는 시간은 그 절반밖에 안 된다는 점이다. 그는 또 다른 자격을 취득하기 위해 공부 중이었는데, 현재의 일과는 관련이 없지만 그에게는 공부할 시간이 있었다. 삶을 즐길 시간도 있었고, 무엇보다 바쁘지 않았다. 바쁜 것과는 거리가 멀었다. 사실 그는 자신의 직업이 할 일이 너무 적기 때문에 매력적이라고 생각했다. 토케가 강의 질에 좀 더 신경을 쓸 수도 있었지만, 대학은 별로 신경 쓰지 않는 것 같았다.

토케는 안타까운 일이라고 생각했다. 대학이 계속 점점 더 많은 학생을 입학시키고 있어서 강의 수준이 떨어지고 있다고 그는 말했다. 덕분에 그 역시 게으름 부리기가 더 쉬워졌고, 그의 직업적 보람은 어느 때보다 낮아졌다. "이젠 학생들이 강의 시간 내내 그냥 스마트폰만 하다가 가는 단계까지 도달했어요."

토케의 대응은 들키지 않게 수업 시간을 4시간에서 3시간으로 줄이는 것이었다. "4시간은 소용없어요. 아무도 그렇게 오래 집중 못 해요. 게다가 아무도 내가 그렇게 하는지 모릅니다." 학교는 이 사실을 전혀 신경 쓰지 않았다. 토케에 따르면 "강의를 얼마나 해야 하는지 아는 사람이 아무도 없으니까요." 학생들 역시 자신의 직업에 대해 배우려면 얼마나 걸리는지 아는 사람이 없었다. 그래서 토케는 알아서 했다. 웃음거리가 되는 대신, 교육 시간을 자신이 보기에 알맞은 수준으로 설정했다. 교육 일정이 어떻게 공지되었든 간에 말이다.

일을 줄이기 위해 시간을 줄인다

많은 면에서 토케의 업무 방식은 역전된 파킨슨의 법칙이다. "전통적으로 강의 시간은 4시간 단위로 개설되고 아무도 의문을 제기하지 않아요." 하지만 3시간이 넘어가면 학생들이 집중력을 잃기 때문에 마지막 시간은 무의미해진다. 그래서 그는 표준에 반항하여 수업을 3시간으로 단축했다. 그러나 다른 강사들은 그와 정반대의 전투를 벌인다. 자신의 과목에 더 많은 시간을 할당시키는 것이다. "그래야 그들이 디자인해온 파워포인트 슬라이드 수와 맞기 때문이고 그걸 줄이기는 어렵기 때문"이라고 토케는 생각했다.

인터뷰 동안 우리는 현대판 파킨슨의 법칙을 생각해냈다. '어떤 일을 하는 데 걸리는 시간은 파워포인트 슬라이드의 수에 직접 비례한다.' 우리가 생각을 정리하는 동안 토케는 덧붙여 말했다. "강의 시간이 더 필요하면 쉽게 얻을 수 있을 거예요. 하지만 그렇게 해서 학생들에게 도움이 될 거라는 생각이 안 들어요."

그래서 강의를 얼마나 했느냐고? 그는 일주일 평균 45분 강의를 일주일에 여덟 번 했다. 그가 받은 37시간분의 임금 가운데 총 6시간이 대학의 핵심 서비스에 사용되었다. 빨리 변하고 새 연구가 쏟아지는 분야가 아니었기에 강의를 준비할 필요도 거의 없었다. 게다가 그의 업무에는 약간의 시험 관리와 평가도 포함되어 있었다. 37시간을 모두 의미 있는 일로 채울 수는 없었다.

토케는 나머지 시간을 그의 관심을 끄는 읽을거리로 소비하지만 진짜 뭘 하고 있는지는 숨겨야 했다. "이 부분에서 정말 흥미로워지는데요" 하면서 그는 의자에 기대앉은 몸을 일으켜 앞으로 숙였다. "바쁜 척해야 합니다. 다른 사람들도 마찬가지일 거예요. 우리 모두 같은 조건이니까요. 할 일이 없다는 거죠. 하지만 바쁘다고는 말해야 합니다. 어떤 사람은 같은 강좌를 25년 동안 가르치고 있어요" 하면서 교육과정에 변화가 별로 없었다는 점을 노골적으로 암시한다. "하지만 내가 바쁘지 않다고 외치지는 않죠. 그런 건 게임의 규칙에 맞지 않으니까요. 바쁜 척해야 합니다."

바쁜 척에 대해 다시 말해보자. 바쁘지 않다고 말하는 것은 금기다. "다른 사람들에게 수업도 없는데 안 바쁜 거 아니냐고, 나도 몇 번 말해본 적 있어요. 하지만 돌아오는 반응은 찌푸린 표정뿐이었습니다." 즉, 빈둥거림은 금기인 것이다. "사람들이 스트레스에 대해 그렇게 많이 말하는 것은 자신이 하는 일이 얼마나 적은지 인정하지 않고 회피하기 위해서라고 생각합니다." 토케는 성실하게 하루 7.24시간을 기록했고 해야 할 일을 다 하면 집으로 갔다.

그는 근무 일지를 기록하는 것 역시 무의미한 노동의 또 다른 사례라고 생각했다. 사람들은 근무 일지 쓰기에 많은 시간을 쓰는데, 토케는 굳이 회의, 수업 준비 그리고 다른 활동을 만들어 주37시간을 채우려고 노력할 생각이 없다. 그가 실제 하는 일과 거기 걸리는 시간에 대해 전혀 알려주는 바가 없는 무의미한 행위이기 때문이다.

우리와 이야기를 나눈 거의 모든 사람이 직장에서 할 일이 별로 없는 기분에 대해 알고 있었다. 하지만 그렇다고 논리적 결론을 내리고 그냥 집에 가는 이는 거의 없었다. 그냥 집에 가는 것이 종종 더 현명한 이유 중 하나는, 처음에는 그저 하루를 때우기 위해 만들어낸 가짜 노동이 결국 그 사람 하나로 끝나는 게 아니라 훨씬 많은 사람의 시간을 잡아먹게 되기 때문이다.

예를 들어 조나스는 집에 가는 대신 다른 사람의 일을 방해하곤 했다고 말했다. 그의 회사에서는 경영진만 일을 할당하는 게 아니었다. "때론 많은 시간이 자기도 이해하지 못하는 일을 다른 사람에게 시키느라 허비됩니다. 예를 들어 내가 IT팀에 뉴스레터 구독 기능의 이런저런 사소한 개선 작업을 하도록 요청한다고 해봅시다. 버튼이 좀 더 아래로 옮겨지거나 색깔이 다르면 더 좋을 거라고 주장하면서 말이죠. 중요하지 않은 일일지 모르지만, 어느 날 누가 내 뉴스레터를 보고 눈을 빛내며 고객이 되려고 하면? 갑자기 이 일을 하는 것이 최우선 과제가 됩니다! 우리가 매달릴 또 다른 일이 나타나기 전에는 말이죠."

조나스는 버튼 색 하나 바꾸는 간단한 작업이 '수많은 다른 과정'을 끌어들이는 현상에 대해 설명했다. "뉴스레터를 구독한 학생 하나가 미래의 직원이 될 수도 있고 그렇게 해서 회사의 많은 직원이 구인 방식에 깨달음을 얻을 수 있어요. 만약 그렇게 되면 인사부장과 그녀의 자문을 맡은 누군가 참여하는 회의가 열리게 되겠죠. 모두가 바빠 보일 테고 갑자기 우리는 뉴스레터 발행에 대한 완전히 새로운 전략을 가지게 되는 겁니다.”

조나스는 또한 인사팀과 홍보팀 사이에 경쟁이 없었다면, 아이디어를 내고 프로그래머가 이를 실행에 옮기는 데 단 2시간이면 충분했을 거라고 털어놓았다. 그러나 실제로는 한 달이 걸렸다고 그는 회상했다.

말하자면 모두가 언제나 끊임없이 뭔가 하고 있어야 한다는 압력에 시달린다. 그리고 그건 그 주변 모두에게 영향을 미친다. 다른 동료들은 생각 못 했던 어떤 아이디어에 대한 회의에 갑자기 참석해야 하거나 혹은 ‘우리 경쟁자들의 SNS 사용법에 대한 분석’을 지휘하거나, 어떤 의미 있는 일에도 사용된 적이 드문 다른 과제를 해야 하는 등 말이다. 그러다가 진짜 가치를 낳는 일이 밀려들기 시작하면 아무도 그런 보고서와 분석을 다시 쳐다보지 않는다. 그냥 집에 가지 않는 사람을 위한 일시적인 관심 돌리기라는 본연의 목적으로 돌아가 조용한 죽음을 맞는다.

여가가 아닌 노동이 특권인 사회

우리 저자들도 직장 생활을 하던 중에 중요하지 않은 프로젝트가 결국 근무시간을 다 채우고, 여가를 비롯해 더 의미 있게 사용해야 할 시간을 다 써버리는 상황을 너무 자주 보았다.

데니스의 이전 직장 중 하나였던 조그만 자문 회사에서는 근무시간 내에 의미 있는 일을 해내기가 거의 불가능했다. 진짜 가치는 고객과 만날 때 창출되었지만, 한 달에 다섯 건만 일하면 손익분기점을 맞출 수 있었다. 그래서 나머지 시간은 이미 모두가 예상하는, 성과 없고 무의미한 기획을 좇느라 보냈다. 고객들은 도움이 필요하면 연락을 했지만, 적극적인 영업 관련 기획은 새로운 고객을 만들어내지도 못하면서 98%의 시간을 차지했다. 회사의 고객 관리 시스템(마침 업데이트하느라 무한한 시간이 사용된)을 잠깐만 들여다봐도 그런 기획들로 영업이 성공하기란 거의 불가능하다는 것을 알 수 있었다. 하지만 아무도 신경 쓰지 않았다. 상사는 끊임없이 출장 중이었기 때문에 데니스가 고객과 회의를 하거나 제안서를 준비하지 않을 때는 정말 뭘 하는지 묻는 법이 없었다.

예를 들어 어느 시점에는 회사의 새로운 이름을 생각해내느라 6개월을 보냈다. 이름 후보들을 모으고 검토하고, 다른 데서 벌써 사용하고 있는 건 아닌지, 도메인 네임을 사는 데 얼마인지 하는 온갖 것을 확인하느라 한 달 가까이 보냈다. 그러나 5년이 지나도록 회사의 이름은 그대로다. 만약 그렇게 시간을 허비하는 데 쓰지 않았다면 데니스와 동료들은 집에 일찍 갈 수도 있었을 것이다. 정말이지 상사가 계속 자리를 비울 때는 종종 그렇게 했다. 아무도 다른 동료가 주장하는 대로 정말 집에서 일할 거라고 믿지 않았고 아무도 근무시간 동안 집에서 뭘 했냐고 묻지 않았다.

데니스는 이전 직장의 바쁜 문화에 익숙해 있었다. 처음엔 이번 직장에서 할 일이 많지 않다고 인정하기가 어려웠다. 그래도 사업은 천천히 잘 진행되고 있었는데, 우리가 이야기 나눈 다른 많은 취재원과 마찬가지였던 것이다.

바쁘지 않다는 건 금기다. 사람들이 얼마나 자주 이렇게 묻는지 생각해보자. '지금 바빠?' 혹은 '할 일 많아?' 하는 인사 같은 질문들에 우리는 그냥 웃으며 '깔려 죽을 것 같아!' 정도로 대답하는 게 보통이다. '아니, 실은 할 일이 별로 없어'라거나 그냥 '아니, 안 바빠' 하고 말할 용기가 있는 사람은 드물다. 어떤 업계에서는 '바빠?'가 그냥 우리가 예전에 묻던 안부, '잘 지내?'를 대체했다. 둘 다 그렇다고 답하는 게 예의다. '응, 나 바빠'는 '응, 나 잘 지내'의 뜻이다. 다음엔 한번 이렇게 해보자. 누가 바쁘냐고 물으면 아니라고 대답하고서 상대방의 표정을 지켜보자. 당황스럽게 변하는지 아닌지.

에식스 대학교의 조너선 거셔니는 우리가 늘 바쁘다고 주장해야 하는 이유에 대해 연구했다. 그는 우리가 바쁘다고 피력하는 경향이 1960년대 이후 증가했음을 발견했다. 이것이 역설적인 이유는, 1장에서 보았듯 후기 산업시대 이래로 오늘날까지 업무량은 꾸준히 감소했기 때문이다. 그렇다면 왜 사람들은 명백히 할 일이 적을 때도 바쁘다고 주장하는가?

조너선 거셔니에 따르면, 자유 시간을 특권으로 간주하던 시대가 끝나고 일에서 특권이 나오는 시대로 이동했기 때문이다. 앞서 언급했듯이 19세기에는 크리켓, 사냥, 사격처럼 잡다한 취미를 추구하며 빈둥거림을 과시하는 게 상류층 사이에서 바람직하게 여겨졌고 열심히 일해야 하는 사람들은 멸시당했다. 그러나 상류층들의 물려받은 재산이 점차 말라가고, 대단한 부자들이 산업 자본가와 사업체 소유주가 되는 경향이 나타나면서 분위기가 바뀌었다.

조너선 거셔니에 의하면 옛 귀족이 신흥 부자로 대체되고 그들의 지위는 유전자보다는 인적 자본, 즉 인간의 노동 능력을 기반으로 했다. 이전에 사람들은 아무것도 하지 않는 게 지위의 표시라고 생각했다. 하지만 이제는 열심히 일하는 정도가 사회적 지위의 척도가 되었다. 이제 사람들은 무슨 무슨 공작, 후작을 우러러보는 게 아니라 도매업자, 경영자, 업계 거물을 우러러본다.

부러운 인물의 가치를 획득하고 흉내 내려는 인간의 자연스러운 본성상, 새로운 상류층의 바쁜 삶은 점차 성공과 진보의 동의어가 되었다. 지난 세기 후반에 사람들이 바쁘다고 말하는 경향이 증가한 이유는 조너선 거셔니의 표현에 의하면, 진짜 할 일이 많아서라기보다 그것이 '명예의 새로운 징표'가 되었기 때문일 가능성이 크다.

이에 대한 또 다른 설명은, 일터가 '열정'의 침공을 받은 것과 관련이 깊다. 아네르스는 직원들이 하는 모든 일에 열정적으로 임하리라 암묵적으로 기대하는 분위기의 자문 업체에서 일한 적이 있다. 지루하거나 너무 쉬워서 (또는 불가능하거나 가짜 노동이라서) 달갑지 않은 일이 떨어질 경우, 내가 얼마나 바쁜지 드러내는 난공불락의 표명들로 방어벽을 세워놓지 않았다면, 그 일을 거절할 수 없게 된다. 즉, 바쁘다고 말하는 것은 나름 더 많은 일로 당신을 괴롭히면 안 된다고 남들에게 주장할 수 있는 유일한 방법이다. 아네르스와 동료들은 일을 골라서 하기 위해 가짜 약속을 일정표에 적고 바쁜 척하곤 했다. 물론 이는 가짜 노동의 거울로 이뤄진 방을 더욱 견고히 하는 일일 뿐이었고, 그냥 집에 가야 한다는 우리의 제안을 실현시키기가 더욱 불가능해질 뿐이었다.

할 일이 없으면 집에 가자

바쁨을 숭배하는 우리 사회의 기조 역시 주15시간 노동의 시대가 도래하지 않는 이유를 설명해준다. 짧은 시간에도 일을 마칠 수 있는 사람에게는 지위도 존경도 부여되지 않는다. 노동을 '고귀'하고 '도덕'적인 활동으로 간주하는 탓이다. 1장에서 보았듯이 20세기 동안 노동은 필요 이상의 것이 되었다. 사실상 노동은 신

성한 의무가 되었다. 1950년대부터 계속되어온 노동조합과 노동
운동의 주장은 노동자의 여가 시간보다는 일할 권리에 초점을 맞
췄다.

그에 따라 정치인, 노동조합, 고용주는 더 많은 자유 시간
을 주겠다는 약속을 미뤘다. '더 많은 자유 시간'은 지금보다 조금
만 더 많이 일하면 미래에 받을 수도 있는 '기약 없는 선물'이 되
었다. 언젠가는 우리도 자유 시간을 누릴 수 있을지 모르지만 당
분간은 더 바빠야만 했다. 벤저민 클라인 허니컷에 의하면 20세
기의 가장 큰 수수께끼 가운데 하나는 왜 아무도 이 논법의 부조
리에, 노동에 대한 이 특이한 합리화에 진지한 의문을 제기하지
않는가였다.

바쁜 것이 좋고 필요하고 도덕적이라는 생각은 가짜 노동
을 낳는 합리화 중 하나다. 또 다른 합리화는 계속 일하다 보면 더
많은 자유 시간이 어느 시점에 후식처럼 자동으로 나올 것이라는
관념이다. 아마 태양이 다 타버리기 직전쯤 될 테지만 말이다. 세
번째 의심스러운 합리화는 생산성과 노동시간 사이에 비례관계
가 있다는 관념이다. 이런 합리화는 어떤 근거도 없으며, 아마 전
적으로 틀렸을 것이다. 그 모든 추가 근무시간이 다른 이들을 방
해하고 더욱 비싼 예산이 드는 허위 프로젝트에 착수하는 데 사
용되고 있으니 말이다.

나중에 우리는, 핵심 업무가 끝나면 직원들을 집에 보내는

기업들이 전반적으로 성장과 성공을 즐기고 있음을 보게 될 것이다. 이 사실이 점점 더 많은 사람을 감화시켜 같은 방식을 취하도록 만들면 좋겠다. 하지만 이를 성취하기 위해서는 기업들이, 조직은 바쁜 게 좋은 거라는 기존 관념에 도전해야 한다. 직원들이 임금을 받은 만큼 생산해냈을 때는 집에 가도록 허락해야 한다는 점을 받아들일 준비가 돼 있어야 한다.

하지만 앞서 알아본 그 모든 원인 때문에 이는 아직 불가능하다. "난 직원들에게 집에 가라고 할 수 없었어요." 스티브 매케빗이 비디오게임 업계에서 일이 없는 일사분기 동안 자기 팀을 위해 분별없는 허위 프로젝트를 계속 만들어낸 이유도 마찬가지다. 하지만 경영진은 정확히 그 지점에서 잘못된 선택을 내린 것이다. 당연히 회사는 직원에게 집에 가라고 할 수 있다. 우리 자신의 머릿속 관념과 싸워야 하므로 어려워 보일 뿐이다.

여러 연구 결과에 의하면 그리고 이 책을 위해 면담한 사람들에 의하면, 수백만의 사람이 수억 시간을 그저 일터에 앉아 있거나 가짜 노동을 생각해내느라 허비한다. 누가 인간의 운명을 그렇게 정해놓은 게 아니다. 대안을 보여주지 않는 합리화의 덫에 걸려 있기에 모두가 그렇게 선택한 것이다. 이런 합리화를 깨는 최고의 방법은 거기서 등을 돌리는 것이다. 가짜 노동의 확장에 맞서기 위한 우리의 첫 번째 조언은 바쁘다는 말을 그만두고 집에 가는, 꽤 간단한 것이다.

물론 이것은 일하는 것을 정말 좋아하는 사람들에게는 이 상적인 조언이 아니다. 실제 가치가 있는 일은 언제나 존재하는 법이다. 그 가치 있는 일이 무엇인지 궁금하다면, 이 책의 12장이 도움될 것이다. 12장은 가짜 노동이 아닌 일을 하고 싶어 하는 모든 사람을 위해 썼다.

즉 당분간은 우리가 왜 일해야 하는가, 라는 질문 자체는 잠시 미뤄두겠다는 말이다. 가짜 노동의 세계를 헤쳐나가며 우리도 더 배워야 하기 때문이다. 먼저 우리는 가짜 노동을 어떻게 피할지에 대한 조언을 더 제공할 것이다. 이는 우리를 현대의 조직과 그 구성원들을 위한 다음의 결정적 원칙, '해결책을 생각해내지 말라'로 이끈다.

5장

해결책이 불러온 문제들

사용자가 아닌 시스템을 위한 해결책

"늘 이 모양이에요. 화면에 나타난 네모를 그냥 없애버릴 수가 없어요. IT 지원부에서는 이런 예전 시스템의 쓰레기는 그냥 엔터를 누르면 사라진다고 하죠." 의사인 닐스 벤트존이 화면을 보며 조그만 하얀 네모에 '우우'라고 쓰고 클릭하자 사라졌다. 벤트존은 어깨를 으쓱하고 우리에게 웃음 지었다. 다음 환자를 진찰할 차례가 되자 네모는 다시 나타났다. 이번에는 '0'을 입력하고 클릭했다. 57세의 환자 메테가 가슴의 결절 수술 후 상담을 위해 그를 기다리고 있었다. 다행히 악성이 아니었다.

그날 닐스 벤트존은 코펜하겐 교외 지역의 헤를레우 병원에서 외래 진찰을 하는 동안 아무에게도 절망적인 상태라고 말하지 않았다. 언제나 이렇지는 않다. 이곳은 유방암 수술 병동이다. 벤트존은 많은 수술 경험을 가진 숙련된 외과의다. 그의 업무에서 가장 의미 있는 과정은 환자를 검사하고 상담하고 수술하는 일로 구성되어 있다. 덜 의미 있는 과정은 컴퓨터에 떠오른 네모 안에 '우우'라고 써서 없애버리는 일 같은 것들이다.

"너무 어이없죠." 벤트존이 컴퓨터가 시키는 일을 짜증스레 노려보며 말했다. "나는 환자가 새로운 치료 단계에 들어설 때마다 약을 모두 새로 처방해야 합니다. 이미 먹고 있는 약도 다시 처방해야 해요. 하지만 정신과 환자라고 생각해보세요. 가슴에 문제가 있는 데다 정신 건강 문제도 겪는 거예요. 그래도 나는 매번 다시 다 처방을 하고 기록해야 해요. 내 분야가 아니라서 이해 못하는 약을요. 난 정신과 의사가 아닌데 말이죠."

우리가 물었다. "왜 그래야 하죠?"

"IT 시스템을 미국에서 만들어서 그래요. 거기서는 보험회사에 청구해야 하는 모든 서비스를 기록하는 게 제일 중요하니까요. 거기서는 세척 한 번, 절개 한 번, 알약 하나도 다 기록해야 해요. 누가 지급할지 결정해야 하니까. 하지만 덴마크 건강보험은 그렇게 작동하지 않아요. 그러니 우리한테 마찬가지 짓을 시키는 건 말도 안 되죠."

벤트존이 말한 시스템은 헬스 플랫폼이라는 프로그램이다.

2013년에 수도권에 있는 병원들은 환자의 디지털 기록용으로 이 시스템을 선택했다. 이는 널리 퍼진 문제에 대한 해결책으로 보였다. 즉, 덴마크 보건 업무의 여러 부문에서 다양한 의료진이 통합된 환자 기록에 접근하고 관리할 수 있도록 한 것이다. 당시 사용 중이던 IT 시스템은 시대에 뒤떨어져 불안정하고 제대로 작동하지 않았다.

소프트웨어 회사 에픽이라는 곳에서 시스템 관리를 맡았다. 수도권 지역 관리자인 할테 아베르그에 의하면 에픽사의 시스템이 '최고'라서 선택되었다. 벤트존은 그 시스템이 온갖 종류의 일을 할 수 있으리라는 점은 의심하지 않는다. 하지만 이 시스템은 너무 크고 복잡했고, 덴마크의 의료 실정과는 아주 다른 방식의 보건 업무를 위해 설계된 것이었다. "롤스로이스를 사고 싶었나 본데, 우리한테 필요한 건 토요타였거든요. 신뢰성 높고 단순하고 직관적으로 사용하기가 쉬운 거요."

수도권 보건 시스템에 대한 사용자들의 불만이 크다. 의료인들이 환자에게 집중하는 대신, 혼란스럽고 불합리하고 때로는 실제 일을 방해하는 시스템에 정보를 입력하느라 시간을 낭비해야 하기 때문이다. 벤트존은 우리에게 동료가 찍은 헬스 플랫폼의 스크린숏 하나를 보여줬다. 시스템은 맹장 수술이 왼쪽, 오른쪽 혹은 양쪽에서 이뤄졌는지 묻고 있었다. "맹장 수술을 양쪽에서 하는 일은 없어요." 벤트존이 말했다. 우리가 여러 번 방문하는 동안 그는 용어 인식에 실패한 검색 도구의 사례도 보여줬다. 우리는 잘 모르지만 그건 분명 표준 의학 용어인데, 시스템이 인식하지 못하는 것이다.

암 병동에서 특히 어려움을 겪고 있었다. 신문에 의하면 암 병동의 대기자가 점점 늘어났다. "암 치료 경과를 진찰하는 일이 눈에 띄게 엉망이 됐어요." 2016년 처음으로 수도권 병원들이 전년보다 적은 수의 환자를 치료했다. 5.7%나 감소한 것이다.

에픽사에 대한 대안으로 덴마크에서 개발된 IT 시스템이 있었고 다른 지자체에서 그걸 수년간 사용하고 있었다. 코펜하겐에서도 잘 작동할 시스템이었다. 하지만 수도권 당국은 자기들만의 시스템을, 최고의 시스템을 원했고 다른 길을 택했다. 정말 비싸긴 했지만 헬스 플랫폼을 살 돈이 나올 곳이 있었다. 그 전까지 의사의 지시를 입력해온 비서들의 임금을 아낄 수 있었다. 대신 의사가 직접, 바로 입력해야 했다.

벤트존은 이 관리 분야 업무를 어렵사리 해나가고 있었다. 그의 손은 수술에는 능숙하지만 터치 타이핑은 요령부득이었다. 그는 검지 두 개로 천천히 키보드를 두드리면서 시스템의 논리 속에서 방향을 찾아나가려 애썼다. 때로는 나름대로 꼼수를 시도하면서 말이다. "예를 들면 여기 그냥 복사해서 시스템에 붙여 넣으면 되는 문서 형식을 마련했어요. 기본 문구를 다 만들어놓은 문서니까 시간 낭비를 조금 줄일 수 있죠."

벤드존이 시계를 봤다. 그에겐 시간이 많지 않았다. 다음 환자가 기다리는데 아직 이전 환자의 기록을 마치지 못했다. 그는 자기도 어쩔 수 없는 IT 문제를 한쪽으로 미뤄두기로 했다. 그리고 결국 점심시간 중 35분을 IT 지원부와 통화하는 데 보낸다.

벤트존이 가장 짜증 나는 건, 자신의 의학적 전문성이 완고한 시스템에 굴복해 마비되는 느낌이다. "예를 들어 제가 암으로 죽을지도 몰라 두려워하는 어느 환자랑 상담하고 정보를 등록할 때, 화면에는 두 종류의 선택지가 떠 있어요. '불안'과 '겁에 질림' 둘 중 하나를 골라야 하는 겁니다. 그런데 나는 그 두 개가 뭐가 다른 건지 모르겠어요."

그는 고개를 젓고 창밖을 내다봤다. 18층에서 보이는 전망이 장관이었다. 잠시 후 문을 두드리는 소리가 났고, 다음 환자가 안으로 들어왔다.

핵심 업무와 가짜 노동

우리는 헬스 플랫폼의 품질을 평가하려는 게 아니다. 그저 많은 이들의 업무에 가짜 노동을 일으키고, 그 과정에서 직업 만족도를 앗아가는 해결책의 명백한 사례로 헬스 플랫폼을 언급하고 있을 뿐이다. 이런 이야기는 덴마크나 다른 나라의 보건 제도에서 흔한 일이다. 몇 년 전에도 영국의 국민 보건 서비스(NHS)국에서는 엉망인 IT 시스템을 폐기했다. 이는 유례없는 IT 사업 실패로 기록되었다. 이 문제를 해결하는 데 100억 파운드에 달하는 세금이 들어갔다.

닐스 벤트존과 그의 동료들이 직면한 가짜 노동은 이전 장에서 논의한 것과 다르다. 앞서 논의된 허위 프로젝트는 급조된 가짜 노동으로 시간을 때우도록 고안되었던 반면에, 벤트존의 경우 그리고 이 장에서 만나게 될 이들의 상황은 꽤 다르다. 이들은 실제로 해야 하는 업무가 있지만 이런 허위 업무는 그들의 의미 있고 가치 있는 본업을 방해한다.

닐스 벤트존처럼 닐스 크로만도 유방암을 전문으로 하는 최고의 외과의다. 2017년 여름 크로만은 덴마크 암협회에서 일하게 됐다. 우리는 그 전에 그를 만났다. 3월 어느 선선한 봄날 코펜하겐 북부에 있는 그의 집에서였다. 그는 최근 어느 신문과 전격 인터뷰하며 덴마크의 유력 종합병원인 코펜하겐 대학병원의 심각한 상태에 경종을 울렸다.

특히 그가 담당한 분야의 상황은 다급해 보였다. 다른 병도 그렇지만 특히 유방암은 빠르게 제대로 다뤄야 하는 병이다. 시간을 지체하면 생명이 위태로울 수 있다. 다시 말해 그의 업무는 매우 특별하고 가치 있는 일이다. 가짜 노동이 끼어들 여지가 없다. 그러나 불행히도 크로만은 의료 시스템이 그 반대로 돌아가며 그와 동료들의 직장 생활을 허위 활동으로 채우고 있다고 생각했다.

크로만에 의하면 의미 없는 관료제는 특히 천직을 가진 사람들에게 가혹하다. "자신이 한 일에 대해 청구서를 보내는 걸 종종 까먹는 유형의 사람들 말입니다. 자기 하는 일에 너무 몰두해서 집에 늦게 가는 사람들 말이죠. 이렇게 소명을 가진 사람들의 확고한 자기 인식이 뿌리째 흔들릴 위험에 처해 있어요. 날 멍청이라 불러도 좋아요. 내가 무능력하고 한심한 운전자라고 해도 돼요. 그러든지 말든지 나는 신경 쓰지 않습니다. 하지만 날 나쁜 의사라고 말할 순 없어요. 그럼 정말 뚜껑이 열릴 겁니다. 이런 직업은 대부분 존경받는 편이기도 하죠. 파티에서 은행이나 시청에서 일하고 있다고 하면 사람들은 곧 대화 주제를 바꿀 겁니다. 하지만 성직자나 의사라고 하면 다들 경청하죠."

우리는 그의 말이 무슨 뜻인지 알아들었다. 최근에 갔던 결혼식에서 배우와 대형 은행의 임원 사이에 앉았다. 여기까지만 말해도 아마 독자들은 사람들이 어떤 직업에 더 흥미를 드러냈는지 알 수 있을 것이다.

"그래서 만일 이런 유형의 직업인이 점점 더 무의미한 업무를 떠맡게 되고 의미 있는 업무를 하기 힘들어진다면, 심각한 윤리적 딜레마에 봉착할 겁니다. 온갖 스프레드시트를 채워야 하는 교사는 어떨까요? 아마 교사는 시트를 채우기보다 특별히 더 돌봐줘야 하는 꼬마들에게 자기 시간을 쓰고 싶을 텐데 말이죠. 문제는 그녀가 엑셀에 제출되는 내용으로 평가받고 있다는 겁니다. 꼬마들에게 해주는 일이 아니라."

우리는 크로만에게 다른 사례를 물었다. 정확히 어떤 일에 시간을 허비하느냐고. "예를 들어보죠. 나는 진찰할 때 모든 환자의 낙상 여부를 조사해야 합니다. 관리팀에서 그렇게 하도록 강제하기 때문이죠. 이건 정치적인 문제입니다. 누군가가 너무 많은 사람이 병원에서 넘어져서 팔다리가 부러지고 있다고 판단한 거예요. 그래서 모든 환자를 대상으로 질문을 하기로 하죠. 진료할 때마다 내 컴퓨터에는 지난 2주 동안 넘어진 적이 있는지, 어지럽지는 않았는지 묻는 상자가 나타납니다. 만일 내가 대답을 기록하지 않으면 다음 질문으로 넘어갈 수 없어요. 그런데 생각해 보세요. 눈앞의 환자가 45세에 가슴 멍울이 있고 자전거 안전모를 들고 있다면 최근에 넘어진 적이 있냐고 묻는 게 의미가 있나요?"

142개의 가짜 질문과 지어낸 답

문제는 컴퓨터가, 이 분야에서 거의 40년을 갈고 닦은 크로만의 직업적 판단력으로는 물을 필요가 없는 질문을 던지도록 강요하는 것이다. 컴퓨터가 모든 의사를 똑같이 똑똑하거나 똑같이 멍청하게 취급하기에, 이제 그의 판단력은 더는 쓸모가 없다. 그저 모두가 똑같이 행동함으로써 낙상 사고에 신경 쓰고 있음을 관리팀에 보여줘야 한다. 누가 구급차에 들어가다가 넘어져 다리가 부러진다면 관리팀에서는 이미 그 문제에 지속적으로 신경 쓰고 있었다고 변명할 수 있을 것이다.

"정치적 이슈가 바뀔 때마다 내 컴퓨터에 새 질문이 뜹니다. 이 시스템 어딘가쯤에 존재하는 관리자는 연말에 어떤 목표가 70~90%까지 올라갔다고 말할 수 있게 되겠죠. 야호! 정말 굉장하지 않나요. 변비로 고생하는 사람이 많아졌다는 기사가 날 때마다 환자들에게 대장 활동이 어떠냐고 물어야 합니다. 어디선가 누군가 어느 장관에게 보고를 요구했으니까요. 어느 장관이나 지자체장이 대책을 약속할 때마다, 나는 이런 온갖 정치적인 질문들의 마지막 정거장이 됩니다. 그렇게 해서 내가 문제없는 환자들에게 물어야 하는 142개의 질문이 나왔죠."

우리는 놀라서 물었다. "질문이 142개라고요?" "네, 이제 그 이야기를 하려고요." 크로만은 깊게 한숨 쉬었다. 그는 분명 대화를 주도하는 데 익숙한 사람이었다. "나는 또한 모든 환자의 영양 공급을 점검해야 합니다. 체질량지수가 18 이하거나 30이 넘는 경우 기록하고 대응해야 합니다. 하지만 나의 환자들은 보통 아침 7시에 내원해서 저녁 6시에 집에 가며 12시간 동안 금식합니다.

병원에서의 영양 공급에 대해 내가 해줄 수 있는 게 없어요."

크로만은 자신이 적절하다고 생각할 때 건강과 식사에 대해 질문할 수 있고, 자신의 판단을 신뢰하는 시스템을 원했다. 계속 주의를 주며 일에 방해가 되는 지금 같은 시스템이 아닌. "만일 가슴에 작은 덩어리가 있는 환자가 왔는데, 담배를 하루에 20개비 이상 피우는 걸로 의심이 된다면, 나는 그녀에게 흡연에 비하면 그런 덩어리 정도는 그렇게 위험하지 않다고 말하며 상담을 시작할 겁니다. 그런데 지금은 겨우 40분간의 진찰 시간 중 거의 35분을 설정된 질문에 답하고 기록하는 데 써버려서 그런 구체적이고 필요한 대화를 하기는 어렵죠."

우리는 다시 물었다. "142개의 질문은요?"

"아, 그래요! 언젠가 우리는 완벽하게 건강한 환자에게 질문을 얼마나 입력해야 하나 세어본 적이 있어요. 142개의 질문 상자를 처리하고 나서야 다음으로 나아갈 수 있었죠. 사람들은 뭐가 잘못되었으니까 병원에 오는 거잖아요. 그런데 어디에 이상이 있다고 표시를 하게 되면 다양한 하위 메뉴가 화면에 줄줄이 갈라져 나타나고 질문 수는 더욱 많아져요."

우리는 크로만에게 정말 142개의 질문을 다 기록해야 하냐고 물었다. 그는 그렇다고 말하면서, 미처 기록을 완성할 수 없을 때는 "많은 대답을 그냥 지어낸다"고 대답했다. 한번은 크로만이 어느 환자에게 142개 질문을 모두 물어봤더니 환자는 불편하고 당황스러워했다. "그래서 우린 질문들을 건너뛰고 진짜 일을 할 방법을 찾아내야 했죠."

우리 대화가 끝나갈 때 그는 다시 천직이라는 주제로 돌아갔다. 직업적인 자부심의 문제 말이다. "우리 같은 일을 하는 사람들은 직업적 모욕을 당하면 자살하는 경우도 많습니다. 그만큼 중요한 문제입니다. 그리고 또한 이것은 의사로서의 자신을 믿는 문제기도 합니다. 우리한테 네모를 클릭해나가라고 하는 건 조롱이나 마찬가지입니다. 우리를 더 이상 믿지 않는다는 의미죠. 최근에 나는 손 씻기 수업을 듣고 수료증을 얻어야 했어요. 외과의로 30년을 일했어요. 제대로 손 씻는 법도 몰랐다면 오래전에 일을 그만두고 죽었을 겁니다."

크로만에 따르면 이런 신뢰의 결여에서 가장 안 좋은 점은, 업무를 제대로 하는 것과 아무 관계 없는 일을 억지로 해야 한다는 것이다. 이런 일들은 태생적으로 너무나 허위적이어서 의사에게나 환자에게나 아예 하지 않는 게 가장 좋은 대응이 된다.

"화요일에는 가슴에 악성종양이 있는 임신 6주 차의 34세 환자가 왔어요. 종양은 제거할 수 있었지만 그러고 나서 화학요법이 필요했죠. 하지만 아직 임신 초기라 태아가 다치지 않을지 확신할 수 없었어요. 어려운 상황이었죠. 제대로 치료하려면 오랜 시간 진찰하고 신경도 많이 써야 하는데, 정작 나는 컴퓨터를 보면서 142개 질문에 답이나 해야 하는 거예요. 그럴 때는 도저히 참을 수가 없어요. 중요한 건 내 앞의 환자에게 100%의 에너지를 쏟는 것뿐이에요."

최선을 다해 해결책을 찾는 세상

지옥 같은 직장 생활로 가는 길은 좋은 의도로 포장돼 있고, 가짜 노동은 포장 재료 가운데 하나다. 좋은 의도와 합리적 사고의 결과이기에 가짜 노동을 근절하기가 그렇게 힘든 것이다. 이상적인 세상이었다면 좋은 일을 막는 무리는 무능하고 사악한 이들일 것이다. 사악하고 부적격인 이들만 없애면 문제가 해결된다. 하지만 우리는 이상적인 세상에 살고 있지 않다. 우리는 사람들이 최선을 다하고 합리적으로 행동하며 해결책을 찾길 원하는 세상에 산다. 다만 그럴 때 해결보다 더 많은 문제를 일으킬 뿐이다. 의도치 않게 말이다. 진정한 해결책은 의사가 까다로운 IT 시스템을 쓸 필요가 없고, 환자는 넘어져서 다치지 않으며, 귀중한 시간이 낭비되지 않는 것이다. 제정신이라면 누가 여기에 반대할 수 있을까?

    몇 년 전에 미국 심리학자 배리 슈워츠는 관료주의적 '해결책'이 직업적 소명을 좀먹는 현상을 연구했다. 예를 들어 미국의 교사들은 덴마크 의사들이 느끼는 좌절감을 아주 잘 이해할 것이다. 교사와 의사 같은 전문가에게 지침을 잔뜩 내려주지 않으면 대중을 상대할 때 제대로 대처할 수 없다고 믿는 듯한 시스템에 대해서 말이다. "학교 행정직은 모든 과목, 모든 학년, 모든 아이, 모든 교사에 적용 가능한 포괄적 점검표로 무장하고 교사들을 관찰한다. 1시간 수업도 수십 가지 관찰 및 측정 가능한 행위로 쪼개진다."

이 장의 인터뷰에서 나온 상황은 요양원, 복지기관, 군부대, 유아원 등 유럽과 북아메리카의 공공 부문 일터뿐 아니라 세계 전역의 다른 많은 곳에서도 적용된다. 정도는 다양하지만 모두 같은 사고에 물들어 있다. 공공 부문에서 관리를 개선시키려는 것이다. 하지만 어느 순간 이 시스템 뒤의 설계자들이 후회하기 시작했다.

예를 들어 2007년 덴마크 재정기획부의 선임 사무관들이 일간지 『폴리티켄 Politiken』에 「우리를 용서해요. 우리가 무슨 짓을 하는지 몰랐어요」라는 제목의 칼럼을 기고했다. "재정기획부의 야심 찬 공무원"이었던 그들은 점점 더 커지고 오작동을 일으키는 공공 부문을 관리하고 제어하려는 시도에서, 국가가 직면한 가장 큰 문제 중 하나의 해결책을 찾아내어 실행하려고 노력했던 일을 설명했다.

해결책은 이런저런 계약을 맺는 것이었고, 이것은 영국에서 빌린 아이디어였다. 많은 덴마크 공공 부문의 기관들이 핵심 성과 지표(KPI)라는 것을 준수하기만 하면 더 큰 자율성을 가질 수 있게 되었다. 그리고 정부는 이 지표가 공공 부문의 성과에 대해 의미 있는 무언가를 알려주리라고 생각했다.

이전까지는 자기 나름의 방식으로 일했던 공공 부문 관리직을 겨냥한 이 해결책은 근본적으로는 건전한 발상에서 시작되었다. 그렇다면 이 고상한 의도가 왜 잘못된 결과를 초래했을까? 그 답은 너무 심오하고 놀라우며 중대해서 관련 기사를 그대로 인용할 가치가 있다.

> 2년여의 실험 후에, 정부와 기관들 사이 그저 좋은 관계를 유지하기 위한 '계약 경영 체제'라는 개념은, '주문 이행 경영' 모델 같은 것들과 함께 지자체 전체에 퍼져나갔다. 그리고 나서 도구를 개선하고픈 인간의 끊임없는 충동이 끼어들었다. 계약에는 점점 더 많은 목적, 지표, 자료와 개발 프로젝트가 포함되었다. 거기에 또 뭔가 덕지덕지 덧붙여지고, 예산안을 정하기 위해 난리 법석일 때를 제외하면 고위직들은 평소에는 관심을 끊었다. 계약 경영 체제의 일상적 적용은 사무관들에게 맡겨졌다.
> 공공 부문 기관들에 도입된 이런 계약과 경영 체제와 함께, 기관장에게는 개별적인 계약과 성과급이 적용되었다. 모든 것은 결국, 상호작용과 대화 대신 기획안 간의 관료적 경쟁으로 귀

결되었다. 그리고 그 결과 더 많은 관료제와 형식적 절차가 도입되었다.

인용된 내용 중 "그러고 나서 도구를 개선하고픈 인간의 끊임없는 충동이 끼어들었다"는 문장에 주목하자. 우리가 오르후스 대학교의 인류학과 부교수인 니나 홀름 본센을 인터뷰할 때, 그녀도 이 문장을 화제에 올렸다. 본센은 공공 부문 관료제와 부조리 노동의 전문가다. '부조리 노동'은 본센이 사용하는 표현으로, 그녀에 의하면 이렇게 공무원들이 시인하고 폭로하는 모습은 공공 부문에서 요즘 증가하는 무의미한 활동의 본질을 알려준다.

덴마크 구직센터에 대한 본센의 연구는, 구직센터의 사회복지사들이 하루 종일 끊임없는 의사 결정 절차와 문제 해결 절차에 얽매여 있는 상황을 분석한다. 하나씩 살펴보면 그들의 개별적인 결정은 타당해 보인다. 문제는 오전 9시 15분에 문제 A의 해결을 위해 내린 결정이, 오전 10시 45분에 문제 B를 위해 내린 결정과 곧장 모순된다는 것이다. 이것이 부조리 노동의 본질이다.

본센은 말한다. "이 상황을 글로 설명할 때는 사회복지사들이 좋은 의도를 가지고 있음을 강조하는 게 중요합니다. 다만 문제는, 종종 이들이 한번에 너무 많은 성과를 거두려 한다는 거예요. 그래서 일련의 의미 있는 조치들이 서로 부딪칩니다. 많은 이해관계가 충돌하죠. 특히 정치적 관점에서요."

우리는 오르후스 대학교에서 대부분의 행정직이 근무하고 있는 좁은 사무 구역을 발견했다. 학생들이 우르르 수업에 들어가고 있었다. 혹은 일하러 가는 강사들일 수도 있었다. 구분하기가 어려웠다.

본센은 이 대학을 예로 들며, 이곳이 서로 모순되는 다수의 보고와 목표, 기준을 따르는 공공 부문 기관의 본보기라고 말한다. "만약 누군가 이 대학에서 내가 하는 일 가운데 가장 기괴한 부분이 뭐냐고 묻는다면, 한편에서는 엘리트 대학을 지향하면서 다른 한편으로는 학생들이 정해진 기간 내에 졸업을 못 하면 심하게 질책을 받는다는 거죠." 그러나 이렇게 서로 모순된 두 목적을 어떻게 달성할 수 있는지 아무도 그녀에게 알려주지 않는다.

본센에 의하면, 1980년에 정치학자 마이클 립스키가 밝힌 정치 및 경영 이론서의 마지막 장이 바로 '핵심 서비스 품질에 해로운 영향을 미치지 않으면서 계속 예산을 삭감하고 절약할 수 있는 발상'에 대한 것이라고 했다. "대학은 교원들에게 실업자 훈련도 시키면서 동시에 엘리트 교육도 준비해야 한다고 말합니다. 실업자 훈련을 하려면 핵심 과정을 축소해야 하죠. 하지만 그렇게 해서 어떻게 세계적 수준의 학생들을 만들어낸다는 건지 의문입니다."

본센이 고개를 저었다. 대학은 자신의 상품 가치를 높이는 동시에 정치적 의제에 발맞추려다가 서로 다른 목표가 뒤얽혀 엉망이 돼버린 모양새다. 문제는 매일의 업무에서 모순되는 발상들을 타협시켜야 하는 주체가 행정 직원들이 아니라 본센과 동료 교원이라는 점이다. 즉, 그들은 세계적 수준의 연구를 수행하며 점점 더 많은 보고서를 쓰는 동시에 대중의 눈높이에 맞춘 강의도 해야 한다.

본센에 따르면 특히 현대 공공 부문 경영의 문제는, 우선순위를 정해 중요한 일을 먼저 해야 한다고 주장하면서 정작 그 반대로 행동한다는 것이다. 너무나 많은 시도들이 서로에 대한 경쟁과 충돌로 귀결된다. "그들은 모든 일을 한 번에 해낼 수 있다고 생각하지만 그렇지 못해요." 본센의 이 말을 끝으로 우리는 작별 인사를 나눴고, 그녀는 대학의 공허한 복도 위를 걸어갔다.

민간 부문을 따라 하는 공공 부문

공공 부문은 행정 절차 문제로 꽤 자주 비난의 화살을 맞는다. 반면에 민간 부문은 더 나은 평판과 신화를 가지고 있다. 모든 게 더 효율적이고, 돈 안 되는 일은 안 한다고 말이다. 하지만 이게 얼마나 진실일까?

이 질문에 답하기 위해 민간 부문과 공공 부문이 어떻게 다르게, 혹은 비슷하게 운영되어왔는지 역사를 살필 필요가 있다.

'새로운 공공 경영'의 기치 아래 1990년대부터 계속되고 있는 덴마크의 공공 부문 개혁은 영국에서 수입되었다. 그 이념의 신자유주의적 기반은 전후 미국에서 출현한 국가 혐오로부터 분화돼 나왔고 소련과 나치 독일이 국가에 내재한 비합리성을 극명하게 보여줬다고 단정했다. 즉, 국가를 제멋대로 놓아두는 것은 위험했다. 통제하에 둬야 했고, 특히 경쟁하에 둬야 했다.

미국의 민간 부문에서 영국의 공공 부문으로 수입된 이 발상은 '책임 경영'의 기치 아래 미국의 공공 부문으로 되돌아왔고 1993년 빌 클린턴 대통령이 '정부 운용과 성과 법안'에 사인했을 때 절정을 이뤘다. 미국 역사가 제리 멀러에 따르면 이 법안은 "모든 정부 조직이 기간 목표를 만들어내게 했다. 장기적 전략 계획과 연간 성취 목표와 함께 진척 정도를 가늠할 척도도 개발해야 했다". 서구의 국가들도 곧 선례를 따랐다. 신자유주의 정부는 이전 정부들에 비해 전혀 '작은 정부'가 아니었고, '불간섭하는 정부'도 아니었다. 정부는 그저 의심의 대상이 되었고 시장이 그 대안으로 생각됐을 뿐이다.

더 큰 틀에서 보자면 정치인들이 전 지구적 신자유주의의 꼭두각시와 다름없어 보였다. 그들은 시스템을 발명하지도 않았고 민간 부문에서 빌려 왔을 뿐이다. 성과에 기반한 계약과 성과를 위한 경영, 그리고 거의 모든 것을 기록하는 교묘한 시스템은 공적 부문으로 진출하기 훨씬 전부터 민간 부문의 표준이었고 지금도 그렇다.

하지만 이 모든 결과에서 '민간 부문이 더 좋은가?'라고 질문한다면 그 답은, 공공 부문이 민간 부문보다 그다지 더 나쁘지도 않다는 것이다. 많은 사람이 놀라워할지도 모르겠다. 공공 부문은 무능하고 비효율적이라는 근거 없는 믿음이 널리 퍼져 있기 때문이다. 또한 종종 합리적이고 지적이며 매끄럽게 돌아가는 민간 부문도 존재는 하니까 말이다.

불행히도 진실은 좀 다르다. '새로운 공공 경영'에 대한 영국의 어느 연구는 민간기업에 대한 일반적인 통념 중 일부는 사실 실재하지 않는 신화임을 보여준다. 오랫동안 민간 부문은 효율의 극치, 늘 매끄럽게 돌아가는 기계적 존재로 여겨졌다. 공공 부문 관리직은 그런 민간 부문의 비법과 기교를 복제해서 적용하기만 하면 곧 그렇게 효율적으로 되리라는 것이 한때의 정설이었다. 하지만 표면을 벗겨보면 민간 부문 역시 관료제와 같은 비효율과 비합리의 문제를 겪고 있다는 걸 알게 된다. 롤란드 파울센의 조사 대상자 대부분이 민간 부문에서 일했고 이 책에 자료를 제공한 대다수의 취재원도 마찬가지다.

우리는 공공 부문이든 민간 부문이든 이런 후광을 걷어내는 게 좋다고 생각한다. 단기적이고 잘못 기획된 동기부여와 조악한 업무 방식을 생각해내는 평범한 인간은 사실 어디나 득실거리기 때문이다.

민간 부문도 학교나 병원처럼 제대로 작동하지 못하는 IT 시스템을 많이 가지고 있다는 데는 의심의 여지가 없다. 그저 우리가 들을 기회가 별로 없을 뿐이다. 언론도 이야기하지 않는다. 민간 부문에도 구직센터만큼이나 한심한 규정이 많지만 언론은 납세자의 돈을 변기에 내려버리는 공공 부문에 더 관심이 많다. 비유하자면, 민간 부문에서는 쓰레기가 레이더에 걸리지 않고 날아다닌다.

결국 매킨지 같은 자문 회사에 도움을 청하는 건 지자체가 아니라 민간기업이다. 대부분의 컨설턴트는 전 세계에서 오작동을 일으키는 민간기업을 구하기 위해 시간을 쓰며, 공공 부문의 가짜 노동을 이용해야 하는 해결책을 마련해낸다. 그리고 그 공공 부문의 가짜 노동은 민간 부문에서 복제해온 것이고 말이다.

기업의 신화에 가려진 사실들

민간기업들은 보통 자기들이 한때 관료제로 인해 엄청 고생했지만 이제는 직원들에게 더 많은 책임을 맡기고, 부적절하며 복잡한 보고서를 더 이상 만들지 않으며, 직원들이 딱딱한 틀에서 벗어나 자유롭게 사고하도록 하는, 현대적이고 효율적이고 능률적인 조직이 되었다는 철저한 믿음을 가지고 있다.

흥미로운 점은 종종 기업들이 뒷받침할 그 어떤 증거도 없이, 정색하고 이러한 주장을 펼친다는 것이다. 사실 기업들은 늘 그래왔듯이 명령 하달식이고 관료적이며 복잡하고 몸이 무겁고 보수적이다. 2016년 『하버드 비즈니스 리뷰』 설문에 의하면 전반적으로 관료제가 늘어나면서 더 많은 시간을 잡아먹고 있으며, 점점 더 많은 사람이 감독, 관리, 경영직에 고용되고 있다. 1983년 이후 미국 내 이 분야에서 일하는 직원의 수가 2배가 된 반면 다른 모든 직종의 성장률은 44%였다.

미국 500대 기업은 2004년에서 2014년 사이 비용을 절감한 것으로 조사됐지만 모든 조직에서 그런 것은 아니었다. 능률화는 생산 관련 직접 비용을 5% 정도까지 줄였지만 중역 급여와 관리 비용 및 팀의 크기는 다소 증가했다. '남'을 자르는 게 더 쉬웠던 것이다.

기업들은 효율성을 명목으로 내부의 관료제를 폐지했다고 생각하고 싶어 하지만 사실은 그렇지 않다. 가장 심한 주범으로 지목되는 몇몇은 거대 미국 기업이다. 인류학자 데이비드 그레이버가 저서 『관료제 유토피아The Utopia of Rules』에서 묘사한 대로 초기 미국 회사 중 몇이 빠르게 성장해 사실상 공공 부문 운영을 위해 발명된 수단들을 빌려 올 정도의 복합성을 띠는 규모가 되었기 때문이다. 관료제에 대한 가장 중요한 사상가 중 하나인 독일의 사회학자 막스 베버가 주목했듯이, 유럽과 달리 20세기 초

미국에서는 공공 부문과 민간 부문의 관료제 사이에는 중대한 차이가 없었다.

오늘날까지도 미국 기업 내엔 여전히 관료제를 위한 이런저런 규정이 복잡하게 얽혀 있다. 한편, 민간기업의 영향을 받아 공공 부문에도 성과제, 핵심 성과 지표, 우량 기업 벤치마킹 등이 도입되었다.

영어권 나라의 공공 부문에서 먼저 도입된 민간 부문의 경영 도구는 다른 나라의 분위기도 바꿔놓았다. 조직화, 업무 분화, 업무 명칭, 경영법, 관리 직책 등 미국 기업의 용어가 점차 지배적으로 사용된다. 아마도 이런 '기업적' 제도와 그 모든 원칙, 규정을 둘러싼 신비주의가 상당한 매력으로 작동했을 것이다. 그것은 마치 '기업적 방법'이라는 이름의 독립 공화국 같아졌고, 결국 국가 안의 국가가 되었다.

비슷하게 관료제와 업무 분화는 종종 조직 내 복잡성과 조직의 통합성을 화해시키는 데 사용된다. 문제는 관리직을 추가하고 새 시스템을 도입할 때마다 가짜 노동의 위험이 늘어난다는 것이다. 새 시스템에서 일해야 하는 직원이나, 문제로 느끼지도 않는 '문제'의 새 '해결책'에서 떨어지는 화산재를 처리해야 하는 직원 모두에게 말이다. 그 결과 모든 게 지지부진해지고 결국 규정을 위한 규정을 따르고 있을 뿐이라는 느낌이 너무 자주 찾아온다. 하지만 출구는 있다. 일을 해킹하는 것이다!

해결책을 찾는 대신 일을 해킹하라

닐스 벤트존이 똑같은 내용을 되풀이해서 써넣지 않으려고 문서를 만들고, 거기서 텍스트를 복사해 병원의 IT 시스템에 붙여 넣던 것도 일을 해킹하는 사례가 될 수 있다. 이 책의 많은 취재원은 규정을 피해 갈 시스템과 방법을 스스로 발명해왔다. 왜냐고? 그 규정을 뒷받침하는 합리성이 비합리적이었기 때문이다.

원칙과 규정은 사방에 있다. 회사는 IT, 인사, 홍보, 재정, 법무, 경리, 감사, 품질관리 같은 온갖 훌륭한 의도를 가진, 진짜 문제와 상상 속 문제를 풀기 위해 존재하는 '지원팀'으로 꽉 차 있다. 그리고 이 팀들이 매일의 핵심 업무를 방해한다. 그중 어떤 팀은 쓸데없는 곳에 시간이 낭비되지 않도록, 분별 있고 적절한 규칙을 시스템화하여 직원들이 서로의 일을 이해하도록 돕는 것처럼 보인다. 하지만 종종 그들조차도 성가시고 장황한 절차를 들이민다. 예를 들면 호두를 깨는 데 철퇴를 배치하는 식이다.

다비드는 어느 보험회사에서 일하는데, 그 보험회사에는 사무실 열쇠를 사용할 수 있는 직원에 대한 규칙이 정해져 있었다. 문제는 열쇠가 주어지지 않은 다비드의 부하 둘이 중요한 보안 문서 작업을 맡았다는 것이다. 그래서 그들은 매일 저녁 문서를 회사 금고에 넣었다가 아침에 다시 꺼내 오는 일을 반복해야 했다. 그 일에 아침에 1시간, 저녁에 1시간이 소요되었다. 시간 낭비가 너무 심하다고 느낀 다비드는 규정을 깨고 개인 돈으로 열쇠업자를 불렀고, 주10시간을 벌었다.

다비드의 사례는 빌 젠슨과 조시 클라인이라는 컨설턴트가 같이 쓴 책 『말 안 듣는 직원이 성과를 낸다』에 나온다. 그들은 더 이상의 부조리를 참을 수 없어 오작동하는 IT 시스템과 멍청한 규칙들에서 살아남는 법을 책으로 썼다. 이 책에는 가짜 노동의 사례와 그를 피해 진짜 일을 해나가는 창의적 방법이 깨알같이 들어 있다.

예를 들어 길고 쓸모없는 회의 시간을 활용하는 한 무리의 직원들이 있다. 상사가 말하는 동안 직원들은 서로에게 문자를 보내 결론을 도출하고 각자 일을 배분한다. 직원들이 진짜 노동을 하는 사이 상사는 마지막 긴 독백을 결론 없이 마친다. 그밖에도 간단한 엑셀 목록이나 스마트폰 앱을 이용해 악명 높고 형편없는 IT 시스템을 우회하는 방법 등의 다양한 사례가 가득하다.

우회하지 않는 정통의 '기업적 방법'은 IT팀의 토미가 반 나절을 소비해서 '왜 이 컴퓨터에서 CRM 시스템이 작동되지 않았는지'를 알아내는 것이다. 우리 모두 경험해봤을 법한 일이다. 대부분은 그걸 견딘다. 그게 규칙이니까. 우리가 이 모든 걸 견디는 또 다른 이유는, 그게 효율적이고 합리적인 좋은 방법이라는 신화를 믿도록 회사가 우리를 어르고 달랬기 때문이다. 또한 우리는 그들이 전반적으로 이익에 도움 되지 않는 규칙을 발명할 정도로 멍청하다고 믿고 싶지 않은 것이다.

젠슨과 클라인에 의하면 문제는, 회사의 많은 규칙이 소수의 고위 경영진에게만 이득이 된다는 것이다. 그들은 돌아가는 상황을 내려다보고 감시하면서 내부적으로 제시할 믿음직한 자료를 획득하거나, 시장에서 유효한 가장 적극적이며 제한적인 보안 조치를 시행할 수 있다. 왜냐하면 뭔가 잘못됐을 때 고위 경영진인 자신들에게 책임이 돌아갈까 봐 두렵기 때문이다. 그러는 동안 조직 내 모든 직원은 오직 소수의 경영진이 일을 제대로 하는 것처럼 보이게 하기 위해, 형식주의와 씨름해야 한다.

젠슨과 클라인에 의하면 유일한 답은 시민적 불복종이다. 우리는 자신을 위해서뿐 아니라 회사를 위해서도 대안을 찾아야 한다. 회사는 자신을 위한 최선이 뭔지 모르는 게 분명하니 말이다. 이해관계가 충돌하는 이 미로 같은 관료제 어딘가에서 모든 상식이 사라지는 듯하다.

시민적 불복종은 간단할 수도 있다. 어느 직원이 멀리 있어 제대로 작동하는 법이 없는 네트워크 프린터의 사용을 거부할 때처럼 말이다. 회사가 종이와 프린터 비용을 추적하길 원했기에 그녀는 네트워크 프린터를 써야 했다. 이 규정에 완전히 질린 그녀는 포기하고 자기 돈으로 프린터를 사서 사무실에 설치했다. 그리고 연말에 자신이 500장짜리 종이 묶음을 몇 개 썼나 셌다. 350크로네(약 63000원)에 산 값싼 프린터 덕분에 3.5일이 절약되었다. "이게 뭐죠?" 어느 날 경영 지원팀 관리자가 그녀의 사무실에 들렀다가 프린터를 보고 짜증 내며 물었다. 그녀는 "상식이요"라고 대답하며 프린터와 A4용지 네 묶음에 대한 청구서를 내밀었다.

시간이 남아도는 관리직을 경계하자

룬드 대학교의 마츠 알베손 교수는 몇 년 전에 인사팀이 포함된 어느 직장의 직원 20명과 워크숍을 하다가 재미있는 점을 목격했다. 인사부 직원들은 워크숍에서의 시간 대부분을 자신들이 고위 경영진의 지시를 수행하는 필수적인 인력임을 서로서로 확인하며 보냈다. 지침을 마련하고 문서 작업을 하고 전략 계획을 세우면서 말이다. 인사부의 전통적 역할에 대해서는 그렇게 관심이 없을 수가 없었다. 정말이지 내부 조사 결과가 보여주듯 이들은 계약서, 구인 광고 같은 것을 작성하는 지겨운 업무보다는 '전략'을 돕는 데 훨씬 관심이 많았다.

그 가운데 인사부에서 생산부로 옮긴 한 여성이 인사부 동료들에게 요청할 게 있다며 목소리를 냈다. "우리 업무 일과에 관해 얼마나 많은 문서를 반복해서 작성하라고 강요받는지 몰라요. 정말이지 초점을 바꿔야 합니다." 그리고 그녀는 철저한 침묵과 마주쳤다.

이때 알베손 교수가 끼어들어 인사팀 사람들에게 물었다. 자신의 팀이 직원들에게 절차와 지침이라는 과도한 부담을 지우는 관료주의의 기계가 된 것 같다는 생각을 해본 적 있느냐고. 여전히 아무도 대답하지 않았다. 다른 직원들 일에 방해물을 투척하는 인사부의 명성답게 이 워크숍에서도 자신들의 역할을 수행하는 듯했다. 그들은 저항에 대처하는 최선의 방법이, 그 저항이 조용한 죽음을 맞이할 때까지 아무 말도 하지 않는 것이라고 생각하는 게 분명했다. 목소리를 냈던 직원도 별수 없었다.

현대 경영학 역사에서 가장 논란이 된 사건 중 하나는 127장의 파워포인트 슬라이드에 담겨 발표되었는데, 이 내용은 2009년 당시 업계에 큰 충격을 주었다. 전 세계에서 3500명의 직원을 고용했던 넷플릭스의 고위 경영진이 2009년 갑자기 단번에 각 현장의 인사 담당자 대부분을 없애버렸다. 사람들을 직장에 잡아두도록 기능하는 팀을 없앤 것이다. 이 파워포인트 문서 내용의 핵심은 넷플릭스가 직원들이 직접 적당한 근무시간과 휴가 기간을 조율할 수 있다고 믿는다는 것이었다.

이런 관료제적 개입이 없어지면서 넷플릭스 직원들은 그저 맡은 일을 잘해내기만 하면 되었다. 즉, 넷플릭스는 소모적인 지침이 없어도 될 정도로 직원들의 책임감이 강하고, 성과 지표를 도입하는 것이 시간 낭비일 정도로 직원들의 능력이 뛰어나다고 믿은 것이다.

넷플릭스의 최고 인사 담당자 패티 매코드는 『하버드 비즈니스 리뷰』의 기사에서 자사의 방식을 다음과 같이 묘사했다. "회사 이익을 우선으로 생각하고, 최고의 직장에서 일하고픈 스스로의 욕망을 이해하고 추구하는 인력을 신중하게 채용한다면, 직원의 97%가 제대로 일할 것입니다. 대부분의 회사는 나머지 3%가 일으킬지도 모르는 문제를 해결하기 위해 인사 방침을 규정하고 시행하면서 끝없는 시간과 비용을 소모합니다."

그 대신 넷플릭스는, 직원이 회사와 잘 맞지 않는다고 밝혀지면 후한 퇴직금을 주어 내보낸다. 최하위 직원의 수준에 맞춘 복잡한 규칙을 만들고 적용하는 대신 깔끔하게 문제를 제거하는 것이다. 논란의 여지가 있지만 효과적이었다.

끝없는 개선을 멈추고 핵심 사업에 집중하기

어마어마하게 인기 있고 심오하게 비인습적인 경영 안내서 『딜버트의 법칙 The Dilbert Principle』의 만화가이자 '딜버트'의 아버지인 스콧 애덤스는 "도구를 완벽화하기 위한 인류의 충동"에서 발생하는 가짜 노동을 묘사했다. 그는 이를 '땜질'이라고 불렀고 이것이 진짜 노동으로 보이지만 실은 하찮은 개선일 뿐이며, 업무에 사람을 잡아두는 주된 방법 중 하나라고 생각했다.

"조직 구조를 '개선'하거나, 새로운 상황에 대처하기 위해 회사 내규를 다시 쓰거나, 근태를 개선하기 위해 위원회를 만들고 싶은 것은 당연하다. 하지만 경험상 처음 시작 때만큼 효과를 내지 못하고 끝날 가능성이 크다." 스콧 애덤스는 회사에서의 핵심 업무에서 "한 단계 떨어져" 이런 일을 하는 몇몇 사람들의 사례를 묘사했다. "새 소프트웨어 출시를 위해 코드를 쓰고 있다면 그건 근본적인 노동이다. 상품을 개선하고 있으니까. 하지만 소프트웨어를 만드는 방식에 대한 규칙을 쓰고 있다면 그건 한 단계 벗어난 것이다. 어떤 상품을 조립하는 더 나은 방식을 시험하고 있다면 그건 근본적인 노동이다. 하지만 제안 시스템을 개발하는 TF팀을 만들고 있다면 한 단계 벗어난 것이다. 고객과 상담하고 있다면 그건 근본적인 노동이다. 고객에 '대해' 이야기하고 있다면 그건 아마도 한 단계 벗어난 것이다."

이런 식으로 애덤스는 데이비드 그레이버의 악명 높은 용어 '허튼 직업'이 묘사한 업무의 정체를 단순하고 아름답게 밝혔다. 이런 직무는 자신이 이전 일들을 개선하고 있다고 홍보한다. 그다지 관심 없는 동료나 관리직에게 중요한 존재로 홍보되기는 쉽다. 개선이 나쁘다고 생각할 사람이 어디 있겠나? 혁신과 창조성을 격려하자는 솔선수범에 반대할 사람이 어디 있겠나?

창조적 조직의 실체

대부분의 현대 조직에서 혁신과 창조성은 마치 아무리 애를 써도 결코 찾을 수 없는 성배와 같다. 민간 부문은 지독히 경쟁적이라서 2배로 빨리 뛰어야 겨우 제자리를 지킬 수 있다. 공공 부문 역시 이 끊임없는 개선 요구에서 면제될 수 없다. 성장은 새로운 발상을 통해서만 보증되기에 두 부문 모두 침체와 개발 부족이라는 문제에 대한 해결책을 세워야 한다.

2009년, 스웨덴에서 다양한 기관과 조직을 연구하는 스테판 사에페르는 테크노베이터라는 회사가 어떻게 창조성을 조직했는지에 대한 연구를 진행했다. 결과는 놀라웠다. 경영진은 회사의 발전을 위해 창조력을 향상시켜야 한다는 사실을 알았고, 수년간 좋은 직원들이 좋은 아이디어를 생각해내도록 다양한 동기부여를 시도했다.

첫 번째 시도는 창조를 지향하는 회사의 이미지를 홍보하는 것, 즉 기업의 브랜드화였다. 경영진은 혁신적 회사로 보이도록 기업 로고를 세련되게 만들면 좋은 아이디어는 자동으로 따라올 거라고 생각했다. 여기서 홍보 자문가들이 세미나, 포스트잇, 브레인스토밍과 피드백으로 무장하고 등장했다. 수많은 피드백 이후 회사는 '우리는 혁신가'라고 결론 내렸다. (경영진이 그토록 찾아 헤매던 혁신이 원래 회사 DNA의 일부였다니 얼마나 운이 좋은가!) 이는 새로운 색상, 로고, 회사 건물 주변의 수많은 화면에 등장할 새 기업 아이덴티티를 의미했다.

인사팀은 이 새로운 통찰을 기업 문화에 전면적으로 통합시키도록 돕는 역할을 부여받았다. 그 결과 직원 모두가 새로운 문화 세미나에 한 차례씩 참석하게 되었고, 이런 상황은 몇 달간 계속되었다. 세미나 이후 모두가 자기 자리로 돌아가 창조적인 영감이 흘러나오길 기다렸다. 하지만 영감은 오지 않았다.

이 모든 혁신이, 인사와 마케팅팀에서 그랬던 것처럼 회사 내 다른 곳에서도 진심 어린 환영을 받았던 것은 아니다. 이제 촛아오를 모든 창조성의 초석이 되어야 하는 엔지니어들은 이 프로젝트에 대한 믿음이 거의 없었다. 새로운 로고와 혁신의 표어들이 어떻게 더 많은 아이디어를 촉발시킬지 그들은 알 수 없었다. "회사는 4~5년마다 슬로건을 바꿔요. 여기 오래 있었더니 몇 번이나 봤네요." 다행히도 이 사회구성주의, 즉 언어는 세상의 일부니까 말을 바꾸면 세상을 바꿀 수 있다는 발상에 모두가 넘어간 건 아니었다.

이 프로젝트를 추진한 경영진 하나는 샤에페르와의 인터뷰에서 모터사이클 제조 회사인 할리데이비슨이 비슷한 일로 좋은 결과를 얻었다는 글을 『하버드 비즈니스 리뷰』에서 읽은 기억이 난다고 했지만, 놀랍게도 그는 할리데이비슨이 정확히 어떤 일을 했는지는 기억나지 않는다고 말했다. 아마 글을 다 읽지 않았나 보다.

샤에페르는 이 회사의 사례를 이용해 '경영진의 무지'라는 개념을 생각해냈다. 경영진은 자기들이 뭔가 해야 한다고 굳게 믿으며 아무 목적도 달성하지 못하는, 구상부터가 잘못된 프로젝트를 출범시킨다. 그들은 회사 소프트웨어 엔지니어들의 창조적 잠재력을 확신하며 그 프로젝트가 바라던 결과를 가져오길 희망할 뿐이다.

많고 많은 인터뷰를 보면, 경영진은 창조성이 그저 태도나 마음가짐의 문제일 뿐이라고 상상하는 게 분명하다. 직원들은 원래 엄청난 재능을 가지고 있으니 경영진이 법석을 떨어 조금만 더 자극을 주면, 어느 날 갑자기 창조성이 분출하리라는 믿음이다. 이 모든 것은 창조성이라는 반쯤 마법적인 이상한 개념에 의존하는 데서 기인한 것으로 보인다.

샤에페르의 논점은 경영진이 고의로 자신들을 무지 속에 놓아둔다는 것이다. 소모적인 프로젝트로 인해 직원들이 몇 달 동안 가짜 노동을 하게 될 것임을 그들도 내심 알면서도 그렇게 한다. 게다가 그들 뒤에는 몇 달을 더 바쁘게 보낼 수 있는 이런 프로젝트를 환영하는 가짜 노동자들의 응원 부대가 버티고 있다.

적은 것에 만족하는 기술

이 장은 우리가 앞서 다루었던 이야기에 근거한 일반적 조언으로 마무리하겠다.

먼저 작은 성과에 만족하려 노력하자. 물론 문제가 생기면 해결해야겠지만, 이때 제안된 해결책이 오히려 해가 되는 결과를 낳을 가능성에 대해 생각해볼 필요는 있다. 만일 제시된 해결책이 문제를 해결할 것이라는 확신이 서지 않는다면 당장 멈추자. 문제에 해결책을 바로 들이밀기보다는 의심을 먼저 해보자. 그것이 더 많은 문제를 낳지 않는 가장 분별 있는 접근법이다.

우리 대부분은 많은 문제를 안고 있어도 살아갈 수 있다. 좀 실수해도 계속 살아갈 수 있고 대단한 계획이 많지 않아도 대강 때울 수 있다. 이는 일뿐만이 아니라 사회에도 적용되는데, 이에 대해서는 3부에서 심층적으로 논의할 것이다.

이후에 등장할 14장에서는 관리직이 허위 프로젝트와 절차를 피할 방법에 대해 알아볼 것이다. 또한 관리직이 자신의 불완전한 합리성을 감수하는 법을 어떻게 배우는지 더 면밀하게 살필 것이다. 요즘 우리 사회는 거의 초인에 가까운 관리자라는, 불가능한 이상을 숭배하는 안타까운 경향을 보인다. 올바른 훈련만 받으면 그럴 수 있다는 사이비 과학적 경영학 업계의 선동과 지원을 받아서다. 앞으로 살펴보겠지만 이는 잘 조작된 아무 내용물 없는 가짜 해결책이다. 관리직, 정부 각료, 병원 행정가 모두 자신의 합리성 한계에 대해 성찰해본다면 오히려 더 잘할 수 있다. 다시 말해, 기준을 좀 낮추고 실수 몇 가지를 기꺼이 수용하면 훨씬 나은 결과를 성취할 수 있다.

슬프게도 이런 소리는 공감대를 얻기가 몹시 어렵다. 특히 직원 모두에게 진취성을 강조하고 우리 직원은 타협을 모른다고 주장하는 자기 확신에 가득찬 대기업에 다니고 있다면 말이다. 그런 유의 환경에서 야망을 낮추라는 소리가 통하기는 거의 불가능하다. 과대망상은 우리가 물리쳐야 하는 또 다른 합리성이고, 이는 7장에서 곧 자세히 살펴볼 것이다.

마지막으로 공공, 민간 부문 모두에서 헛똑똑한 발상과 한심한 진취성이 넘쳐나는 이유 중 하나는 너무 중요하고 의미심장해서 장 하나를 통째로 할애할 필요가 있다. 그것은 타인을 따라하고 발상을 훔치려는 기본적 충동이다. 특히 불행히도 이것이 항상 나쁜 충동은 아니기에, 우리는 가짜 노동에 대한 싸움에서 다음과 같은 방책이 필요하다. 타인에 대한 모방을 멈추는 것이다.

6장
남에 대한 모방을 멈추자

존재하지 않는 문제에 대한 해결책

프레데리크는 덴마크 경영 아카데미의 강사다. 그는 우리가 자료 조사하는 초기 단계부터 연락을 해왔다. 그때 우리는 형편없는 해결책이 문제보다 더 나쁘다는 점을 깨닫고 있었는데, 프레데리크는 우리가 또 다른 해결책을 찾아내도록 도와줬다. 그것은 존재하지 않는 문제에 대한 해결책이었다. 프레데리크와 통화를 하면서 우리는, 곧 또 다른 가짜 노동의 헝클어진 거미줄에 뛰어들었음을 깨달았다.

덴마크 경영 아카데미는 다양한 분야의 사람들을 훈련시킨다. 마케팅, 웹 개발, 재무, 국제무역 등. 프레데리크의 표현에

189 6장 남에 대한 모방을 멈추자

따르면 학생들의 재능 수준이 좀 섞여 있다. 어떤 학과의 어떤 학년은 날카로운 지성을 겸비한 반면 어떤 학년은 (그의 표현에 따르면) 전혀 진취적이지 않고 떠먹여주는 것에 익숙한 문화에서 온 학생뿐이다.

프레데리크는 최근 자신의 직장에서 교원 수 감소를 알아챘다. 대신 아카데미의 핵심 업무인 강의와는 직접 관련이 없고 온갖 다른 일을 하는 직원이 점점 많아졌다. "25년 전에는 아마 강사 3명당 뭔가 다른 일을 하는 사람 1명이었을 겁니다. 이제는 강사 4명당 3명의 사람이 강의가 아닌 일을 하고 있고 그 수가 점점 늘어나요."

우리가 물었다. "행정 직원과 경영진을 말하는 건가요?"

프레데리크가 대답했다. "그런 거죠. 어쨌든 자신의 존재를 정당화해야 하는 직원이 많아졌고, 그래서 그들은 교원들에게 끊임없이 '우린 교원들이 이걸 해야 한다고 생각해요'라는 말을 합니다. 프로젝트를 자꾸 만들어낼수록 행정직이라는 자기 존재가 정당화되죠. 그러니까 자꾸 다른 대학을 보면서 '우리 학교에도 이런저런 게 필요해요. 다들 그렇게 하거든요' 하면서 자기 업무를 정당화하는 거예요."

프레데리크의 가짜 노동은 이 새로운 관리층의 요구가 끊임없이 이어지면서 시작되었다. 그들은 조직 내 실제 문제나 부족한 점은 지적하지 않고 그저 "있으면 좋을 거라고 생각되는" 것만 들먹인다.

　프레데리크는 핵심 업무와는 거의 관련 없었던 일 하나를 구체적인 예시로 들었다. "우린 품질관리팀을 위해 전략 기획이라는 걸 해야 했어요. 매년 '강의 계획서'를 써야 했죠. 학생들을 만나기도 전에요. 강의 계획서는 자세해야 했고 수업 때 가르칠 모든 내용을 기술해야 했어요. 다루려는 주제, 교육 방법에 대한 고려 등 모든 것을요. 그게 우리 '공격 방안'이 돼야 하는 거지만 그런 군사적인 은유는 기본적으로 적을 알고 있다는 것을 가정한 거잖아요. 그런데 우리는 학생들 앞에 서기 전까지는 학생들이 어떨지 알 수가 없어요. 내가 이 동네의 부루퉁한 십대 20명을 가르치게 될지, 뭐가 뭔지 모르는 네팔 학생 10명을 가르치게 될지, 아니면 네덜란드와 독일에서 온 무서우리만치 똑똑한 교환학생들을 가르치게 될지를 알아야 뭘 가르칠지 계획할 수 있으니까요. 솔직히 말해서 어떤 상황인지 파악될 때까지 교육 방법에 대한 고려 같은 건 아무 쓸모가 없어요."

　프레데리크는 물론 동료들과 이 문제를 의논했지만 부조리를 인식하고 있어도 달라질 건 없었다. "결정은 품질관리팀에서 하니까요. 그래서 매년 우린, 학생들을 만나자마자 미리 준비한 강의 계획서는 쓰레기통에 넣고 각 시간에 맞는 목표가 담긴 자세한 수업 계획표를 매번 따로 주었죠. 수업 전에 읽어야 할 목록을요."

모든 것의 문서화

경영 아카데미의 행정직이 입에 달고 다니는 요구 중 하나가 '문서화 가능한 품질'이라고 프레데리크는 말한다. 실제로 모든 일이 문서로 작성돼야 하고 아카데미의 절차에 맞아야 한다. 앞서 이야기한 '강의 계획서'처럼 말이다.

"그래야 품질관리팀에서 좋아해요. 웹사이트에 올릴 문서가 생기니까요. 하지만 우리가 하는 일을 문서화할 수 있다고 해서 그게 품질이 좋다는 의미는 아니에요. 내가 계획대로 밀고 나간다면 독일 교환학생들은 지루해할 테고 지역 학생들은 어려워할 테니까요. 포템킨 마을 풍경이나 마찬가지예요. 속 빈 사기죠." 프레데리크는 18세기 예카테리나 2세 때 멀리서 보면 제국이 확장에 성공하고 있는 것처럼 보이기 위해 신하들이 지은 가짜 마을 포템킨의 비유를 들었다.

이런 상황에서는 적당히 맞춰주는 것이 합리적으로 보인다. 생각이 제대로 박힌 사람이라면 누가 품질 개선이 아무 의미 없다고 말할 수 있을까? 혹은 관리가 필요 없다고 말할 수 있을까? 미리 준비하지 않아도 된다고?

실제로는 강사가 강의 계획서를 폐기하면서 이런 요구들을 우회한다. 왜냐하면 이런 요구들은 품질관리팀의 입장에서는 합리적일 수 있지만 강의 품질의 측면에서는 합리적이지 않기 때문이다. 강의 품질을 위해서는 프레데리크처럼 강사가 계획을 세울 수 없는 상황에 대처할 능력이 있어야 한다.

"품질관리팀, 홍보팀, 연구팀. 갑자기 이 모든 팀과 직원들이 생겨서 새로운 개선 사항을 생각해내고 실행하는 게 목표가 되었어요."

상급 기관 흉내내기

또 다른 새로운 행정 규칙은 강사들이 연구 활동도 해야 한다는 것이었다. 강의하는 교원들이 자기 분야의 연구 성과를 따라잡기 위해서는 '연구 기반 강의'가 필요하다고 판단한 것이다. "행정 직원들은 '연구 기반 강의'를 교원들이 직접 연구 활동을 해야 한다는 의미로 해석한 거예요. 연구자를 강사로 변화시키려는 노력은 제대로 성공한 적이 없는데, 강사를 연구자로 바꿔놓으려는 시도는 어떨까요?" 프레데리크가 깊은 한숨을 쉬었다. "그쪽도 성공한 적이 없죠. 하지만 우리는 근무시간의 4분의 1을 반드시 연구에 써야 해요. 완전히 미친 짓이죠! 직원들의 사정을 헤아려보자면, 애초에 그런 요구를 한 것은 아카데미가 아니라 교육부였어요. 하지만 현장이 이렇게 된 건 전적으로 새로운 관리 계층 때문이에요."

프레데리크는 아카데미 교원들에 의한 연구 결과가 거기 쏟아부은 자원만큼의 가치를 낳지 못한다고 생각한다. "우린 이제 아무도 관심 없는 것들에 대해 논문을 써야 해요." 계속되는 문제는 아카데미 행정 직원들이 다른 더 고위 교육기관들을 모방하려고 노력한다는 것이다. 직원들은 프레데리크와 동료 교원들이 마지못해 만들어놓은 연구 웹페이지에 아주 신나지만, 열어보거나 읽는 사람은 거의 없다. 프레데리크는 이런 연구 활동을 경멸하는 의미를 담아 '상급 에세이 쓰기'라고 표현한다. 그도, 다른 교원들도 전문 연구자가 아니어서 연구 활동을 해본 적이 없기 때문이다. "하지만 행정 직원 전체가 지켜보고 있어요. 그래서 우리는 시간을 낭비하며 읽어보는 사람은 극소수인 논문을 계속 쓰고 있죠."

관리층은 다른 이들의 노동에 기대어 계속 꾸준히 증가한다. 그때마다 '품질관리'나 '그 분야의 다른 기관보다 뒤처지면 안 되기 때문'이라는 이유가 따라붙는다. 그렇지만 아무도 품질관리, 홍보, 연구팀을 감시하지는 않는다. "교원들은 한 해에 10~12번 평가 대상이에요. 하지만 그들은 아무도 평가하지 않죠." 프레데리크의 말에 따르면, 아무도 그들이 착수한 프로젝트를 들여다보고 대체 어떤 가치를 생산해냈는지 평가하지 않는다.

연구 기반의 강의가 왠지 더 좋게 들리거나 이 아카데미를 진짜 대학과 '좀 비슷하게 보이도록' 만들지 몰라도, 프레데리크에게 있어 연구와 강의는 서로 거의 아무 관련이 없다. "지금은 어떤 해외 프로젝트를 하고 있어요. 1년에 300시간은 여기에 쓸 겁니다. 개인적으론 매력적인 작업이죠. 결과도 꽤 좋습니다. 하지만 과연 그게 나의 올가을 강의 때 10분이나 활용될까요. 어느 대학의 연구자 하나를 아는데, 그 주제에 대해 나보다 훨씬 많이 아는 사람입니다. 아주 전문적이고 열정도 있지요. 필요하다면 그 사람을 초청해서 케이크 한 조각이랑 와인 한 병 주고, 학생들에게 한두 시간 강의해달라고 할 수도 있어요. 그러나 실제로는 그렇게 하는 대신, 내가 과학자 놀이를 하며 300시간을 낭비하고 있네요."

즉, 프레데리크에 의하면 다른 대학들처럼 멋져 보이고 싶은 욕구가 이 아카데미 안에서 통제 불능이 되었다. 차라리 행정직이 이 학교가 특정 직업을 위해 사람들을 훈련시키는 지역 기반 학교임을 인정하면 훨씬 좋았을 것이다. 그랬다면 그 모든 선도적 계획과 새로운 프로젝트도 필요 없었을 것이다. 다음 장에서 다시 살펴보겠지만 말이다.

핵심 업무보다 멋진 아이디어가 우선

프레데리크가 가짜 노동에 좌절감을 느낀 이유는, 가치를 더하지 못하는 불필요한 일을 우선함으로써 그가 진짜 가치를 창조한다고 믿는, 제일 잘하는 일에 쓸 시간이 적어졌기 때문이다. 그래도 예전에는 행정 직원들이 갑자기 몹시 중요하다고 생각하게 된 일이 강의 교원들에게 주어질 때는 추가 시간이 할당되었다. 그러나 이젠 그렇지 않다. 이제는 '멋진 아이디어'가 최우선이다. 그래서 프레데리크는 더 중요한 일에 시간을 적게 쓸 수밖에 없게 되었다.

"모든 형태의 피드백이 줄었어요. 교원들 업무에서 가장 시간을 많이 잡아먹는 일은 학생들과 일대일로 대면하는 일이죠. 언젠가 내가 품질관리팀에 한 학기에 학생 1명당 1시간이면 괜찮겠냐고 물어본 적이 있었어요. 그랬더니 괜찮대요. 그러다가 그들은 그게 학기당 200시간도 넘는다는 걸 깨달았죠. 그렇게 되면 프로젝트에 쓸 시간이 적어지죠. 그러자 그들은 입을 다물었어요."

설문 조사는 일관되게, 덴마크 고등교육기관의 학생들이 교원들로부터 더 많은 피드백을 원함을 보여준다. 2014년 오르후스 대학교에서 실시한 어느 만족도 조사에 의하면 40%의 응답자가 충분한 피드백을 받지 못했다고 답했다. 다른 곳에서도 사정은 비슷하다. 다시 말해, 강사와 학생 사이의 개인적 관계가 큰 가치를 더한다는 뜻이다. 그런 관계는 강사들이 시간을 들여 학생들에게 조언하고 학생들을 발전시키던 예전에는 핵심적 업무로 손꼽히던 것이었다.

"학생들이 강사에게 직접 연구한 것에 기반을 둬서 수업해달라고 요청하는 경우는 없어요. 적어도 나는 들어본 적이 없어요. 하지만 일대일 면담 시간을 내달라고는 요구하죠. 일주일에 하루 정도 학생들이 편하게 강사를 찾아올 수 있다면 교육의 질이 높아질 거예요. 하지만 이런 일은 기록하거나 문서화할 수 없죠."

이는 또한 프레데리크가 종이에 적는 걸 그만둔 이유기도 하다. "디지털로 기록을 만들면 모두가 내가 한 일을 볼 수 있죠. 난 모든 걸 디지털로 입력하려고 애를 씁니다. 그러면 각 수업에 자료가 얼마나 나갔는지 보여줄 수 있죠. 행정팀에서도 우리가 수업에서 논문을 몇 편 다뤘는지 알 수 있고요. 논문을 끝까지 읽은 적이 없다는 건 상관없죠."

프레데리크는 또한, 그가 학생들을 위해 올린 자료의 약 3분의 2가 한 번도 내려받기 된 적이 없다는 걸 알고 있다. 하지만 그가 디지털 플랫폼에 얼마나 많이 자료를 올렸는지로 평가를 받기에, 실제 핵심 업무를 잘해나가는 것보다 더 중요하게 간주되는 우스꽝스러운 업무를 그저 감내할 뿐이다. "그렇게 많이 올리는 건 의미가 없지만 내가 그렇게 했다는 걸 증명하기 위해, 그리고 학생들에게 그것들을 읽을 기회를 주었다는 걸 증명하기 위해 그렇게 합니다."

프레데리크는 기록할 수 없는 활동을 조금씩 줄여나갔다. 그래야 주40시간 이하로 근무시간을 맞출 수 있다고 한다. "학생들과 수다 떨라고 봉급을 받진 않습니다. 그러니 수업 후에 학생들이 말을 걸기 전에 얼른 빠져나가죠." 중년의 강사가 전광석화 같은 빠르기로 가방을 싸서 학생들이 입도 떼기 전에 문으로 뛰쳐나가는 모습이 상상된다. 학생들에게 직업 선택에 대해 조언해주고 공부에 관해 대화하는 게 그가 할 수 있는 가장 가치 있는 노동이라는 걸 그도 인정하지만 어디까지나 '개인적 시간'에 해야 한다.

가짜 노동을 낳는 새로움 숭배

프레데리크는 모든 걸 감사하고, 모두를 감시하는 새로운 행정팀의 눈 밖에 나지 않기 위해 이 모든 걸 맞춰야 한다. 하지만 불행히도, 행정팀 사람들은 자신이 정확히 뭘 봐야 하는지 제대로 알지 못한다.

"예를 들어 그들은 강사들이 다양한 자료를 사용하는지 주시합니다. 당연히 강사는 그렇게 해야죠. 하지만 문제는, 경제학에서 역사적 배경지식 없이 낯선 새 논문을 읽는 건 말이 안 된다는 겁니다. 모든 연구는 당연히 이전 연구 결과에 기반을 두니까요." 한번은 행정팀에서 그가 1970년대의 논문을 수업 자료로 쓴다고 비판했단다. "최신 연구가 아니라는 거예요. 하지만 최근 쓰인 논문은 역사와 이전 연구에 대한 사전 지식 없이는 이해가 되지 않습니다. 경제학은 오래된 학문이에요. 최근 출판물은 기본적으로 예전 연구에 대한 압축과 수정이죠."

그의 항변에도 불구하고 최신의 자료를 쓰라는 지시를 받았다. 그 학문에 대한 실질적인 지식이 없는 행정팀이 확인하고 평가할 수 있는, 눈에 보이는 기준은 그것뿐이었기 때문이다. 그들은 품질이 뭔지 모르기에 그냥 자기들만의 기준을 만들어냈다. 새로운 자료를 쓰고 자주 바꾸는 것 말이다.

지난 3세기 동안 예술계에서는 새롭지 않으면 예술이 아니었다. 늘 그랬던 것은 아니지만 1690년대 이래로 예술가는 스승에게 배운 것을 반복하기보다는 스승을 능가해야만 했다. 예술가는 선구자가 되어야 했다. 어떻게 해서든 선대를 넘어서야 하는 의무는 예술계를 넘어 다른 사회 분야에도 퍼졌다.

이전에도 사용되었던 거라면 버려라. 분명 이런 풍조는 많은 가짜 노동을 낳는다. 아무 이유 없이 이전 글을 새 글로 대체하는 등 말이다. 완전히 새롭고 너무 결정적인 내용이어서 반드시 내일 아침 프레데리크의 경제학 수업에서 설명돼야 하는 논문은 학계에서 얼마나 자주 발표될까? 우리는 프레데리크가 미래의 학생들을 위한 최고의 자료를 아직 다 써버리지 않았길 바란다. 예전에 썼던 자료를 다시 쓰면 행정팀에서 용납하지 않을 테니 말이다.

토케와 프레데리크 둘 다 직장 생활에 대처하는 수단으로 냉담한 태도를 선택한 것이 눈에 띈다. 어쩌면 앞서 법률 회사에서의 가짜 노동을 고백했던 조나스도 자기 보호의 형식으로 냉담의 외투를 둘러야 했는지도 모른다. 근근이 벌어 사는 형편이라면 냉담해지는 편이 합리적일 것이다. 하지만 헌신을 기대하는 직업 시장에서 냉담한 태도가 좋은 결과를 가져오기는 어렵다. 겉모습을 꾸미고 유지하기 위해 노력해야 한다. 예의 바른 태도만으론 회사의 기대에 부응하지 못한다. 열정적이고 과시적이어야 한다. 참된 응원단장이 되어야 한다. 하지만 이렇게 부풀려진 직장 환경에서 일하는 것은 우리의 자존감에 어떤 영향을 미칠까?

최악의 시간 낭비를 일으키는 직군

우리가 한 인터뷰들을 돌아보면, 상당수의 취재원들은 최악의 시간 낭비가 일어나는 이유가 보통, 관리나 지원팀의 사람들이 뭔가 정말 새롭고 신나는 일을 원하기 때문이라는 것을 알고 있었다. 대규모 조직이 유행에 사족을 못 쓰다니, 이상하게 들리겠지만 이에 대해서는 트롬쇠 대학교 정치학과 셸 아르네 뢰비크 교수 등에 의해 광범위하게 기록되고 묘사되어왔다.

뢰비크는 조직들이 특정 관념들을 서로 '감염'시키고 업계 유행이 아무 이유 없이 한 조직에서 다른 조직으로 번지는 상황을 연구했다. 기존 관념의 새로운 변주든, 아니면 조직이 이전부터 기반을 두고 있던 철학과 모순되는 것이든 상관없이 어떤 '인기 비법'이 조직 내에서 유행하고 발판을 찾았다.

뢰비크에 의하면 이는 기본적으로 남을 모방하는, 특히 성공적인 기업을 모방하는 업계의 분위기와 관련이 있다. 예를 들어 스칸디나비아항공 SAS는 1980년대 아주 인기 있었고 그래서 다른 항공사들이 모두 그렇게 되려고 했다. 요즘은 구글에 대해 같은 말을 할 수 있을 것이다. 뢰비크는 성과 경영, 슬림 경영, 변화 경영 같은 유행이 퍼지는 방식을 분석하는 데 완곡하고 절제된 표현을 썼다.

스웨덴의 가장 성공적인 사업가 중 하나인 얀 발란데르는 덜 완곡하다. 최근 인터뷰에서 그는 "기업이란 새 스타일이나 청바지 상표를 찾아내는 십대 청소년처럼 유행에 민감해서 (……) 들판에서 풀을 뜯는 양 떼 같다. 저쪽 풀색이 더 짙다는 소식을 듣는 순간 우르르 몰려가고 나머지도 모두 달려든다."

조직들은 상상력이 부족해 서로 베끼기에 급급하다. 사회적 책임 정책, 리더십 파이프라인, SNS 전략 등 아마도 다른 기업과의 경쟁에서 뒤처질까 봐 두렵기 때문일 것이다.

기업의 모방 본능

루이세는 기업의 본능적인 모방 경향을 알아본다. 덴마크의 대규모 조직 고위원인 그녀는 공공 부문에서 인상적인 경력을 쌓아왔다. 20년 이상을 관리자와 경영자로 일해왔고 한 지역 기관의 수장이기도 했다. 즉, 그녀는 공공 부문에 풍부한 직장 경험을 가지고 있기 때문에 엄청난 양의 텅 빈 노동에 대해 누구보다 잘 알고 있었다.

루이세는 1년 내내 바쁘고 쉬는 시간이 드물다. 루이세는 이렇게 설명했다. "나한테는 이게 라이프스타일이 되었어요. 오히려 바쁘지 않으면 어찌할 바를 모르죠. 나한테는 바쁜 것과 직업적 보람이 본질적으로 연결돼 있어요." 그러나 루이세가 바쁘게 일하는 것을 좋아한다고 해서 지난 세월 그녀를 바쁘게 만들었던 모든 일을 기분 좋게 회고하는 것은 아니다.

"내가 공공 부문에서 했던 일의 50%는 가짜 노동이었을 거예요. 시스템이 스스로를 위해 만들어낸 뭔가를 하면서 바빴겠죠. 온갖 계획, 정책, 전략을 통해 만들어진 완성품을 볼 때마다 정말 실수요가 있긴 한 건지, 들인 노력만큼의 가치가 있는지, 종종 의심이 들어요. 하지만 그냥 하는 수밖에 없죠."

루이세는 계속 말했다. "이렇게 된 이유 중 하나는, 우리가 우선순위를 정하는 능력을 잃어버렸고, '안 돼'라든지 '지금까지만으로도 충분하잖아. 더 이상은 필요 없어'라고 말하는 능력을 잃어버렸기 때문이라고 생각해요. 늘 뭔가 더 할 여지는 있으니까요. 언제든 새로운 규정과 계획을 만들어낼 수 있습니다. 전략이 필요한 새로운 분야도 늘 있고요. 마치 우리 스스로가 공공 부문에 쳇바퀴를 만들어온 듯해요. 이를 거부하거나 '우리한텐 필요 없어. 우린 그냥 상식을 이용해서 일어나는 상황을 처리할 거야'라고 말하기가 불가능하죠. 예를 들면 스트레스 관리 방침 같은 거요! 내가 그걸 만드느라 얼마나 많은 업무시간을 썼는지 모릅니다."

우리는 그녀에게 스트레스 관리 방침 문서에 무슨 내용이 들어 있는지 물었다.

"경영진이 뭘 해야 하는지, 노조 대변인은 뭘 해야 하는지, 일반 직원은 뭘 해야 하는지, 그리고 어떻게 얘기할 것인지, 어떤 도구가 가능한지, 회사는 스트레스를 어떻게 보는지, 누구의 '잘못'인지 등등의 섹션으로 나뉘어 있죠. 어쩌면 조직 내 누군가 시간을 들여 읽고 요약한 논문과 보고서의 내용도요. 그러다 보면 스트레스가 왜 생기는지에 대해서만 다섯 쪽이 만들어져요."

보라, 이제 이 회사에 스트레스 관리 방침이 생겼다. 이런 똑같은 과정이 루이세가 일했던 대여섯 군데 조직에서 반복되었다. 매번 그들은 처음부터 모두 다시 시작했지만 결국 똑같은 결론으로 끝났다.

루이세는 잠시 생각하더니 한숨을 쉰다. "슬픈 일은 부하 중 누군가 스트레스를 겪을 때 나는 이 스트레스 관리 방침을 찾아보지는 않을 거란 겁니다. 무슨 일에든 방침을 찾아본 적이 없어요." 루이세는 관리자로 일하는 동안 방침이나 전략이 필요하다고 생각해본 적은 없었다고 털어놓는다. "하지만 그것들을 만드느라 많은 시간을 보냈죠."

"최악 중 하나는 병가 규정이에요. 공공 부문에서는 보통 병가 규정을 세워야 해요. 누가 질병을 얻으면 어떻게 해야 할지 규정을 통해 결정하자는 겁니다. 내가 어느 지자체의 보건복지부장으로 있었을 때가 기억납니다. 당시 갑자기 너무 많은 사람이 병가를 냈어요. 그러자 정치인들이 수치를 3%까지 줄이라고 결정해서 우리에겐 새 규정이 필요했죠. 그런 환경에서 시스템을 계속 존중하기는 쉽지 않아요. 좋은 복지제도가 병가를 줄인다는 발상은 알겠지만, 당시 내 직책이 그랬던 것처럼 직원 2천 명인 조직의 시스템 꼭대기에 앉아 하향식으로 방침을 하나 새로 들여온다고 해서, 사회복지사들이 갑자기 덜 아파야겠다는 욕구를 느끼지는 않을 거란 말이죠."

루이세는 물 한 모금을 마시고 창밖을 내다본 다음 이어서 말했다. "그게 먹힐 거라고 생각한 사람이 있었는지 모르겠어요. 하지만 하는 수밖에 없죠. 의회에서 기관장을 불러 왜 병가 내는 사람이 이렇게 많냐고 하면, 그 때문에 방침을 세웠다고 말할 수 있게요. 그리고 만약 효과가 없다면 직원들이 따르지 않았기 때문이라고 답하는 거죠. 그렇게 되면 이 문제는 기관장 잘못이 아닌 거예요. 아랫사람들에게 책임을 전가하는 거죠."

우리는 이것이, 또 다른 가짜 노동을 더욱 생산하는 가짜 노동 같다고 생각한다. 루이세도 동의했다. "정말 그래요. 사회복지사들을 관리하던 직원들은 이제, 사회복지사들의 복지에 주의를 기울이는 대신 사회복지사들이 병가 규정을 지키도록 만드는 데 시간을 쓰죠."

즉, 관리자들은 규정을 읽고 지침을 들여다보고 그것들을 모두에게 알리고 이행시키고 정기적으로 후속 조치를 해야 한다. 임의 추출 조사를 하거나 설문을 돌리거나, 특정 일터의 특정 규칙과 절차로 변환하는 업무를 해야 할지도 모른다. 그래야 잊지 않고 사회복지사들에게 안부를 묻고 일시적 두통이나 가벼운 증세를 기록할 테니까. 어떤 직원은 스티커를 만들라는 지시를 받을지도 모른다. '오늘 동료의 안부를 챙겼습니까?' 같은 카피 문구를 넣어서 말이다.

이제 누가 아프다면 관리직은 문서 더미를 찾아내서 절차를 준수했는지 확인하고 아픈 사람과 일하는 다양한 사람과 대화해서 상황을 좀 더 면밀히 파악해야 한다. 누가 5일 이상 결근하면, 규정에는 일대일 '돌봄 대화'를 해야 한다고 지시돼 있다. 그러나 그러기 위해서는 그 만남에만 할당된 시간보다 더 많은 시간이 소모된다. 날을 잡고 내용을 준비하는 시간이 필요하다. 병가가 길어질수록 다뤄야 할 정보는 많아진다. 취해야 할 조치를 계획하고 후속 대화 날을 잡아야 한다. 여기에 더해 노조 대표, 가까운 동료와의 대화도 있다. 여기서 끝이 아니다. 연말에는 그해에 있었던 병가 정책에 대한 모든 사건을 철저히 조사해 평가하고 갱신하는 정기 회의를 개최해야 한다. 통계도 필요하니 누가 전부 기록해야 한다. 그래야 직원이 얼마나 자주, 얼마나 많이 그리고 어떤 기간에 아팠는지 고위직이 알 수 있다.

규정을 이용한 책임 회피

루이세가 앞에서 설명한 것은 가짜 노동의 더욱 심각한 측면이다. 그저 의미 없는 시간 낭비가 아니라 책임을 회피하려는 방법이기 때문이다. 이 경우엔 방침, 정책 같은 것을 본인과 세상 사이의 '방어벽'으로 설치한다. 루이세는 더욱더 많은 정책, 전략, 방침을 더하면서 그것들의 도입 과정에 사람들의 관심을 모음으로써 문제 자체를 해결하고 책임지는 데는 소홀해지는, 심각한 윤리적 문제를 눈치챘다. 이 모든 정책과 윤리는 그저 더 많은 가짜 노동을 만들어내고 책임을 회피할 구실을 준다.

　루이세는 가짜 노동을 없애고 싶다면, 우리 모두 자신의 결정에 더 큰 책임을 져야 한다고 생각한다. "사람들이 자신이 결정을 방어해야 하는 한, 이 세상을 어떻게 볼지 어떤 사람이 될지에 대해 윤리적 선택을 강요당하는 한, 책임 회피는 중단되지 않을 거예요."

루이세는 정책, 절차, 기업의 사회적 책임 프로그램들이 주로 표피적 윤리에 기반을 두고 있다고 생각한다. 그녀는 늘 자신이 가진 합리성의 한계를 인식하려고 노력해왔다. 그 안에서 선택을 책임져야 한다. 많은 정책이 확실하고 윤리적일 것이라는 환상이 존재한다. 하지만 루이세는 그것들이 그저 '케이크 위의 장식'일 뿐이라고 말한다.

"정책을 만들어내는 대신, 우리는 각각의 모든 책임자에게 자신이 옳다고 생각하는 방식으로 복지 환경을 만들어내는 것이 바로 그들의 업무라고 말해야 합니다. 병가 규정과 스트레스 관리 방침 뒤에 숨어서 '뭐, 우리가 할 수 있는 건 다 했어' 하고 빈말만 하는 것보다 그편이 훨씬 낫습니다. 관리직은 규정 준수 능력으로 평가되어선 안 됩니다."

아무도 읽지 않는 연례 보고서

키르스텐은 어느 덴마크 기업의 홍보 책임자다. 이 기업은 많은 연구 프로젝트를 진행하는데, 그녀의 홍보팀은 그 연구 성과를 세상에 알리는 역할을 맡고 있다. 이 일은 때로 오르막길에서 하는 전투같이 느껴진다. 이 회사의 헌신적인 연구자들이 자기 성과를 세상에 알리는 데 드는 시간과 노력의 필요성에, 즉 키르스텐이 하는 홍보 일에 그다지 관심이 없기 때문이다.

"많은 이가 홍보 책임자의 존재를 의아해할 겁니다. 그저 방해꾼이라고 생각하죠." 키르스텐은 자신의 직무가 불필요하다고 보지 않지만 가짜 노동에 대해서는 아주 잘 알고 있다. 특히 매년 그녀가 상당한 시간을 쏟는 한 가지 일이 있다. "나는 경영진을 위해 연례 보고서도 만들어요. 다양한 팀에서 정보를 모아서 만들죠. 나와 동료들은 아마 1년 중 3분의 1에 해당하는 시간을 그 작업에 쏟을 거예요." 키르스텐은 탁자 위로 몸을 기울이더니 우리에게 속삭였다. "열심히 쓰레기를 만드는 거죠."

우리가 놀라 물었다. "쓰레기요?"

"아무도 안 읽으니까요. 작년에 만들었던 200부가 아직 지하에 있어요."

우리가 말했다. "대부분 홈페이지에서 내려받겠죠."

"그래요. 한 20회쯤 될 거예요." 물론 그 20회 중 실제로 읽히는 횟수는 알 수 없다. 하지만 키르스텐은 매일 직장 생활을 하면서 그 점에 너무 신경 쓰지는 않으려 노력한다.

"25부는 이사회로 보내요. 하지만 쓰레기를 보내는 거나 마찬가지예요. 다른 팀들은 그렇게 많이 보내지 않아요. 하지만 우리 경영진은 크고 많은 것이 아름답다고 생각해요. 우리 연례 보고서는 이제 거의 70쪽에 달해요. 가끔 멋져 보일 때도 있어요. 그저 좀 부적절해서 그렇지."

보고서 작성에 많은 시간을 들이는 것이 안타까웠던 키르스텐은 경영진이 실제로 어느 정도 분량의 문서를 요구하는지 자세히 알아봤다. 그리고 그녀 팀의 연례 보고서가 지나치게 과도했음을 깨달았다.

"우린 필요 이상으로 너무 많은 양을 제출하고 있었어요. 경영진에게 사실 핵심 자료만 필요했던 것이어서 10쪽 정도로 줄일 수 있었죠. 경영 보좌진도 이런 사실을 잘 알고 있었어요. 실은 이사회를 위해 우리 팀이 제출한 부피 큰 보고서를 편집하고 10쪽 내외의 요약본을 만드는 게 그들의 정례 업무 중 하나였죠." 즉, 키르스텐이 만든 연례 보고서의 60쪽은 이사회에서 전혀 보지 않았던 것이다. "아무도 7분의 1이면 충분하다고 말해주지 않았어요. 그들은 늘 우리 작업을 칭찬하고 정말 멋져 보인다고 말했죠."

키르스텐은 이 문제를 경영진에게 제기했다. 모두가 보고서를 10쪽으로 줄여 핵심 자료만 담아야 한다고 동의했다. 그러나 그들은 곧 마음을 바꿨다. 왜냐하면 "그들이 늘 하던 대로 하는 것을 무척 선호했기 때문이죠." 그리고 앞으로는 압축 버전도 그녀가 만들어야 한다는 주장이 나왔다. 다른 회사들도 그렇게 하고 있기 때문이 아닐까 하고 키르스텐은 생각했다. 그녀가 다니는 회사의 경영진은 자기들이 보는 보고서가 다른 회사 것과 같거나 더 좋아 보이기를 원했다.

우리는 키르스텐에게 경영진이 실제로 보는 핵심 자료만 담은 보고서를 쓴다면 얼마나 걸릴지 물었다. 그녀는 잠시 생각하더니 대답했다. "2주요."

가짜 노동에 무작정 저항하기 전에

키르스텐, 루이세, 프레데리크 모두, 최신 경향을 따라 업계의 다른 이들과 비슷해지는 것이 궁극의 목적인 관리 시스템의 덫에 걸린 기분을 느끼고 있었다. 개인이 시스템에 맞서 싸우기는 힘들다. 적어도 표면적으로는 합리적이고 상당히 분별 있어 보이는데 실행 과정에서 가짜 노동을 발생시키는 시스템이라면 더더욱 말이다.

불행히도 키르스텐, 프레데리크, 루이세의 직장에서 이 사실을 깨달은 사람은, 결정을 내리는 이들이 아니었다. 오히려 최고위 경영자와 관리직은 이웃 따라잡기로 자신을 정당화해야 할 의무감을 느꼈다.

이런 상황에 저항하려면 많은 용기가 필요하고, 그런 용기를 가진 사람은 드물다. 예를 들어 루이세는 상사들의 가짜 노동 남발을 공공연히 비판하다가 하마터면 잘릴 뻔했다고 한다. 그러니 여러분도 온갖 어리석은 규칙과 문서 요구에 큰 소리로 의문을 제기하거나, 가치가 있는 일만 하겠다고 고집을 부리기 전에 다른 방법은 없는지 궁리해봐야 한다. 회사를 계속 다니고 싶다면 말이다.

프레데리크와 동료 강사들의 상황도 마찬가지였다. 이들 집단이 핵심 업무인 강의에 집중하기로 결정하고 품질관리와 강의 계획 작성과 연구 활동을 거부했다면, 학생들과 훨씬 많이 대화할 수 있을 뿐 아니라 집에도 일찍 갈 수 있었을 것이다. 그러나 프레데리크에게는 그럴 용기가 없었고 대안도 찾지 못했다.

우리는 그냥 프레데리크와 작별 인사를 나누는 수밖에 없었고 그는 마지막까지 한탄을 멈추지 못했다. "우리에게 잉여 노동이 그렇게 많은 이유는 경영진이 좋아 보이는 것에 집중하기 때문이에요. 모든 게 '우와! 정말 좋다'가 되어야 하니까요. 실제 좋은 것보다는 계량화할 수 있고 겉보기에 좋아 보이는 걸 우선시하고 있어요. 오늘 아침에도 우리 학과 관리자에게 이메일을 받았어요. 올봄 학기 주 과제에서 F를 주는 기준이 뭐냐고요. 나는 명확한 표절만 F를 준다고 대답했어요. 짧거나 내용이 없어도 받아준다고요. 그러자 관리자는 대략 이런 식으로 말했죠. 학생들이 뭘 제출했는지는 상관없다고요. 무조건 받아주라고요."

경영 아카데미는 졸업생 수를 기록하기 때문이다. 우리는 이 같은 프레데리크의 상황이 무척 안타까웠다. 그래도 그와의 대화를 통해 배운 것이 하나 있다. 자신이 잘 모르는 분야에 관해서는 직접 연구를 진행하기보다 전문 연구자에게 의뢰하는 것이 더 낫다는 점이다. 이런 문제의 전문가는 우리가 이전 장에서 언급한 스웨덴 학자 마츠 알베손이다. 우리는 그에게 연락해 방문 날짜를 잡고 다시 룬드로 향했다.

리더십 포르노와 전문용어라는 외계어

우리는 룬드에 일찍 도착했다. 왜냐하면 스웨덴 학자들도 우리 덴마크 사람들이 으레 그렇듯 약속 시간보다 15분 일찍 오지 않을까 싶었기 때문이다. 룬드 대학교의 복도는 정시가 되자 유령도시처럼 바뀌었다. 대학 수업을 일찍 시작하는 걸 보니, 우리의 짐작이 맞는 듯했다.

우리는 여기 룬드 대학에 마츠 알베손 교수를 만나러 왔다. 그는 자신이 '과시성' '공허의 승리' '기능적 어리석음'이라 명명한 것들을 연구한다. 우리는 먼저 그의 경제학 강의를 참관하기로 했다. 알베손은 학생들에게 덴마크에서 손님들이 왔다고 알렸다.

알베손은 키가 크고 잘생겼으며 머리가 길다. 이날은 마이크가 작동하지 않아, 학생 사이를 왔다 갔다 하며 강의했다. "경쟁이란 모두가 일어서면 누군가는 발끝으로 서게 되고, 곧 모두가 발끝으로 서야 함을 의미합니다. 다른 사람보다 안 좋은 위치에 있지 않기 위해서죠. 그것이 우리를 과시성으로, 환상과 겉치레로 몰아갑니다. 모든 게 좋아 보여야 하는 거죠. 때로 경쟁은 좋은, 실행 가능한 해결책을 가져오지만 그러지 못할 때가 더 많습니다. 많은 공공 부문 기관들이 일을 잘하지 못하지만 외부에서는 잘하는 것처럼 보이게 하는 '환상'을 너무 많이 만들어내고 있어요."

알베손은 계속해서 경찰이나 군대 같은 집단조차 이제 아이덴티티, 문화, 가치, 강령, 새롭고 눈에 띄는 로고, 표어 등이 필요하게 되었음을 설명한다. 스웨덴에 군대는 하나뿐이니 이 난리 통에 합류할 필요가 없다고 생각하는 이도 있겠지만 말이다. "왜 그냥 할 일이나 잘하지 않는지 모르겠어요." 알베손이 말하며 오른손으로 머리를 쓸어넘겼다.

개인으로서는 이런 종류의 겉치레를 위한 가장 큰 경기장은 SNS이다. SNS에 참여하려면 자원이 필요하다. 어차피 조직들은 막대한 양의 가짜 노동이 필요한 상징들의 무기 창고를 완비하고 있다. 그곳에서는 (자국 언어가 아닌) '스트레티지' '폴리시' 등의 영어 사용도 요구된다.

이제 알베손은 7번째 줄 옆에 서 있었다. "마케팅은 우리

시대의 패러다임입니다. 우리는 상징적 오염과 이미지로 가득한 '설득 경제'에 살고 있어요. 이건 또한 주의력 분산에 기반을 둔 통속 경제입니다. 우리에겐 끈기가 더는 남아 있지 않기 때문에 단기 쾌락을 최대한 활용하죠." 경제학 학생들은 아주 잘 받아들이고 있는 듯 질문하지 않았다. 알베손은 잠시 기다렸다가 계속했다.

"현재 우리 사회에는 수많은 허위 주장들이 유통되고 있습니다. 그중 하나는 우리가 전보다 더 전문적이고 역량이 커졌다는 거죠. 고등교육이 엄청나게 확대되었으니 분명 그런 면도 있지만 실제로 많이 배웠는가 하는 점에 대해선 회의적입니다. 그리고 이것이 이력서 인플레이션을 낳죠."

알베손이 '전반적 지성'에 대한 '애럼 앤 록사 테스트'를 언급했다. 고등교육을 받는 학생들의 비판적·분석적 사고력, 문제 해결, 의사소통의 명료성 등 일반적인 기술을 평가하는 시험이다. 이 테스트는 첫 학기에 실시됐고 2년 후, 4년 후에 다시 실시된다. 그 결과 45%의 학생이 2년 후에 새로운 것을 배우지 못한 것으로 드러났다. 4년 후엔 36%였다. 고등교육의 엄청난 팽창이 단순히 과시성 폭발이었음을 보여주는 증거인 셈이다. 이쯤에서 프레데리크와 그의 경영 아카데미가 떠오르지 않을 수 없다.

또한 가장 많이 배운 학생들이 가장 빈번히 조롱당하는 것으로 밝혀졌다. 많이 비방받는 인문계열 학생들 말이다. 그들은 더 많이 읽고 더 많이 썼고 보고서에 시간도 많이 들여야 했다. 하지만 알베손에 의하면 요즘은 즉각적 만족감이 최고인 시대다. 사람들은 그렇게 많이 배우려 하지 않는다.

"사방을 떠도는 또 다른 허위 주장은, 리더십이 조화로운 세상에서 참여와 가치의 공동체들을 창조한다는 겁니다. 경영학 석사과정과 언론 매체에서 포르노와 다름없는 과장된 리더십 서사를 보여줍니다. 사람들은 거기에 혹해서 자기도 마틴 루서 킹이나 만델라가 될 수 있다고 생각합니다. 그러나 조직은 그런 식으로 작동하지 않아요. 경영진 대부분은 규칙을 준수하고, 시스템을 숭배하고, 회의에 참석하고 관리 업무를 하다가 가끔 직원과 수다를 떱니다. 리더십과 다른 허깨비들에 대해 말하면서 리더십에 대한 이상을 지키죠. 전략, 가치, 인적 자원 개발, 비전, 기업 문화 같은 환상이요. 하지만 실제로는 예산, IT, 분쟁 해결, 사무실 할당, 보고 등 그저 관리 업무일 뿐이에요. 리더십은 순전히 경영진이 50% 더 높은 임금을 받기 위한 정당화 담론입니다."

'전문용어'는 우리가 이 책을 위해 만난 취재원들이 반복해서 제기하는 또 다른 문제다. 전문용어는 특정 분야에 속하지 않은 사람들이 알아들을 수 없게 꽁꽁 싸인 내부 대화에 사용되며 고도의 지식으로 오해된다. 사실 전문용어의 목적은 진짜 문제를 대체하려는 데 있다. 취재원 중 하나의 표현에 따르면, 전문용어에 유창한 사람들은 명료성을 위협으로 간주한다. 리더십에는 특히 전문용어가 득실거린다. 이에 대해서는 14장에서 다시 다룰 것이다.

문제 축적, 냉소와 무지, 자존감 저하

과시성 또한 가짜 노동을 유발한다. 물론 주로 회사를 미사여구로 치장해 돈을 버는 사람의 수가 늘어나면서다. 이것이 많은 문제를 일으킨다. 예를 들어, 때로는 뭐가 진짜 중요하고 뭐가 일의 탈을 쓰고 있는지 구별하기가 어렵다. 알베손에 의하면 이렇게 겉만 번지르르한 치장에는 몇 가지 인과응보가 따른다.

먼저, 진짜 문제는 아무것도 해결되지 않는다는 것. 예를 들어 교육기관이 바깥세상을 향해 자신의 비전, 기획, 가치를 담은 이미지를 투사할 수는 있겠지만 그것이 진짜 문제를 처리할 수는 없다. 좋아 보이려고 애쓰느라 너무 바쁘니까. 두 번째 인과응보는 직원들이 냉소적이 된다는 것이다. 조직이 스스로 공언한 자기과시적 서사나 가치에 부응하지 못할 때, 회사의 내부 상황을 잘 아는 직원들은 냉소를 띠게 된다. 세 번째는 부푸는 자만심이다. "과시성을 육아에 비유하자면 강압적 양육, 자존심 북돋기"라고 알베손은 주장한다. "하지만 자아는 견고한 기반에서 출현하지 부풀린 점수와 과장된 이력서에서 나오는 게 아닙니다. 현실이 제대로 치고 들어오면 우리 소중한 자아는 무대에서 실패하고 자존감이 무너집니다."

　마지막으로 그러나 결코 덜 중요하다고 볼 수 없는 세 번째 인과응보는, 과시성이 '기능하는 어리석음'을 낳는다는 것이다. 알베손과 그의 오스트레일리아 동료 안드레 스파이서의 용어인 '기능적 어리석음'이란 이른바 지식사회의 뒷면이다. 사람들의 직업과 업무가 모호하고 이해할 수 없게 된 상황을 표현한다.

　이런 상황에서 진짜 일은 문화, 브랜딩, 구조에 대한 관심으로 대체되며, 아주 약간의 리더십만 보여도 별 생각 없이 존중을 받는다. 훌륭해 보이지만 시야가 좁아져, 아무도 비판하거나 의문을 제기하지 않는, 번드르르한 전망만 보이는 잘 조작된 조직의 세계로 미끄러진다. 이런 미학적 합리성은 명백하게 비지성적일 수는 있어도, 나름 기능하는 생명력을 띤다. 알베손은 이를 '버섯 경영'이라 부른다. "어둠 속에 두고 똥을 먹이는" 생물이 버섯이니까.

비판이 불가능한 허약한 내부

그러고 나서 우리는 점심을 먹으러 구내식당으로 갔다. 행복한 경제학과 학부생으로 와글거렸다.

알베손을 만나기 전 우리는, 그의 강의를 우리가 기존에 수집한 정보와 함께 맥락화하려 노력했다. 취재원들이 뭐라고 했던가? 그리고 우리는 어떻게 생각했던가? 우리는 즉시 프레데리크와 그의 경영 아카데미를 떠올렸다. 순전히 학교가 좋아 보이게 만들기 위해 설치된 품질관리팀이 끊임없이 '과시적 프로젝트'를 착수하는 곳 말이다. 또한 키르스텐이 회사에서 근무하는 시간의 3분의 1을 거의 읽히지 않는 연례 보고서에 쓴다는 사실을 떠올렸다. 이런 현상을 언급한 사람이 그들뿐인 것은 아니었다.

특히 회계 및 법률법인의 홍보팀에서 일했던 조나스는 과시성이 다른 회사와의 비교뿐 아니라 팀 사이 방어 기제의 일부가 되는 방식을 설명했다.

조나스의 홍보팀이 방어 기제로 과시성을 선택한 이유는, 조직 내 다른 팀들로부터 눈초리를 받기 때문이었다. 다른 팀은 상대적으로 홍보팀이 일을 열심히 한다고 주장하기가 쉽다고 생각했다. "홍보팀 직원들은 자신들이 열심히 일한다고 주장하기는 쉽지만, 성과를 증명하기는 어렵다는 걸 깨달았죠. 우린 고객을 데려오지도 청구서를 내보내지도 못하고 돈만 쓰고 있는 거예요!" 이 같은 인식의 결과, 내부로부터의 비판은 안 된다는 불문율도 생겼다고 조나스는 생각했다. 내부로부터 비판이 나오면 외부로부터의 비판에 더 취약해지기 때문이었다. "홍보업계가 딱히 비판에 수용적이지도 않으니, 뭔가 비판적인 말을 하면 아주 빨리 총애를 잃게 되죠."

그런 압력에 시달리면서 홍보팀은 자기 업무 과정을 점점 더 많이 기록하고 추적하게 되었다. 그들의 쓸모를 증명할 자료를 제공하기 위해서였다. "홍보팀에 기록 광풍이 몰아쳤죠. 누가 무슨 뉴스레터를 언제 열었는지 보여주는 스프레드시트까지 있었어요." 조나스는 이렇게 정리해놓으면 한눈에 살펴보기 좋다는 점을 인정한다. 하지만 이런 기록은 점점 더 많은 시간을 잡아먹고 조직 내 자체적인 합리성을 정당화하기 시작한다.

"주로 회계사들을 위해서 그렇게 했어요. 그들은 물론 온갖 종류의 내용을 스프레드시트에 기록하니까요. 그래서 우리도 그렇게 할 수 있다는 걸 보여줘야 했죠. 인정받는 하나의 방법이었어요. 우리도 수치로 보여줄 수 있다고요. 하지만 시간 낭비일 때가 많았고 스트레스를 많이 유발했죠."

홍보의 차별화와 폭증 그리고 홍보를 위한 경영

홍보는 어쩌다가 그렇게 자신을 과시하고 고평가하게 됐을까? 조나스에 의하면 홍보에는 세 가지 주요한 패러다임 변천이 있었다. 처음에는 그냥 텔레비전에서 비누를 광고하며 뭔가 좋은 말을 하는 것으로 충분했다. 그것만으로도 소비자에게 직접 영향을 주는 게 가능했다. 모든 회사의 홍보가 그렇게 일방적으로 작용했다.

두 번째 패러다임에서 기업은 다양한 집단의 이해관계자, 직원, 주주, 소비자 등에게 서로 다른 메시지를 전해야 한다고 생각했다. 그래서 홍보 대상에 따라 차별화를 시작했다. 나중에는 소비자 역시 다양하다는 것을 알았고 수년 동안 홍보와 브랜딩에 그 점이 반영됐다.

"하지만 이제 우리는 세 번째 패러다임에 들어섰어요. 누군가는 '네트워크 브랜딩'이라고 부르는 거요. 기업은 소비자의 소리를 들어야겠다고 생각했지만 점차 다양한 이해관계자, 규제 당국, 직원 등 심하게 서로 다른 관점도 알게 되었고, 이는 홍보 업무자가 내부적으로나 외부적으로나 극도로 분화되어감을 의미하죠. 단순하게는 홍보가 폭증하는 겁니다."

다시 말해, 홍보 인력이 복잡성에서든 과도한 자의식의 측면에서든 증가했다는 것이다. 조나스는 또한 이 경향에 발맞춰 대학들이 이렇게 많은 홍보 전공자를 뱉어낸 적이 없었다고 말했다.

"사실상 우리는 구획을 나눠 홍보하고 새로운 방식으로 목소리를 수집하고 계량화해야 하는 세상을 발명했다고 할 수 있어요. 아직도 우리의 홍보 전략을 접하지 못한 잠재 고객과 이해관계자는 언제나 존재한다고 말할 수 있죠. 아니면 그들에게 우리 홍보가 아직 딱 들어맞지 못했다고요. 그렇게 되면 할 일은 언제나 남아 있게 되죠. 회계 관리자도 있고 매체 담당자, 단체장 홍보 담당자, 기자단 관리자 등도 있으니까요. 직책 할당만으로도 기업이 홍보를 원하는 서로 다른 집단이 특정돼요."

홍보 업종은 성장 또 성장하고 있다. 조나스는 이제 홍보가 경영 훈련으로 여겨진다고 설명했다. 홍보 직군은 고위 경영진까지 진출해 자리를 움켜쥐고 있으며 상품 그 자체만큼 홍보는 중요하게 여겨진다.

인사팀과 홍보팀 사이에는 경영진의 시선을 끌기 위한 무한 투쟁이 이어져서 둘 다 자신의 팀을 최대한 부풀린다. 알베손이 보기에 그 두 유형의 팀에서 정당성을 위한 내부 투쟁의 강도는 더욱 세졌다. 더 중요한 직군이 되는 가장 확실한 방법은 고위 경영진과 결부되는 것이다. "새로운 표어는 '모든 것이 홍보다'입니다. 즉, 홍보팀이 모든 일에 개입돼야 한다는 거죠."

메츠 알베손이 설명한 이런 과시적 문화, 자기 중요성의 주장, 자기 심취가 바로 조나스의 예전 직장에서 큰 원동력으로 작용했다. 법무법인은 특히 자기 중요성에 대해 지나치게 부풀려진 감각을 지니고 있어서 고객이나 동업자, 경쟁자가 자신을 끊임없이 지켜보고 있다고 생각한다. 실은 그냥 편집증일 테지만 말이다.

"전에 일했던 회사에서 많은 사람이 하나같이 자기의 중요성을 과대평가했어요. 예를 들면 어떤 직원은 홈페이지의 저기저 구석, 저 아래 페이지에서 한 조각의 정보를 찾아내 아주 약간만 바꿔야 한다고 주장했죠. 혹시 어느 고객이 이것을 보고 이런저런 일이 일어나면 어떨지 상상해보라면서요. 그렇게 되면 홈페이지 담당자는 다른 일을 즉시 멈추고 그걸 수정해야 하는 거예요. 어떤 것도 잘못되면 안 된다는 두려움이 있었어요. 회사의 자기 중요성에 대한 지나친 믿음에 뿌리를 박은 두려움이죠."

회사는 자신이 너무 중요한 존재라서 고객들이 홈페이지에 거의 매일 들어와 수천 페이지에 이르는 과거 사례, 현재 사건, 회사 정보를 샅샅이 훑어볼 거라고 아주 진지하게 생각한다. 이때 과시성은 모든 것이 더 커져야 하는 것으로만 측정되지 않는다. 회사는 또한 직원들이 얼마나 바쁜가로 자신의 중요성과 가치를 측정한다. 결국 이 자기 영속적이고 자기 집착적인 다람쥐 쳇바퀴는 너무 빠르게 돌아갔고, 조나스는 스트레스로 튕겨 나와 쓰러졌다.

과도한 경쟁과 교육의 과잉

학생이 점점 많아지면서 우리가 있던 대학 식당은 발랄한 젊은이들의 수다로 가득찼다. 아름답게 물결치는 스웨덴어는 점점 불협화음을 이뤘고 우리는 목소리를 높여야 했다.

조나스, 토케, 프레데리크가 지적한 가짜 노동 확산의 중요 원인 중 하나는, 과잉 교육을 받은 사람들에게 할 일을 줘야 한다는 책임 의식이었다. 감독, 안전, 경영 교육을 받은 사람은 조직 내에서도 그에 대해 계속 지적할 것이다. 홍보 전공자를 양산하면 홍보 전략을 얻는다.

우리는 토케와의 대화를 떠올렸다. 그는 자신의 대학에서 학생 일부는 입학시키지 말았어야 했으며, 학생 과잉으로 인해 강의는 헛된 노력을 수반하고 있다고 했다. "분명 과잉 생산의 요소가 있다고 생각합니다. 학생 수가 적으면 교육의 질도 향상될 겁니다."

하지만 토케는 이런 종류의 사고가 금기라는 걸 잘 알고 있었다. 그래서 그는 대신, 페이스북과 다른 채널을 통해 학교 과정을 소개하며 잠재적 학생들에게 학교가 흥미롭고 신나는 곳으로 보이도록 홍보했다.

이는 교육 과정 간의 경쟁으로 이어졌다. 광고에 지출된 비용이 이를 너무나 명확히 보여준다. 예를 들어 2011년에서 2016년 사이 덴마크 직업 고등학교와 전문 대학은 총 1억 달러 이상을 지출했다. 조그만 나라치고는 꽤 큰 액수다. 거기에 더해 마케팅팀을 운용하고 토케 같은 이들에게 SNS 광고를 의뢰하느라 어마어마한 예산이 뿌려진다.

알베손이 강의에서 한 말이 옳고 우리 교육체계가 점점 더 실무 기술은 없는 학생을 공급하고 있다면 이는 정말 안타까운 자원의 소모다. 그러나 학생들의 수준이 하락하고 있는가 하는 긴급한 질문에 직면하여, 누군가는 교육의 대폭발로 3배나 많은 인재가 늘어났으니 전반적으로 지성은 하락하지 않았다고 말함으로써 교육 기관들을 방어하려고 할지 모른다. 그런 관점에서 말의 대잔치와 마케팅 비용 지출은 당연하게 여겨진다.

여러 겹으로 감춰진 가짜 노동의 단서들

점심 후에 우리는 알베손의 사무실로 향했다. 그런데 그날따라 커피 기계가 작동하지 않았다. 이런 현대 조직에서는 수리업체를 그냥 부르지 않고, 문서를 작성하고 모든 걸 절차대로 진행해야 한다. 그래서 우린 아쉬운 대로 구식 커피메이커를 이용하기로 했다. 커피를 한 주전자 만들어놓아도 잠시 등을 돌리면 금세 사라진다는 걸 경험상 알고 있었기 때문에 다들 커피메이커 근처를 얼쩡거리며 대화를 이어갔다. 우리는 그에게 몇 가지 어려운 질문을 던졌다.

예를 들어, 사람들이 이 모든 새로운 가짜 노동을 의식적으로 만들어내는지 알고 싶었다. 가짜 노동은 자신의 직업과 팀을 보호하기 위한, 혹은 기관이나 회사를 강화하기 위한 전략으로 개인이 고의로 하는 행동인가? 아니면 합리성의 과잉 속에서 허우적거리며 무슨 일이 벌어지는지 깨닫지 못하는 사람들이 겪는 소외 현상인가?

알베손은 이따금 이메일을 받는다. 자신이 회사에서 미쳐 간다고 느끼다가 알베손의 강연이나 글을 통해 깨달음을 얻은 사람들이 보내는 이메일이다. 회사 생활에서는 이런 깨달음을 전혀 얻지 못했다고들 한다. 알베손이 말했다. "겹겹이 가려져 있을 때가 많아서 꿰뚫어 보지 못합니다."

덴마크에서 이 책이 출판된 후에 우리에게도 같은 현상이 일어났다. 아직도 일주일에 예닐곱 통씩, 자신의 상황을 깨닫고 우리에게 자신의 사례를 들려주는 사람들의 이메일을 받는다.

불행히도 우리에겐 이들 모두의 이야기를 전달할 시간이 없지만 이런 경험적 자료들의 괄목할 만한 증가는 우리가 뭔가 실질적이고 중요한 문제에 관여하고 있다는 신념을 강화해줬다. 그게 아니라 하더라도, 적어도 우리는 사람들이 안 좋은 상황에 빠져들 때 현실적인 판단을 내릴 수 있도록 돕는 도구와 같은 개념을 제시하는 것이다.

우리는 또한 알베손에게, 수년 전 우리 두 저자가 텔레비전 스튜디오에서 서로 일치를 보지 못했던 그 질문을 던졌다. 누군가 대가를 지급해도 가짜 노동일까?

알베손이 대답했다. "그럼요. 문제는 누가 지급하느냐입니다. 공급자와 구매자 사이의 순수한 거래가 아니기 때문입니다.

예를 들어 과잉 교육에 세금을 내는 납세자를 생각해보세요."

이런 문제는 공공 부문에만 국한되지 않는다. "대부분의 회사는 무슨 일이 일어나는지 전혀 모릅니다." 알베손은 우리가 이미 만났던 스테판 샤에페르의 '경영진의 무지' 개념을 언급했다. 경영진은 무슨 일이 일어나는지 알고 싶어 하지 않는다. 대부분의 회사 상황은 영화 〈콰이강의 다리〉(1957)와 비슷하다. 이 영화 속 포로들은 곧 폭파돼 날아갈 다리 공사를 계속한다. 왜냐하면 공사를 멈추면 문제가 생기기 때문이다. "사람들을 바쁘게 만들어라!" 알베손이 영화 속 니콜슨 대령을 흉내 내어 소리쳤다.

알베손이 말했다. "우리는 '가짜 세상'에 살고 있어요. 고의적인 거짓말만이 문제가 아니에요. 노동의 허위적 본성을 포함한 세계의 허위적 본성 자체가 문제죠. 이때 필요한 건 진정성과 지적 명확성이죠. 우리는 인간의 삶에서 의미와 자율성을 극대화해야 합니다. 하지만 점점 줄어들죠. 컨설팅, 코칭, 브랜딩, 홍보. 이런 것들이 이 논리로 끌려들어갔어요. 모든 게 문서로 만들어져야 하고 그 문서는 좋아 보여야 하죠. 해결책이 사실상 문제를 일으키고요. 예를 들어 어느 대학이 당면한 진짜 문제를 다루는 대신 핵심 가치에 초점을 맞추면 초점이 교육에서 멀어지는 것 같아요. 해결책들은 우리를 허위 유형의 활동으로 이끕니다." 우리가 5장에서 낸 결론을 알베손은 다른 방식으로 설명했다.

물론 많은 양의 진짜 일을 하는 관리직이 존재한다. 가짜 노동은 그들이 (시간이 걸리게 마련인) 결정의 합리성에서 (당장 해야 하는) 행동의 합리성으로 전환할 때 종종 발생한다. 알베손이 설명했다. "일단 주요 프로젝트가 시작되면 행동의 합리성이 결정의 합리성을 서서히 훼손시키는 경향이 있습니다."

잠시 후 우리는 그가 피곤해한다는 것을 알아챌 수 있었다. 우리 역시 코펜하겐으로 돌아갈 시간이어서 그에게 감사함을 전하고 차로 걸어갔다. 개강 파티로 시끌벅적했던 학생들이 사라진 잔디밭은 그저 고요했다. 기나긴 대화의 여운인 걸까, 표어가 자꾸 눈에 들어왔다. 부풀리기와 과잉 기획의 징후를 우리는 과연 알아볼 수 있을까?

과시성 프로젝트의 사례들

알베손을 만나고 돌아오는 길에 우리는 문득, 예전에 귀띔받았던 한 사례가 떠올랐다. 니엘스 크로만이 들려준 것으로, 몇 년 전 굵직한 과시성 프로젝트 사업을 했던 한 남자의 이야기였다. 그의 번호를 아직 가지고 있던 우리는 코펜하겐에 도착하자마자 그에게 전화를 걸었다. 익명을 원했던 그를 우리는 야코브라는 가명으로 부르기로 했다.

"힐레뢰드 병원의 '비전 2012' 말씀이죠?" 야코브는 프로젝트의 이름은 나가도 상관없다고 했다. 그는 몇 년 전 덴마크 소재의 이 대형 병원의 이사장과 경영진이 신설한 '비전팀'에서 일한 경험을 짧게 들려주었다. 이 팀에는 야코브와 동료 몇 명이 포함되었고, 외부 자문 업체가 팀을 지원했다.

"우리는 이 병동 저 병동을 다니며 관리직에게 병원의 원대한 비전을 어떻게 도울 건지 물었어요. 일주일에 한 번은 사람들을 모아 프로젝트가 어떻게 돼가고 있는지 알렸죠. 이 회의에서 우리는 그 비전에 대한 열정을 고취시켜야 했어요. 솔직히 그 자리에 모인 사람들의 열정의 수준은 다양했죠."

그러나 곧 인원 감축이 공표되었고 프로젝트는 조용한 죽음을 맞았다. 후에 이사장이 떠날 때 비전팀의 팀장도 정리 해고되었다. 수년 동안 거의 5명의 전임 직원을 고용하고 야코브의 추산으로 수백만 달러의 비용이 들어갔을 그 프로젝트는 거의 흔적도 남지 않았다. 프로젝트에 대해 우리가 찾을 수 있었던 단 하나의 흔적은 2008년에 만들어진 웹 페이지 하나뿐이었다. 거기에는 그 병원의 주장이 "단단한 조직적 경영적 토대를 건설"할 것이며 "우리는 우리의 사고방식을 가로축에서나 세로축에서나 완전히 바꿔야 합니다"라는 시끄러운 선언이 대문자로 쓰여 있었다.

야코브는 전화기에 대고 한숨을 쉬었다. "돌이켜보면 완전히 시간 낭비였죠. 보고서를 여러 장 썼던 것 같지만, 많은 사람이 읽은 것 같지는 않아요. '비전 2012'가 병원 경영의 청사진을 그리기는커녕 성공적이었다고 할 사람이 있는지 모르겠어요."

'비전 2012' 프로젝트는 알베손이 말한 과시성 개념을 보여주는 고전적 사례다. 리더를 진취적으로 보이게 만들기 위한 프로젝트지만, 그가 회전문 인사에서 떨어져 나가거나 더 높은 자리로 가는 순간 아무도 다시는 거들떠보지 않는다. 어떤 결론도 이끌어내지 못할, 빈말로 채워진 일인 것이다.

룬드 대학교에 다녀온 후 얼마 지나지 않아 우리는 우연히 어느 희한한 행사에 초대받았다. 코펜하겐의 북쪽 부유한 지역인 스트란베엔에 있는 IT 회사가 개최한 '자선 바' 행사였다. 비싼 입장료를 내고 들어가 음료를 사서 마시면 그 값의 일정 비율이 자선에 쓰였다. 하지만 그 행사 전에 회사는 자체 시상식을 개최했다. 본인이 타인에게 상을 수여할 자격이 있다고 여기려면 막대하게 부풀려진 자아가 필요하다. 이 행사는 분명 과시적으로 느껴졌다.

"오늘의 행사는, 지난 10년 동안 더 커지고 현란해진 e러닝과 혼합 러닝업계의 올해 행사 중 가장 큰 행사가 될 것입니다." 아마 독자들은 'e러닝'과 '혼합 러닝'이 뭔지 궁금할 것이다. 전문적으로 보이는 저 용어들은 그냥 온라인 교육과 온오프 혼합 교육을 의미할 뿐이다. 특히 두 가지 이상의 매체가 사용된다는 의미의 온오프 혼합은, 교사가 이야기를 들려주는 동안 학생이 그림을 그리던 예전 방식에서 크게 달라진 것 같지도 않지만 이제는 '혼합 러닝'이라 부르며 꽤 비싸다. 이 회사에서 상을 주는 것도 이 분야다. 이거야말로 정말이지 다 허위이고 내용이 없어 보인다.

우리는 참가 신청을 하고 스트란베옌으로 차를 몰았다. 기업이 공익적 행사를 조건으로 덴마크 문화재 기구로부터 빌린 예쁜 오래된 건물에 도착했다. 많은 사람이 벌써 (공익을 위해 요구되는) 입장료 200크로네(약 4만 원)를 내고 들어갔다. 자선 행사는 아직 시작되지 않았다. 우리는 시상식을 보기 위해 조용히 중앙으로 나갔다.

검은 야회복 정장을 입은 남자가 모두에게 환영의 인사를 건넨 후 시상 분야와 후보를 설명했다. 그런데 그것은 다름 아닌 '최고의 해결책을 구매한 회사'를 위한 상이었고, 모든 후보가 그 IT 회사의 고객임이 드러나며 관계자들의 자부심은 최고조가 되었다. 그리고 누가 그런 해결책을 만들었을까? 짐작하다시피 그 IT 회사였다.

우리가 참석한 시상식은 어느 민간 회사가 자신을 부풀리고 자신의 고객들에게 상을 주기 위해 개최한 행사였다. 사전에 참가자는 모두 휴대전화로 수상자를 뽑을 코드를 받았다. 하지만 우리가 정말 그 고객들에게 투표하는 것일까? 꼭 그렇지는 않다. 우리는 행사의 주최자인 IT 회사가 만든 프로그램들 가운데 어느 것이 최고인지, 어느 것이 스스로에게 내리는 상을 받을 만한 지 투표하는 것이었다. 이것은 마치 돈을 내고 우리 강연에 참석 한 청중을 후보에 우리가 올리고, 우리가 들려준 최고의 이야기 에 대한 상을 청중에게 주는 것과 비슷했다. 무슨 마술 쇼도 아니 고 말이다.

우리는 이 행사의 목적을 다른 손님들도 알고 있을지 궁 금했다. 그런데 주위를 보니 다른 사람들은 별로 상관없어 보였 다. 참석자들은 박수를 치며 관대하게 호응해준다. 음료도 사주 면서 말이다. 그건 아마 술기운 덕이기도 했을 것이다. 이건 평소 에 우리가 책상 위에서 지치도록 굴려야 했던 음침한 허위 프로 젝트가 아니었다. 그냥 처음부터 끝까지 뻔뻔한 거짓말이었다. 회사로서는 똑똑한 짓일지 몰라도, 인류로서는 어리석음의 배가 로 보인다. 일차적으로, 일을 최소화하는 대신 허위 프로젝트로 시간을 채우는 거니까 말이다. 그리고 이차적으로, 자신을 부풀 리는 게 통찰력 있기도 하고 어떻게든 자선도 된다는 사기꾼의 서사를 포용하는 거니까. 그래서 우리는 마실 수밖에 없었다.

허위 활동의 미학적 기쁨

우리는 떠나기 전에 알베손에게 물었다. "그럼 우리 독자들은 어떻게 해야 합니까?"

"직업을 선택하기 전에 먼저, 일터에서 자신이 참아낼 수 있는 정도를 생각해보세요." 이미 얼마나 많은 조직이 가짜 노동에 완벽히 빠져들고 있는지 생각해보면, 이것은 말하기는 쉬워도 실천은 어렵다. 그렇다면 진정성을 유지할 수 있는 직업을 선택하려면 어떻게 해야 할까?

"만일 이미 직업이 있다면, 자신이 실제로 하는 일을 비판적으로 돌아보세요. 자신이 가짜 노동을 만들어내는 사람이라는 징후를 발견하거든, 뭔가 다른 일을 하세요."

"왜 그래야 하죠?"

"가짜 노동은 개인의 도덕성과 자존감에 높은 비용을 소모시키니까요."

비록 알베손이 자신의 삶에서 가짜 노동을 최소화시켜오긴 했지만, 그도 대학 내 자신의 위치가 대부분의 사람보다 훨씬 나은 조건임을 인정한다. 그럼에도 그의 업계 사람들 대부분은 아무도 읽지 않는 논문을 쓰며 막대한 시간을 소비한다. 매년 약 250만 편의 논문이 학술지에 게재된다. 그리고 게재된 인문학 논문 중 84%가 5년간 전혀 인용되지 않는다. 한편에서 편집인들은 논문의 수준이 자꾸 떨어진다고 불평한다. 학계가 자신의 연구 결과를 아무 데나 대충 끼워 넣으려 하기 때문이었다. 말은 점점 많아지고 쓸모없는 활동도 점점 많아지지만 모두 경력에 합산

된다. 물론 이것이 대학의 양적 평가 관리의 핵심적인 부분이다. 좋아 보이긴 한다. 비록 사회에는 아무 도움도 되지 않지만 말이다. 즉, 가짜 노동은 알베손이 속한 세계의 일부다.

알베손은 말한다. "하지만 대부분의 사람에게는 생각보다 훨씬 많은 운신의 여지가 있어요. 이상해 보이는 지시에 의문을 제기하면 생각보다 많은 지지를 얻을 수 있다는 걸 발견할 때가 많을 거예요. 하지만 가짜 노동이라고 대놓고 지적하면 사람들은 어떻게 반응해야 할지 모르죠. 아무 말 못 하고 불안해하며 어찌할 바를 모릅니다. 지위가 하락거나 잘릴 게 두려워서요. 하지만 그게 제일 큰 문제는 아닙니다. 제일 큰 문제는 많은 사람이 실은 허위 활동을 좋아한다는 거죠. 허위 활동은 미학적 기쁨과 위안을 주는 데다 멋지니까요. 진짜 문제를 외면할 수 있게 해주기도 하죠."

사람들이 늘 가짜 노동을 의식하는 건 아니다. 가짜 노동으로 바쁘기에 의문을 가질 시간이나 여유가 없다. 예를 들어 자기 회사가 '마켓 리더'이며 '세계적 수준'이고 '절대 안주하지 않는다' '절대 시간 낭비 하지 않는다' 이야기하고, 직원들이 업계에서 '가장 똑똑한 사람들이다'라고 끊임없이 주장하는 회사에서 일하고 있다면, 아마 직원들은 믿고 싶을 것이다. 눈앞에 주어진 어리석은 업무가 현재는 온전히 이해하기 어려운 더 높은 목적을 위한 밑 작업이리라 상상하고 입을 다물 것이다. 다른 사람들은 뭔가 아주 중요하고 가치 있는 일을 하며 나는 가짜 노동을 하는 유일한 사람이라고 생각하기 때문이다. 하지만 다른 사람들도 마찬가지라면?

과시성은 눈가리개와 같다. 우리는 자신이 식견 있고 효율적으로 일하며 필수적이자 놀라운 사람이라고 생각한다. 계속 그런 이야기를 듣고 싶어서 아무도 눈가리개를 제거하는 데 관심이 없다.

알베손이 우리와 헤어지며 말했다. "오늘 경제학과 학생들에게 그런 강의를 할 기회가 있어서 기쁩니다. 직업의 세계로 나가서 경영의 부조리라는 그물에 얽혀 꼼짝 못 하게 되기 전에 내가 한 말을 기억하게 될 가능성이 조금은 더 생겼겠죠."

8장
긍정이 지배하는 사회

부정보다 훨씬 힘이 센 긍정

'아니요'라는 말은 과거에나 가능했던 것 같다. 서구에서 1970년
대는 비판과 저항의 시대였고, 브래지어부터 핵무기에 이르기까
지 모든 것에 안 된다고 말했다. 하지만 1980년대부터 저항의 목
소리들이 사그라들기 시작했고 이런 경향은 1990년대까지 이어
졌다. 사람들은 더 이상 잘못과 악덕에 대한 비판을 통해 사회를
개선하길 원하지 않았다.

이제 사람들은 남들과 같이 흐름의 절정에 올라타고 남들
이 하는 프로젝트에 합류하느라 너무 바쁘다. '아니요'에 대한 두
려움은 '네'에 대한 갈망으로 대체됐다. 비판을 두려워하기보다는

남들과 연결되지 못할까 봐 두려워한다. 긍정성의 문화로 향하는 길을 닦아놓은 이 같은 변화는 이제 SNS의 '좋아요'로 표현된다. 긍정적이 된다는 것은 또한 남들에게 관심받는 한 방법이 되었다.

4장에서 보았듯 바빠 보인다는 것은 자기 보호의 한 방법이다. 필경사 바틀비의 "하지 않기를 선호하겠습니다"는 더 이상 선택 가능하지 않다. 열정은 이제 의무다. '아니요'라고 말하지 못하는 이유는 그 말이, 그가 헌신적이지 않고 동료들이 잘하기도 원하지 않는다는 경보 신호를 울리는 버튼이기 때문이다. 어쩔 수 없이 우리는 표출할 길 없는 이 스트레스에 대해 숨을 시근덕거리고 투덜대게 된다.

긍정성의 문화는 다양한 방식으로 군살을 찌운다. 부정적 비판은 적어도 깊은 곳에 있던 문제를 폭발시키고 상황을 폐지시킨다. 긍정은 반대다. 우리는 새로운 일을 계속 점점 더 많이 한다. 점점 더 빠르게, 점점 더 피상적으로.

긍정은 더 많은 일을 만들어낸다

커뮤니케이션 중에 부정성과 마주치면 그 일은 일단 정지된다. 누가 반대하면 나는 내가 진행하던 일에 이상은 없는지 고민하고 다시 결정을 내린다. 어쩌면 상대에게 반박할 주장을 만들어내야 할지도 모른다. 반대로 상대가 매우 긍정적이고 동의한다면 나는 바로 다음 단계로 나아간다. 긍정적 태도는 더 많은 일을 할 수 있음을 의미한다. 페이스북에서 엄지 모양으로 대표되는 '좋아요' 문화는 직장 문화에서도 확고히 자리 잡았다. 비판을 피력하거나 불만족스러워하는 근로자는 작업의 방해꾼이며 모두의 속도를 늦춘다. 긍정적 태도는 빠른 진척을 의미한다.

덴마크에서 두 번째로 큰 지자체인 오르후스는 알맞은 능력을 갖춘 사람보다는 알맞은 태도의 직원을 선호한다. 태도를 바꾸기보다 기술을 훈련시키기가 훨씬 쉽기 때문이다. 보건복지국장 호세아 두츠케는 말한다. "일에 대한, 그리고 동료 시민에 대한 태도는 이력서에 나열된 졸업증이나 자격증보다 우선입니다. 우리는 새 직원을 뽑을 때 기운차고 행복한 사람을 찾아요. 무엇보다 노인들과 일하는 데 의욕적이고 헌신적이어야 하니까요."

긍정의 첫 번째 인과응보

긍정성의 첫 번째 인과응보는 더 많은 노동이다. 일의 속도를 올리기 때문이다. 우리는 죽 나열된 업무 목록의 다음 지점으로 활기차게 뛰어간다. 그리고 그다음 비슷한 곳으로, 그다음 자리로 또 뛰어간다. 그래봤자 마주치는 것은 이미 익숙한 상황뿐이다. 과거의 모든 불평과 부정은 긍정성과 그것이 가져온 군살로 대체됐다.

두 번째 귀결은 긍정이 우둔함을 낳는다는 것이다. 독일 철학자 헤겔이 썼듯, 영혼은 부정을 정면으로 들여다보고 거기 거주할 때만 성립한다. 영혼에 대한 노력엔 시간이 걸린다. 부정과 다름에 거주하는 시간이 필요하기 때문이다. 그러나 이제, 그 노력은 빠른 진보와 중단 없는 긍정에 대한 고집에 자리를 내주었다.

고객에게 민감한 시대에, 모두에게 즉각 이해되지 않는 무언가를 환기시키는 것은 예술가의 전유물이 되었다. 지자체는 지역 유권자가 원하는 서비스를 제공하고자 이를 수행할 컨설팅 회사를 고용한다. 컨설팅 회사는 지자체 공무원이 원하고 즉시 이해할 수 있는 것 이외의 일을 감히 하려고 하지 않는다. 강사들은 학생들의 강의 평가를 기반으로 평가되므로 감히 외국어로 쓰인 어려운 교재를 나눠 주지 않는다. 일단 교육적 자기 개발이 규범적 권위를 잃자, 알 수 없는 외국어와 맞닥뜨린다는 것은 자아에 대한 모독이 되었다. 쉽게 소화 가능한 이유식 같은 학문의 등가물, 핵심 내용이 형광펜으로 칠해진 교재 이외의 것을 제공하는 것은 강사의 자격 부족 요건이 되었다.

도르테는 보험업계에서 일하며 긍정성에 푹 잠긴 다양한 경영진을 만났다. "그런 경영자는 제대로 된 파워포인트 발표 한 번으로 이사진 전체를 얼간이로 만들 수 있어요. 그리고 조금이라도 비판적으로 말하는 사람은 그 자리에 존재하는 유일한 멍청이가 되죠. 그런 프레젠테이션은 종종 끝도 없는 열정과 만나요."

도르테는 공허한 가짜 노동을 풍부하게 낳은 사례 하나를 떠올렸다. 직원들을 건강하게 만들겠다는 웅대한 계획이었다. "우리는 회사 로비에 러닝머신을 설치해 건강을 챙긴다는 걸 보여주자고 했죠. 그래서 나의 불쌍한 동료들은 러닝머신 위에서 터벅터벅 걸으며 동시에 일도 하는 것처럼 보이려 애써야 했어요." 심지어 페이스북과 인스타그램에 사진과 영상도 올리라는 격려를 당했다.

"건강 담당자가 돌아다니며 하루 중 언제 러닝머신에서 걷기나 달리기를 할 건지 물었어요. 그런 사람들은 최신 발상에 집착하는 경영자에게 인기가 있죠. 나는 러닝머신에 가야 할 때마다 그냥 회의가 있다고 거짓말했어요." 도르테는 우리를 번갈아 보더니 진저리가 난다는 듯 눈을 질끈 감았다. "러닝머신 위에서 대체 어떻게 일하겠어요. 그 시간에 일을 대신해줄 사람도 없고요."

부조리하고 피상적인 긍정의 군살들

새로운 것을 긍정적으로 받아들이면서도 낡은 것과 결별하지 않는다면, 얼핏 합리적으로 보일지 몰라도 실제로는 부조리한 행

동이 되며, 모든 게 피상적이고 긍정으로 생성된 군살의 일부가
된다.

지역 기관의 수장이었던, 6장에서 만났던 루이세는 모두
그렇게 바쁜 이유 중 하나가 새것을 적용시키고 나서 옛것을 흘
려보내기를 깜빡 잊었기 때문이라고 했다. 새 정책, 새 절차, 새로
운 것들을 받아들이려면 예전 것을 일정 부분 포기해야 한다. "그
러지 않으면 뭐가 너무 많아져서 어떤 일도 제대로 되지 않아
요." 물론 옛것을 흘려보내기 힘든 또 다른 이유는, 포기하는 대
상이 내내 시간 낭비였을지도 모른다는 걸 인정하기 싫어서일 수
있다.

"예를 들어 병가 규정에 시간과 노력을 모두 쏟거나 복지
를 개선하려면 연간 직장 환경 평가나 스트레스 방침 작업은 중
단해야 합니다. 그것까지 다 해낼 수가 없으니까요. 아니면 '얼른
해치워버리자'는 생각이 들기 시작하고 결국 건성으로 일을 마치
게 되죠."

왜 사람들은 새로운 일에나 옛날 일에나 그냥 안 된다고
하지 않는 걸까? 루이세가 말했다. "안 된다고 하는 직원이 되는
건, 믿을 수 없을 만큼 어려워요. 자리가 위태로워지겠죠. 특히 공
적 부문에서는 단호하게 반대하며 안 된다고 할 때마다 잘릴 각
오를 해야 해요."

모두를 포함해야 긍정이다

더 많은 가짜 노동을 낳는 긍정의 네 번째 측면은 포괄성이다. 만일 관리자가 결정을 내리기 전에 모두의 의견을 묻는다면 직원들은 자기 의견이 반영되고 있다고 느낄 것이고 직장 분위기는 긍정적일 것이다. 하지만 그러려면 회의를 많이 해야 한다.

덴마크의 큰 NGO를 운영하던 메테를 돌아버리게 만든 건 이 부분이었다. 그 단체는 자기들한테 '핵심 서사'가 필요하며 모든 직원의 의견을 들어야겠다고 결정했다. "직원 1명이 핵심 서사에 대한 정의를 내리느라 1년을 보냈죠. 어떻게 1년이나 걸리는지 난 정말 이해되지 않았어요. 만약 나한테 책상에 1시간만 앉아 있게 해준다면 아무거라도 이야기를 써낼 텐데요!" 그녀는 그 동료가 다른 구성원들의 의견을 모두 압축하며 1년을 보낸 과정을 설명했다. 사실 그럴 필요가 없는 일이었다. "관리자 하나가 앉아서 핵심 서사랑 운용 방식을 정하면 되는 거였어요." 메테는 다소 체념한 듯 침묵하더니 말했다. "시간과 에너지 낭비였지만, 우리 업계가 그런 식이죠."

왜 모두를 포함시켜야 하냐고? 긍정적 합리성의 핵심 원칙은 모두를 포함시키는 것이다. 누구도 '아니요' 할 수 없다는 점을 생각하면 모두에게 귀를 기울이는 것이 합리적으로 보인다. 이 습관은 널리 퍼져 있다.

메테가 계속 이야기했다. "문제는 우리가 통찰력을 잃고, 애초에 누가 우리를 대신해 이 모든 일을 만들어냈는지, 이유가 뭐였는지 잊었다는 거죠. 그냥 지나가는 유행일 때가 많아요. 어떤 때는 이런저런 근거 마련이나 요청 때문일 수도 있죠. 수많은 회의 때문일 수도 있어요. 모두가 '공동 창조'에 대해 떠들고 난 다음, 사무실로 몰려가서 우리가 어떻게 '공동 창조'에 접근했는지 그리고 어떤 전략을 취했는지 보고서를 작성하죠."

답이 정해져 있는 가짜 참여

포괄성은 조직에 군살만 쌓는 게 아니라 결국 어디서 누군가 결정 내린다는 사실을 감춘다. 루이세는 포괄성을 '합법화 활동'이라고 표현했다. "직원들과 상황을 의논함으로써 동료를 포함시켰다고 인정받으려는 거죠. 그러면 나중에 반대하거나 문제를 제기할 수 없게 돼요. 나도 가끔 이미 내려진 결정에 직원을 참여시키려고 시간을 투자해요. 순수한 가짜 참여죠. 직원들이 뭐라든 상관없어요. 아무 영향력도 없고, 아무것도 바뀌지 않을 거예요. 그저 직장 내 정치일 뿐이죠."

　루이세는 가짜 참여가 특히 북유럽의 관습이 되었다고 말한다. "북유럽 경영 스타일에 대해 좋은 평도 많지만 때로는 그냥 리더가 결정 내리는 게 나아요. 그러지 않으면 모두가 충분하다고 느낄 때까지 의견만 듣고 또 들어야 할 테니까. 북유럽 모델이 지독히 시간 소모적이라는 생각이 가끔 들어요."

루이세가 설명한 것, 겉으로만 직원이 결정에 영향을 미치는 듯 보이는 상황은, 가짜 노동의 벽에 머리를 박는 것과 같다. 그것은 허위 활동이며, 임원이 이미 하기로 결정한 일에 시간을 허비하는 사기다. "덴마크에도 위계는 있습니다. 평소 이용하기를 좋아하지 않아서 그렇죠."

루이세가 우리에게 최근 사건을 들려줬다. 루이세는 회사에 인력을 새로 뽑을지 결정해야 했다. 그런데 경영진이 아닌 어느 팀 직원이 특히 반대했다. 루이세는 그 직원을 달래느라 많은 시간을 허비하다가 마침내 노골적으로, 그녀가 책임자고 최종 결정을 내리는 것 역시 그녀임을 분명히 했다. "의견을 들어줄 수 있는 상황인 척하느라 많은 시간을 허비했지만 그런 상황이 아니었어요." 어쨌든 존재하는 공식 위계를 직원들이 그냥 받아들이면 훨씬 쉽게 진행되었을 것이었다.

북유럽인이 아닌 독자는 그냥 잡음을 차단하면 되는 문제 아니었냐고 생각할지도 모른다. 하지만 합의 문화는 그렇게 작동하지 않는다. 만약 그럴 경우 직장 전체가 흔들리며 모두가 당황할 것이다. 북유럽 직원은 종종 명령을 모욕으로 간주한다. 그래서 의사 결정을 둘러싸고 긍정성과 적극성의 장려에 그렇게 많은 시간이 바쳐지는 것이다. 좋은 결정이라고 단순히 직원들을 설득하는 것만으론 충분하지 않다. 개인적으로 결정을 내리는 데 참여했다고 느끼게 해야 한다. 북유럽의 이 잘난 사람들을 설득하고 움직이기 위해서는 뚜렷한 안건 없이도 극도로 긍정적이고 적극적인 많은 대화와 회의가 필요하다.

참조 이메일에 파묻히다

긍정적이고 적극적인 포괄의 또 다른 형태는 참조 이메일이다. 원래 참조(cc)란 20세기에 문서를 1부 더 복제해 보관하기 위해 사용했던 먹물지(carbon-copy)를 뜻하는 말이다. 이제 참조는 많은 여분의 이메일을 보내고 받는 상황을 의미한다.

루이세는 모든 일에 참조를 받고 있다. "받은 편지함을 보는 게 정말이지 지긋지긋해요. 1초라도 눈을 떼면 폭발해버리죠. 이메일은 업무량을 줄여주지 못해요. 대충 써서 보내고 참조까지 시키는 건 너무 쉽죠. 그런데 막상 참조 이메일을 받으면 어떻게 해야 할지 모를 때가 많아요. 공공 부문에서는 답하기가 특히 까다롭거든요. 시간이 부족한 상황에서 굳이 열어 볼 필요 없는 게 분명한 첨부 파일이 예닐곱 개가 포함돼 있다면, 그냥 지워버리고 싶어요. 하지만 읽지 않았다가 문제가 생기면 어쩌죠?"

이메일을 받거나 열어 보는 것만으로 뭔가를 승인하게 된다는 것, 공무원의 악몽이다. 그러나 대체로 다른 방도가 없을 때가 많다. 이메일을 처음부터 끝까지, 읽으며 내내 시간 낭비라는 괴로운 의심이 자라도록 내버려두는 수밖엔 없다. "참조는 공공부문에서 자신을 지키는 방법이에요. 뭔가 잘못되었을 때 비난의 화살이 자신에게만 꽂히지 않도록 공유하는 확실한 방법이죠. 불행히도 모두가 아는 방법이기 때문에 우리는 모든 이메일을 읽어야 합니다."

긍정성의 지배에서 벗어나려면

이메일과 회의 문제는 다음 장에서 더 깊이 다룰 것이다. 지금은 긍정성이 좋을 때와 그렇지 않을 때에 대한 구분을 좀 내려보자.

긍정성이 우리나 다른 사람이나 양쪽 다를 포함하는 것일 때는 루이세가 말했듯, 그다지 위험하지 않다. 다만 기본 설정으로서의 긍정성이, 직장 내 미소와 격려만 퍼뜨리는 것은 아니라는 점에 유의하자. 더 많은 무의미한 일도 생산해낸다는 것. 디젤엔진 자동차를 모는 것이 그리 나빠 보이지는 않지만, 끊임없이 화석연료를 때는 것이 필연적으로 환경을 오염시킬 수밖에 없는 것처럼 말이다. 거르지 않는 긍정성도 같은 결과를 가져온다.

정부가 긍정성에 세금을 물리기는 어려울 테니 대신 우리는 사람들의 사회적 책임감에 호소해야 한다. 긍정성을 통제하고 포괄에 대한 욕망을 자제하라고 말이다. 과시는 끈질기게 퍼지는 속성이 있다. 우리 모두에게는 하찮은 가식에 대해 별생각없이 동조하고 박수 쳐주는 속성이 있기 때문이다.

만일 자기애로 부풀어 오른 조직에 아무도 비판하지 않고 지적하지 않고 구멍을 내지 않는다면, 조직이라는 풍선은 계속 커지고 무의미한 가짜 노동으로 더 빵빵하게 채워질 것이다. 우리에게는 풍선에 핀을 찔러 폭주하는 긍정성의 파티를 끝낼 의무가 있다.

늘 '아니요'라고만 말하라는 것이 아니다. 노동을 더욱 얄팍하게 늘리기만 하는 강압적 긍정성에 한몫 보태지 않으면서, 예의 바르고 친근한 동료가 되는 방법이 분명 존재한다. 긍정성이 지배하는 곳에서 분별 있게 행동하려면 용기가 필요하지만 화려한 최신 용어로 포장된 유리병에 담긴 곤죽 상태의 이유식을 다른 이들에게 떠먹이지 않는 건 우리의 시민적 의무다.

9장
무의미한 노동시간 줄이기

그 회의에 안건은 없었다

이 책의 저자인 아르네스와 데니스는 둘 다 컨설팅업계에서 일한 적이 있다. 아네르스는 덴마크 회사에서 7년 일하며 포용적인 사람으로 보이고 싶어 하는 많은 심리학자와 협력했다. 한 달에 꼬박 하루 반에서 이틀 정도 직원들이 '서로 관계 맺는' 회의에 참석해야 했던 것은 아마도 그래서였을 것이다.

그 회의에는 안건이 없었다. 격식 없는 수다로 시작되어 한두 시간 동안 떠오른 논제를, 앞에 걸린 큰 종이 3~4장에 적었다. 딱히 생각나는 논제가 없다고 하면 열심히 참여하지 않는 것으로 간주되었다. 그래서 노련한 직원들은 늘 두셋의 논제를 만들어냈다. 몇 시간이 지나고 칠판에 20~30개의 논제가 채워질 쯤에야 회의를 본격적으로 시작했다.

회의 시간엔 모두가 다양한 논제에 대한 자신의 생각을 말했다. 외부에서 훨씬 영민한 자문을 투입하는 게 더 좋았을 테지만 각각의 직원은 바퀴를 재발명할 지경의 전문가처럼, 혹은 내면의 실험실 결과물을 발표하기까지 충분한 시간이 주어져야 하는 연구자들처럼 대우를 받았다.

논제는 딱히 우선순위를 따지지 않았다. 첫 번째 사람이 제시한 첫 번째 논제를 먼저 토의했다. 아무 결론에도 도달하지 못했고 아무 결정도 내리지 않았다. 종종 논제 하나에만 두세 시간이 걸렸다. 20에서 30개 논제 중에서 이틀 동안 겨우 4개, 많아야 5개를 토론했다.

그렇게 많은 시간을 그렇게 체계적이지 않은 방식으로 허비하며 다른 사람의 지식이 아니라 의견을 듣고 있어야 한다는 것에 아네르스는 심히 좌절했다. 어느 순간 아네르스는 질문을 하나 던졌다. 심리학자는 늘 이런 식으로 회의를 소집하느냐고. 좋지 않은 수였다. 그 질문에 예닐곱 명의 동료가 기분이 상했다.

좌절감을 참을 수 없던 아네르스는 어느 날 스스로 이 수수께끼를 풀었다. 이 시간이 이름만 회의인 거라면 어떨까? 실제로는 이 시간이 전혀 회의가 아니라면? 이것이 학생 때 들었던 수업 시간이라면 어떨까? 그냥 '자유 토론 시간'이라면? 그러자 모든 게 납득됐다. 그 후로 아네르스는 별다른 불만 없이 기나긴 직원 회의에 참석했고 '자유 토론 수업 시간'에 참석하는 대가로 봉급을 받는 데서 기쁨을 찾았다. 케이크나 카드게임, 학창 시절 일반적인 사교 시간을 즐길 때처럼 말이다.

가짜 휴식 말고 진짜 휴식

"우리 모두 반나절 동안 해변에 누워 있을 수도 있었어요. 또는 오전은 쉬고 오후에 일하거나요. 그렇게 하기로만 했으면 그게 훨씬 효율적이었죠."

덴마크 전역에서 활동하며 다른 나라에도 많은 지부를 가진, 가장 큰 NGO 중 하나의 고위 경영진인 메테가 말했다. 메테는 인도주의적 목표에 헌신하는 많은 자원봉사자와 지지자가 따르는 조직에서 21명의 직원을 이끌고 있다.

그녀는 기본적으로 자신의 조직이 최고로 기능할 때 해내는 일에 자부심을 가지며 만족하고 있다. 조직의 목표와 일하는 방식, 성취해낸 좋은 결과들을 지지한다. "기본적으로 우리는 잘하고 있어요." 하지만 조직 내부를 들여다보면 상황은 꽤 다르다.

"공식적으로 나는 전략 개발 일도 하고 있어요. 우리 사업방식을 개선할 방향을 찾아서요. 문제는 내가 그런 종류의 일에는 시간을 거의 쓰지 않는다는 거죠. 눈에 띨 정도로요. 원래는 일주일에 이틀 정도는 그 일을 해야 할 테지만 난 그런 식으로 일하지 않아요."

최근 한 달 정도 여름휴가를 가지면서 메테는 사무실에서 보낸 그 어떤 시간보다 더 효율적이고 집중해 일할 수 있었음을 느꼈다. "휴가 중에 이따금 반나절이나 잠깐 사무실에 들렀을 때가 훨씬 생산적이었어요. 나 혼자 일하면 되니까, 더 효율적으로 우선순위를 정할 수 있었죠. 온갖 잡일로 꼼짝 못 하다가 엉망이 되지도 않았고요. 모든 게 그만큼 명료해졌어요. 사실상 제대로 된 상사 노릇을 하며 사람들에게 할 일을 지시할 수도 있었죠."

하지만 휴가에는 늘 끝이 있다. 8월에 우리가 메테와 인터뷰했을 때 그녀는 직장에 막 복귀한 참이었다. "사람들이 다시 나에게 온갖 종류의 일을 물어요. 우리 단체의 세미나를 위해 어느 회의장을 예약할 것인지까지도요. 자기들끼리도 얼마든지 잘 결정할 수 있는 일인데 말이죠. 자기가 일을 어디까지 했는지 굳이 보여줘요. 내가 굳이 알 필요도 없는데도요. 그런 회의가 줄줄이 나를 기다리고 있어요."

온갖 회의가 NGO를 훼손시키고 있다고 메테는 확신했다. "너무 오래 끄는 회의, 허술하게 계획된 회의, 너무 많은 사람이 모인 회의……. 아무튼 너무 많아요."

회의라는 만성 질병

메테가 옳다. 덴마크 인구는 약 500만이지만 지난 10년간 회의하
는 법에 관한 책은 25권이 출판됐다. 그렇게 제한된 주제에 대해
그렇게 많은 출판물이 나왔으니 시장은 포화 상태고 유행은 한물
갔다고 생각할 수 있다. 하지만 그렇지 않다. 회의를 소집하는 것
이 합리적으로 보이기 때문일 것이다.

우리는 회의의 합리화가 조직을 갉아먹으며, 8장에서 본 긍
정과 포괄의 합리화와 연결되고, 더 나아가 7장에서 살펴본 홍보
패러다임과도 연결되어 있다는 의심을 지울 수가 없다. 홍보와
소통의 중요성, 그리고 포괄성의 인도주의는 지당하지만 회의의
합리화는 다양한 정도의 수다스러움으로 무장하고, 이제 온갖 종
류의 모임에 복무한다.

컨설팅사 베인(Bain)의 조사에 따르면 관리직에서조차 회
의 절반 이상이 비효율적 혹은 매우 비효율적이라고 판단했다.
미국의 또 다른 연구에서는 45%의 회의가 내부용임을 보여준
다. 즉, 매일 보며 대화 나누는 사람들과 회의를 또 한 것이다. 실
제로 우리가 만난 거의 모든 사람이 불필요하고 잦은 회의를 조
직 내 만성 질병으로 보았다. 거의 100년에 걸쳐 사업가들은 시
간을 합리적이고 신중하게 사용하는 확실한 첫 단계가 회의를 계
획하는 것임을 믿어 의심치 않았지만, 최근의 연구들은 모든 회

의의 63%가 아무 안건도 없음을 보여준다.

그럼에도 회의가 계속되는 한 가지 이유는 아마도 회의를 옹호하고 조언하는 모든 종류의 서적들이 잘못된 가정에 근거하고 있기 때문일 것이다. 인류가 본성적으로 가능한 한 가장 효율적이기를 원한다는 가정 말이다. 또한 회의에 대한 좋은 조언을 담은 모든 서적들이 간과하고 있는 사실은, 많은 직장인에게 회의가 여가 대신이 되었다는 점이다. 오늘날 회의는 느긋한 시간을 보내는 합법적인 자리가 됐다. 파킨슨의 법칙의 강력한 힘이 너무 간과되고 있다는 걸 잊어서는 안 된다.

또 한 가지 이유는 아마도 단순히 회의를 개최하는 것이 합리적으로 보이기 때문일 것이다. 다 같이 모여서 뭔가 해내며, 소통하고 포함시키고 다른 이들을 승인해주는 자리이니 말이다.

"우리 업계에서 일과 자아 정체성은 서로 아주 밀접히 엮여 있어요. 우리에게 일은 곧 삶의 방식이죠. 그래서 진짜 필요한 것보다 조금 더 오래 미적거려요. 일한다기보다는 노는 거죠." 메테의 말이 멋져 보였다.

그래서 우리는 한마디 했다. "그럴지도 모르겠네요. 하지만 시간 낭비에 불과하죠. 이상한 건 다들 너무 바쁘다고, 너무너무 바쁘다고 말하는 겁니다. 할 일이 너무 많아서 스트레스를 받는다고요. 하지만 그런 구조를 만든 건 자기 자신 아닙니까?"

메테는 잠시 생각하더니 말했다. "맞아요, 정신 나갈 만큼 많은 회의를 만들어서 하죠. 우리 분야에서는 서로 죽을 때까지 만나요."

우리는 메테에게 근무시간의 얼마를 회의로 보내느냐고 물었다. 눈 하나 깜짝하지 않고 그녀는 대답했다. "6분의 5 정도요." 그래서 그녀는 낮에 빽빽한 회의들 때문에 할 수 없는 중요한 일을 하느라 저녁 시간도 써야 한다.

회의의 유일한 목적

4장에서 만났던 토케 또한 회의가 엄청난 양의 시간을 잡아먹으며, 지난주에 자기가 무슨 일을 했고 얼마나 잘하고 있는지 자랑하고 싶은 이들을 위한 의미 없는 정보 갱신의 자리로 자주 이용된다고 말했다.

대학에서 일하는 토케와의 인터뷰는 어느 화요일 오후 우리 사무실에서 진행되었다. 사실 그 시간에 그는 교원 회의에 가야 했다. 토케가 말했다. "상관없어요. 안 가도 돼요." 그가 보기에 교원 회의는 또 다른 직장 내 시간 낭비일 뿐이었다.

우리가 물었다. "회의에선 뭘 하죠?"

토케가 의자에 앉아 조금 몸을 흔들며 말했다. "아주 좋은 질문이에요. 한두 가지 안건은 중요할 수도 있지만 그 밖에는 그저 말만 너무 많아요. 비생산적인 대화죠. 회의는 공식 결정권이 있는 자리는 아니니까요." 토케도 메테처럼 회의가 결코 의미 있는 결론에 도달하지 못하며 그저 한두 시간의 근무시간을 때우는 수단일 뿐이라고 느꼈다.

"상사는 늘 다가오는 합병 소식을 들려주는 데 회의 시간의 30분을 쓰지만, 회의에서 그녀는 늘 아직 아무것도 결정된 게 없다고 결론을 내려요." 지난 교원 회의 이후 그녀가 합병에 관한 예닐곱 번의 회의에 참석하고 난 후인데도 그랬다. 아무리 회의를 거듭해도 실은 아무 정보가 생기지 않는 것이다. 그녀는 교원 회의 때 이런 비정보를 다양한 추측 내지 상념과 함께 전하고 나서, 교원들의 두려움을 달래주려고 "걱정할 필요는 없다"는 결론을 내렸다.

즉, 회의는 무의미한 안건과 동기 부여의 가장행렬이다. 종종 사람들이 냉혹하고 엄정한 시간과 돈의 가치에 부합하는 뭔가를 하고 있다는 걸 보여주기 위해 개최된다. 다른 사람에게 관계없는 정보를 나누고, 자신이 얼마나 바빴는지를 증명하는 것이 회의가 가진 유일한 목적이다.

목요일까지만 일하는 회사

많은 회사가 여전히 끙끙거리며 더 많은 시간을 일하고, 직장에서 보내는 시간과 가치 생산량 사이의 비례관계를 믿고 있을 때, 코펜하겐의 한 작은 회사가 기어의 방향을 바꿨다. IIH 노르딕은 데이터와 디지털 사업을 하는 회사다. 어느 목요일 오후, 50명의 IIH 직원들은 서로에게 좋은 주말을 보내라며 인사하고 뿔뿔이 흩어졌다. 일주일에 4일만 일한 것이다.

우리는 당연히 IIH 노르딕의 CEO와 이야기해보기로 했다. 그가 직원들의 시간이 무의미하고 불필요한 추구에 허비되어선 안 된다는 걸 깨달은 경영자임에 틀림없다고 생각했기 때문이다.

이 회사는 예전에 의류 공장이었던 널찍하고 천장이 높은 건물에 입주해 있다. 기계는 오래전에 사라졌지만 거친 공장의 미학은 보존되었다. 이 건물은 우리 후기 산업 시대 업무 환경에 아직도 그림자를 드리운 전통적 산업을 씁쓸하게 상기시킨다. 옛 시절에 노동자들은 직조 기계 앞에서 가동 시간 내내 차곡차곡 옷감을 생산했다. 그때는 노동자가 37시간 대신 40시간을 일하면 더 많은 가치가 생산됐다.

하지만 지금은 현대의 사무직 노동자가 더 많은 시간을 일한다고 해서 더 많은 가치를 생산하지는 않는다. 그렇다면 왜 우리는 아직도 그것을 자연과학의 법칙처럼 믿고 있을까? 우리는 맨해튼에 있는 IIH 노르딕의 세련된 사무실에서 만난 헨리크 스텐만 이사에게 이것을 질문했다.

"나는 늘 기술과 더 영리하게 일하는 법에 관심이 많았습니다." 스텐만이 이야기를 시작했다. 어릴 때 자전거 타고 학교에 가는 여러 방법 중 제일 효율적인 길을 찾아내려고 온 동네를 헤집고 다녔던 자신의 일화를 들려줬다. 그의 경험으로 봤을 때 지도상 길이는 별 의미 없었다. 신호등이 하나 적거나 하는 작은 차이에 따라 더 빨라질 수 있었다.

이렇게 되면 스텐만은 그냥 프레더릭 테일러의 측량과 통제의 패러다임을 계승한 경영자 중 하나로 보일 수 있다. 늘 유선형에 끌리고 스톱워치나 계산기를 가까이 두는 유형 말이다. 하지만 테일러와 큰 차이점이 있다. 스텐만은 그렇게 절약한 시간을 더 많은 일을 하는 데 사용해야 한다고 생각하지 않는다.

"사람들이 이메일 쓰는 방식을 예로 들어보죠. 대부분은 25년 전과 똑같은 방식으로 사용합니다. 받은 편지함이 있고 보낸 편지함과 보관함이 있죠. 차이점은 지금 우리가 훨씬 많은 이메일을 받는다는 것입니다."

우리는 그의 말에 동의하며 고개를 끄덕였다.

"사무직 직원은 근무시간의 40~60%를 회의와 이메일에 사용합니다. 널리 알려진 사실이죠. 하지만 아무도 채용 면접 때 이메일 프로그램을 잘 다루냐는 질문을 하지는 않습니다."

시간을 잡아먹는 것 중에는 물론 회의가 빠질 순 없다. 이 장의 사실상 주인공인 그 비겁한 시간 도둑 말이다. 인류가 존재하는 한 회의는 계속될 듯하다. IIH 노르딕은 과연 그 도둑을 잡을 수 있었을까? 답은 간단하다.

시간을 줄이면 일도 준다

스텐만이 물었다. "파킨슨의 법칙을 아나요?" 우리는 당연히 고개를 끄덕였다. 이 회사의 인상적인 근무시간 감축에 고려된 핵심 개념이다. IIH 노르딕은 파킨슨의 법칙을 그냥 뒤집었다. 만일 일이 늘어나 가용 시간을 채운다면 그 반대도 진실이어야 한다. 근무시간을 줄이면 일은 결국 제한된 시간으로 할당될 것이다. 스텐만의 조치는 그것이었다.

"왜 회의가 1시간이나 돼야 하냐고 물었죠. 그랬더니 직원들의 설명은 논리적이지 못했어요. 아웃룩 프로그램의 스케줄 기능이 1시간 단위로 돼 있어서 그렇다는 거예요. 그러나 회의 시간이 1시간으로 설정되고 나면 17분 만에 안건이 해결돼도 아무도 그만하자고 요구하지 않는다는 걸, 우리는 파킨슨의 법칙을 통해 이미 알고 있죠. 오히려 세부 사항을 물고 늘어지며 질질 끌어요."

스텐만은 또 다른 유력한 용의자를 지목했다. 허술한 준비, 무능력한 의장, 부적절한 안건, 그 밖의 다른 것들 말이다. 이 중 몇몇은 역시 그저 파킨슨의 법칙을 뒤집기만 해도 굴복시킬 수 있다. IIH 노르딕은 아웃룩 프로그램의 기본값을 바꾸었다. 이제 회의 시간은 20분이다. 그러자 놀랍게도 직원들은 회의에서 허비되던 40분을 새로 얻었다.

"예전에 읽은 바로는 덴마크의 관리자는 주당 평균 17시간을 회의에 쏟는다더군요. 심지어 그 수치는 점점 올라가고 있고요. 그걸 반으로 줄이면 우리처럼 일주일에 4일만 일하고도 같은 효율을 낼 수 있을 거예요."

우리는 탁자에 둘러앉아, 목요일부터 주말이 시작되면 대부분 관리직의 자존심과 평판이 타격받을 게 분명하다며 웃었다. 하지만 스텐만이 옳다. 상사들이 그렇게 많은 시간을 낭비하는데 신경 쓰는 사람이 아무도 없다면 잘못이다. 그리고 논리적 결론을 끌어내 더 효율적으로 바뀐 것에 대해, 주말을 일찍 시작하는 것에 대해 인정해야 한다. 어차피 직원은 돈 받은 만큼의 일만 다 하면 된다. 이제는 단지 시간이 '덜' 걸릴 뿐이다.

"피곤할 때도 원기가 있을 때만큼 효율적으로 일할 수 있으리라는 건 환상입니다. 다들 잘 알죠. 그럼에도 사람들은 그렇게 믿고 싶어 합니다. 또한 사람들은 2시간 일하는 대신 8시간을 일하면 4배로 많은 일을 할 거라고 믿습니다. 하지만 사람들이 늘 효율적일 수는 없다는 게 단순한 진실입니다."

그 말 역시 옳다. 이런 관념은 이 회사 건물에 직조 기계가 들어차 있고 땀투성이 노동자가 의류를 양산하던 옛날로 거슬러 올라간다. 근무시간과 생산력이 서로 비례관계라는 환상은 현대에 와서도 끈질기게 계속되었다.

근무시간 길이와 생산력의 관계

근무시간 길이와 생산력의 상관관계에 관한 연구는 긴 근무시간과 막대한 야근을 뽐내는 사람들에게 시사점을 준다. 스탠퍼드 대학 연구에 따르면 생산성과 근무시간 사이엔 딱히 강한 상관관계가 없다. 적어도 근무시간이 주 50시간에 가까워질 때는 말이다. 그것이 설령 컴퓨터 앞이 아니라 기계 앞에 서서 하는 진짜 무대 앞 노동이라고 해도 마찬가지다.

50시간 이후에는 부가가치가 하락하기 시작한다. 63시간 이후에는 완전히 급락하며 생산성의 우물이 말라버린다. 노동자들이 너무 지쳐 효율성이 제로로 떨어지는 것이다. 객관적으로 봤을 때, 주당 70시간을 일하면 그중 15시간은 완전히 아무것도 하지 않으면서 보내게 된다.

저녁 식사나 다른 사교 모임에서 이런 막중한 업무량을

뻐기면, 남들이 놀라워할지도 모른다. 하지만 실제는 차라리 15시간을 무위로 버리는 데 창피함을 느껴야 한다. 다시 말해, 고용주는 15시간의 허위 활동에 임금을 지급한 것이며 직원은 가깝고 소중한 사람들에게 썼어야 할 15시간을 회사에 빼앗긴 것이다.

기묘하게도 이에 대한 연구는 한 세기 이상 이어졌다. 스위스의 차이스 연구소들은 1880년대부터 근무시간과 효율성의 관계를 측정하기 시작했다. 생산성은 40시간 이후 급락했고 초과 근무의 이득은 높아진 임금으로 상쇄되었다. 이 점에 대해 현대 기업들이 신경 쓰지 않은 이유는, 노동자들이 공식적으로는 37시간의 임금을 받지만 종종 스스로를 채찍질해 50시간 일하기 때문이다. 회사보다는 직원이 더 손해를 보고 있었다.

거시경제적 관점에서는 길어지는 근무시간이 생산성에 좋지 않은 게 당연하다. 예를 들어 영국의 생산성은 2008년 정체를 맞은 반면, 주48시간 이상 일하는 인구 비율은 15% 증가하며 영국을 유럽에서 가장 열심히 일하는 국가 3위로 끌어올렸다. 영국인은 헛되이 고생하고 있었다.

고개를 돌려 개발도상국을 봐도 전체적인 패턴은 같다. OECD에서 조사한 아래 도표의 수치가 가리키는 의미는 명확하다. 더 많은 시간을 일한다고 생산력이 유지되는 게 아니라는 뜻이다.

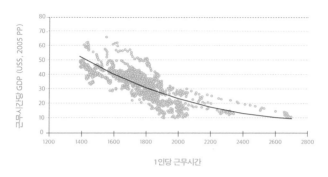

근무시간 길이와 생산성의 관계
(OECD 국가들, 1990~2012)

근무시간당 GDP (US$, 2005 PP)

1인당 근무시간

　　이런 도표는 IIH 노르딕 직원들에겐 익숙하다. 그들 자신의 기록이 정확히 같은 패턴을 보여주고 있기 때문이다. 이는 회사의 원자료에 접근 권한을 얻은 저자 페르닐레 가르데 아빌고르의『주4일제의 비밀』에 기록되었다.

　　직원들이 더 적게 일할수록 IIH 노르딕의 매출은 증가했다. 근무시간이 줄어든 후에 세전 수익은 거의 두 배가 되었다. 또한 병가가 50% 줄었다. 주간 직원 만족도 조사에서 스트레스 지수는 최저 수준을 보여주었다. 반면에 업무 의욕과 전반적인 삶의 질은 일관되게 증진됐다.

　　IIH는 더 적게 일하는 게 더 많이 생산한다는 걸 깨달은 유일한 회사가 결코 아니다. 리버풀의 마케팅 대행사의 두 달에 걸친 실험도 같은 놀라운 결과를 보여줬다. 이들은 근무시간을 2시간 줄이고 1시간 더 긴 점심시간을 도입했다. 어떻게 근무시간을 줄였냐고? 회의 시간을 짧게 만들었다. 1시간 걸리던 회의를 15분으로 줄였다. 그러자 생산성이 급증했다.

그보다 전인 2002년에 토요타 스웨덴 법인은 하루 6시간 근무를 실험하고 나름의 장점이 있음을 발견했다. IIH처럼 더 커진 애사심과 행복해진 직원들, 높은 매출이라는 열매를 수확했다. 2019년 『하버드 비즈니스 리뷰』는 주4일 근무를 실험한 회사들에 대해 설문을 진행했다. 대부분 회사에서 더 높은 만족도, 더 높은 생산성, 더 나은 매출을 얻었다.

방해받지 않는 포모도로 시간

헨리크 스텐만은 말한다. "예를 들어, 일을 다 하기까지 2시간밖에 없다면 엄청 효율적으로 일하게 되겠죠. 그다음에 쉴 수 있다고 하면 더 많은 일을 해낼 겁니다. 우리가 '포모도로'로 성취하려는 게 그겁니다."

포모도로는 1980년대 이탈리아에서 발명된 작업 기술이다(포모도로는 이탈리아어로 토마토다). 프란치스코 시릴로가 실험에 사용한 발명품인 작은 토마토 모양의 타이머 이름에서 따온 것이다. 프란치스코 시릴로는 사람들에게 하나의 과제를 주고 25분 후 타이머가 울리기 전까지 열심히 일하게 했다. 25분이라는 시간은 방해 없는 '집중 작업'에 온전히 바쳐졌고 일반적인 작업보다 훨씬 효율적임이 증명되었다. 25분 후에 노동자들에게 가치 있는 5분간의 휴식이 주어졌다. 그러고 나서 다시 집중해 일할 수 있는 25분이 주어졌다.

IIH에는 모두의 책상에 빨간 점멸등이 있다. 그곳에 불이 들어오면 포모도로가 시작된다. "아무도 그 직원을 방해할 수 없어요. 전화도 받지 않고 아무하고도 말하지 않죠. 결과적으로 그 25분 안에 평상시보다 훨씬 많은 일을 해내게 됩니다. 우리 대부분은 집중해 하던 일을 방해받았다가, 다시 이전처럼 집중하려면 10~20분이 걸리기 때문입니다. 방해받을 때마다 우리는 재가동 시간이 필요합니다. 끊임없이 방해받는다면 사실상 일할 시간이 없는 것처럼 느껴지기 시작하죠."

즉, 가짜 노동을 하고 있다는 기분을 느끼게 되는 건 업무가 의미 있고 능숙해지는 상태까지 충분히 깊이 파고들 시간이 없기 때문일 수 있다.

헨리크 스텐만에 따르면 이런 방해는 시간이 남는 듯 보이는 동료로부터의 이메일, 회의, 전화에서 기인한다. 점점 더 디지털화돼가는 현실에서 이 문제는 더욱 나빠지기만 한다.

이메일의 수렁에 빠진 사람들

2012년 애틀랜틱 미디어라는 미국 회사의 최고 기술 책임자 톰 코크런은 이메일에 익사하는 기분을 느끼고 있었다. 그와 같은 진정한 데이터광이 그렇듯 코크런은 자신이 이메일을 보내고 받고 읽는 데 들이는 시간을 재봤다. 일주일에 284통을 보내고 511통을 받았다. 하루에 160통이었고 그냥 그의 회사와 다른 조직 사이에서 나고 드는 정보의 중간 기착지 역할만 하며 각각에 30초씩 시간을 쓴다고 해도 하루에 90분이 걸릴 것이었다.

지금까지 아무도 톰에게 이메일을 잘 읽고 쓰냐고 물은 사람은 없었다. 그가 그래서 고용된 것은 아니었으니까. 이메일을 읽고 쓰라고 봉급을 줄 사람은 없다. 업무 규정에도 없다. 그럼에도 그는 점점 더 이메일에 쓰는 근무시간이 늘어갔다.

톰 코크런은 이를 더 파고들어 가봤다. 그는 조직 내 이메일 교환량을 측정할 권한을 얻어냈다. 정보와 계산기로 무장한 그는 애틀랜틱 미디어의 직원들이 매년 이메일 답장에 수백만 달러를 쓴다고 결론 내렸다. 이런 이메일 일부는 의심할 바 없이 중요하고 아마 직원들을 더욱 불필요한 회의에서 구해줄 정보를 담고 있을 것이다. 하지만 그런 이메일은 드물다. 대부분의 이메일은 사람들을 방해하고 실제 일에서 주의를 분산시킨다.

2016년 베스트셀러 『딥 워크: 강렬한 몰입, 최고의 성과』

를 쓴 저자 칼 뉴포트에 의하면 우리는 직장 내 산만함에 익사하고 있다. 시간을 무가치한 데 쓰는 것이다. 뭔가 의미 있는 곳에 쓸 수 있었던 시간을 말이다. 이메일이 주범 중 하나로, 멀티태스킹에 관한 잘못된 발상도 종범들 중 하나다. 늘 수많은 일을 수많은 다른 사람과 함께 동시에 처리하려는 경향 말이다.

칼 뉴포트에 의하면 회사들은 수십 년간 '연결' '시너지' '합동 창조' 같은 발상을 수호해왔고, 그것이 문화를 형성해 우리에게 언제나 타인의 일을 분열시킬 권리가 있다는 관념을 은근히 심었다. 이는 유혹적인 합리화다. 우리는 그 지령에 스스로를 종속시키며 이런저런 기술들, 즉 이메일, 채팅, 휴대전화, 잦은 회의 그리고 칸막이 없이 탁 트인 사무실 등을 사용한다. 그런 사무실에서 우리는 동료들이 수다 떨고 기침하고 전화받는 소리를 들을 수 있으며, 언제든 질문이나 일상적인 첨언으로 방해받을 수 있다.

이메일의 족쇄에서 벗어나기

타인과 '늘 연결된' 그리고 '접속된' 상태의 가치에 대해 사람들이 얼마나 잘못 생각하고 있는지를 보여주는 좋은 사례로, 보스턴 컨설팅 그룹이라는 세계적 기업이 행한 흥미로운 실험이 있다.

매킨지, 액센추어 같은 대형 컨설팅 회사처럼 보스턴 그룹은 헌신적인 인력, 일하느라 늘 바쁜 직원들을 자랑으로 여기는 직장이다. 그럼에도 하버드 경영대학원 레슬리 퍼로 교수는 그 바쁘고 중요한 컨설턴트들을 대상으로 다음과 같은 대담한 실험을 진행하도록 허락받았다.

적어도 일주일에 하루는 외부 세계와 완전히 차단되어야 했다. 이메일, 전화, 메시지, 채팅 다 안 되었다. 24시간 동안 절대 오프라인 상태로 되기. 하지만 경영 컨설턴트 세계에서 살아온 제대로 된 직업인이라면, 이메일 하나라도 4시간 이내 답장하지 않고 고객이나 동료 전화를 받지 않거나 최대한 빨리 회신하지 않으면 자신의 인맥과 직업 세계 전체가 산산이 부서질 것으로 생각한다.

레슬리 퍼로의 연구에 의하면 이런 공포는 전혀 근거가 없었다. 보스턴 컨설팅 그룹이 배운 것은 컨설턴트들이 일을 더 즐기고 내부 소통이 향상되었으며 방해받지 않는 시간이 그들에게 새로운 기능을 익히도록 했다는 점이다. 즉, 고객에게 더 좋은 결과를 생산할 수 있게 되었다. 그러니까 모두가 그렇게 바쁘고 끊임없이 세상과 접속해야 한다는 관념은 착각이었던 것으로 드러났다. 그들에게 필요한 건 소통하느라 모든 시간 써버리기를 멈추고 좀 제대로 일하는 것이다.

지금 같은 신경과학의 시대에 모든 사안은 우리 뇌의 작동

방식에 대한 연구로 모아진다. 인간은 압박받는 상황에서 마음을 바꾸고 독창적 아이디어를 생각해내기가 별로 쉽지 않은데, 더구나 하루 종일 방해받는다면 말할 것도 없다. 칼 뉴포트의 교훈적인 책은 위대한 발명가와 사상가가 오랫동안 플러그를 뽑고 지내며 스스로 산속에 고립되거나, 세상의 모든 산만함과 단절되었던 수많은 사례를 제공한다. 그렇게 극단적으로 될 필요는 없다. 그저 전화기를 묵음으로 하거나 이메일에 자동응답 기능을 켜두는 것으로도 충분하다.

우리와 대화했던 한 남자는 여름휴가에 들어가기 전에 설정해두는 그만의 독특한 방법을 알려줬다. 그는 자신이 7월 내내 자리를 비울 것이며 돌아오는 즉시 모든 이메일을 지울 것이라는 내용을 자동 응답으로 남겨놓았다. 그러고는 정말 중요한 이메일은 8월 1일에 다시 보내라는 말을 덧붙였다. 그는 정말로 여름휴가에서 돌아오면 약 300통의 이메일을 지워버리곤 했다. 그러고 나면 아무도 이메일을 다시 보내지 않았다. 굉장히 실용적인 팁이었다. 물론 이 방법 외에도 포모도로나 점멸등을 사서 책상 앞에 달아두는 방법도 있다.

시간을 줄이면 노동의 질이 높아진다

스텐만의 말에 따르면, 타이머가 울리고 25분이 다 되면 IIH의 책상 위 점멸등이 켜지고 직원들은 5분간 쉰다. "사실 모든 일이 재미있는 건 아니에요. 하지만 우리 대부분은 적어도 25분은 힘들고 지루한 일도 견딜 수 있죠. 시작하기가 어려워도 누구든 25분은 그럭저럭 버틸 수 있습니다. 끝이 보이기 때문이에요. 책을 쓸 때도 마찬가지일 겁니다."

IIH에서 포모도로 테크닉은 '깊은 작업 시간'을 도입해 생산물의 질을 향상하고 직원들의 시간을 해방시켰다. 2014년에는 주중 근무일을 4일로 결정했다. 스텐만은 더 많은 회사가 그들의 방식을 따라오기를 기대하고 있다.

"경쟁력 있는 옵션이기도 해요. 이 업계 인력에게 요구되는 기준이 높아요. 우리가 그런 인력을 영입하려면 임금을 가지고 경쟁할 입장은 아니고요. 그래서 주4일 근무를 제공하는 거예요. 그리고 우리는 NGO와도 일하는데, 그들도 우리처럼 하고 싶어 하죠. 임금 인상이 어려워서 종종 구인에 발목을 잡히지만, 우리 같은 방식으로 더 효율적인 조직이 된다면 더 많은 자유 시간을 선호하는 사람들에게 매력적일 수 있을 거예요."

우리는 헨리크 스텐만과 IIH 노르딕의 사례가 중요한 통찰을 주리라 믿는다. 일에 쏟는 시간의 양은 중요하지 않다. 중요한 건 무슨 일을 어떤 품질로 했느냐이다. 그럼에도 노동시간의 길이와 연관된 가짜 노동이 여전한 이유는, 인류가 산업사회에서 제대로 빠져나오지 못했기 때문이다. 제대로 변화하지 못하고 허위 형성의 함정에 걸려 여전히 시간이라는 기준을 가지고 사고하기 때문이다.

다들 현대사회와 노동의 방식이 근본적으로 바뀌었다고 생각하는 듯하지만 사실은 고릿적 노동시장을 지배하던 형틀에 새로운 업무를 맞추어 살 뿐이다. 긴 시간이 곧 많은 생산을 의미한다고 자신을 속이면서 말이다.

가짜 노동을 피하는 한 가지 중요한 방법은 우리가 노동을 이해하고 보상하는 방식, 무대 앞 노동의 전성기에 고안된 합리성에 머물러 있는 방식에 도전하는 것이다. IIH 역시 여전히 노동시간이라는 견지에서 사고하고 있지만, 그들은 또한 여가의 중요성을 이해하고 있었다. 우리는 아마도 '노동시간'이라는 관념 자체를 버릴 때만 완전한 변화를 실현할 수 있을 것이다.

10장

노동시간에 대한 관념 버리기

진짜 노동에 대한 정당한 대가

덴마크 사람이라면 일찍 퇴근하게 된 집배원의 일화를 들어봤을 것이다. 일을 꼭두새벽부터 시작한 것도 아니고 배달할 우편물이 별로 없어서도 아니라 그저 자기 일의 속도를 스스로 결정했기 때문이다.

　우리는 아직 IIH 노르딕에서 헨리크 스텐만 이사와 대화하고 있었다. 그에게 지급한 대로 얻는다는 법칙은 너무나 명확해 보인다. "한번은 덴마크 우체국이 업무 환경을 꽤 단순하게 만들어 놓았다는 이야기를 들은 기억이 납니다. 집배원들에게 경로 하나씩만 정해서 맡겼어요. 때로 편지가 많을 때도 있고 적을 때

도 있었지만 천천히 다닐지 뛰어다닐지는 집배원에게 달렸죠. 때
로는 집배원이 오전 내내 열심히 일해서 11시에 일을 마치면, 그
날은 고객들이 일찍 우편물을 받는 날인 겁니다. 직원과 회사 모
두 일에 대해 이렇게 생각해야 합니다. 회사가 임금을 지급한 만
큼의 일을 직원이 마쳤다면 집에 보내줘야 한다고 말입니다."

물론 이런 상황이 계속 용인되기 어렵다. 덴마크 우체국도
어쩔 수 없었다. 집배원들은 집에 가는 대신 일을 더 해야 했다.
"11시에 일을 끝낸 집배원에게는 새로운 경로를 더 주기 시작했
죠. 무슨 일이 일어났을까요? 집배원들 속도가 느려졌습니다. 지
난번에는 쓰지 않았던 모든 휴식 시간을 다 썼고, 결국 노동조합
에서 초과근무 수당을 요구할 정도로 오래 걸리게 됐죠."

이야기를 들은 우리 머리는 핑핑 돌았다. 직원들이 자유 시
간을 좀 더 가지게 된 꼴을 못 보는 회사들이라니.

"네, 어리석은 일이죠. 하지만 이것이 현대의 상황을 잘 요
약한다고 생각합니다. 효율성은 발전의 방법이 될 수도 있지만
만능열쇠는 아닙니다. 합당한 보상 없이 직원들을 입도선매할 수
는 없습니다. 총매출만 중시하면 끔찍하게 잘못될 수도 있어요.
그래서는 누구의 의욕도 움직일 수 없죠. 노동자에게 더 나은 삶
의 질을 선사할 필요가 있어요. 삶에 의미가 있어야죠. 직장 생활
만이 아니라 삶 전체에 있어서요."

기업이 가진 이상한 탐욕

커피 한 잔, 물 한 병을 책상 위에 두고 의자에 기댄 스텐만이 혁명가처럼 보이지는 않는다. 그저 흔한 테크광, 새로운 기술과 그것이 제공하는 기회를 사랑하는 사람처럼 보인다.

하지만 스텐만은 또한 많은 이들이 기업을 경영할 때 고집하는, 말이 안 되고 이상한 무언가가 존재함을 깨닫고 있었다. 즉, 더 많이 벌고자 하는 끊임없는 경쟁에는 뭔가 비합리적인 면이 있다. "자본가들의 세상에서 우리 같은 주4일제 채택은 어려워요. 그렇게 하면 버는 돈이 줄 거라고 모두가 말하니까요. 하지만 문제는 어떻게 벌고 싶으냐입니다. 정말 자녀들의 얼굴을 더 보는 대신 돈을 더 벌고 싶은가요?"

IIH 노르딕이 직면한 한 가지 문제는 금요일에 일하고 싶어 하는 직원들, 어디 다른 회사에서라도 일하고 싶어 하는 이들이다. 그렇게 하는 것이 좋아서든 탐욕의 신호든 관계없이, 그런 욕망은 근무 일수 단축 제도 뒤에 자리한 의도와 상충한다. "우리 회사가 많은 것을 요구하니까 직원들은 쉬고 회복할 필요가 있어요. 화려하지만 힘든 직업이니 그들이 어딘가 다른 곳에서도 일하기를 우리는 원하지 않아요." IIH 노르딕은 어리석고 의미 없는 가짜 노동을 없애고 되찾은 시간을 직원들이 플러그 뽑고 완전히 활용하도록 격려해왔다.

우리는 스텐만 이사와 악수하고 환한 거리로 다시 나오면서 영감이 충만해진 기분이었다. 이처럼 일에 대해 다르게 생각할 뿐 아니라 실제 새로운 길로 여러 걸음 내딛은 사람이 존재한다는 게 놀라웠다. 미래에는 다른 방식으로 돈을 버는 사장과 직원들이 더 많아질 거라는 기대감이 조금 생겼다.

그로부터 오래지 않아 우리의 그런 기대를 지지해주는 이야기를 하나 더 들었다. 덴마크의 어느 선도적인 컨설팅 회사 내부의 사례다. 그 회사에서는 직원들이 수익 목표에 도달할 때마다 새로운 목표가 설정되고 그에 상응하는 더 높은 임금을 줬다. 이런 종류의 컨설팅 회사는 피라미드처럼 작동한다. 바닥에서 노예처럼 시작해 힘들게 위로 올라간다. 더 높이 올라갈수록 아래쪽의 고된 노동으로부터 더 많은 이득을 취한다.

그런데 이 회사에서 처음으로 승진을 원하지 않는 컨설턴트가 생겼다. 그는 늘 벌던 것만큼만 벌길 원했다. 회사는 그런 상황에 대처한 전례가 없었다. 사실상 그는 회사의 성장에 대한 위협으로 보였다. 왜냐하면 그가 더 많은 돈을 버는 데 관심이 없기 때문이다. 하지만 어쩌면 바로 이것이 우리에게 필요한지도 모른다. 전통적인 성장 패러다임을 뛰어넘을 남다른 사고와 새로운 행동 방식 말이다. 노동 생활에 의미를 다시 주입할 방법인지도 모른다.

시간 단위 노동의 탄생

가짜 노동을 없애려면 시간에 대한 고정관념부터 포기해야 할 것이다. 만일 성장이 더 많은 노동시간 투입과 결부된다면, 노동시간 그 자체가 목표가 된다면, 총리들이 국내 노동 인구수를 증가시킬 거라고 말할 때처럼, 가짜 노동을 그대로 유지하게 될 위험뿐 아니라 더 많은 가짜 노동을 생산할 위험이 생긴다. 덴마크 우체국이 그랬던 것처럼 집배원들이 하는 진짜 노동에 대한 대가를 지급해야 한다.

비난의 일부는 유럽의 좌파와 노동조합들이 받아야 한다. 20세기 중반 이래로 그들은 노동시간을 줄이려는 노력을 별로 하지 않았다. 대신 더 많은 정규직을 강력하게 요구했고 결과적으로 노동시간이 임금의 기준으로 유지되었다. 예를 들어 유럽의 좌파와 노동조합들은 시간제 노동자를 없애려고 열심히 투쟁했는데, 시간제 노동자는 여러 면에서 생산성을 측정하는 더 정직한 수단이었다. 문제는 노동자들이 생산성 증가 요구에 대처할 수 없었다는 점이다. 거기에 대해, 시간을 단위로 하는 임금체계 안에서 사무직 노동자가 과연 자신의 시간에 대한 통제력을 가질 수 있는가 하는 의문도 제기할 수 있다.

노동시간을 기준으로 하는 사고방식은 좌파에 국한되지 않는다. 노동조합뿐 아니라 고용주에게도 습관이 되었다. 그러다

보니 노동을 더 효율적으로 만들지 못하는 인간의 무능력을 근절하기도, 어느 한 쪽을 탓하기도 어려워졌다. 하지만 늘 그래왔던 것은 아니다.

역사적으로 노동을 시간 단위로 계량하는 관습은 산업혁명에서 비롯됐다. 그 전에 노동은 주로 가족이 함께하는 생활의 일부였다. 소작농에게뿐 아니라 영주에게도 그랬다. 일용직을 제외하면 노동은 주로 가족 사업이자 가족의 의무였다. 시간이 노동량의 기본 측량 단위가 된 것은 19세기 산업화부터였다.

이 변동은 또한 17세기에서 18세기 말에 걸쳐 이어진, 가치의 정의에 대한 개념적 재구성에 뿌리를 둔다. 16세기에 돈은 내재적 가치를 가졌다. 예를 들어 금화와 같은 동전은 그 자체로 재화였고 다른 것들에 대한 측정 단위이기도 했다. 여기서 핵심은 실제 동전 그 자체에 가치가 있었다는 점이다.

17세기의 중상주의가 가치의 위상을 재조정하면서, 가치는 시장가격으로 정의되었다. 중농주의자들은 가치가 땅 자체에서 나온다고 생각했고 거기서 추출된 산물이 특정 가격으로 유통되었다. 한편 공리주의자들은 시장에서의 실용적 교환 속에 가치가 존재한다고 생각했다. 10자루의 곡물이 황소와 교환된다면, 이것은 황소와 이 특정 양의 곡물 사이 공리주의적 가치 관계를 나타낸다. 다시 말해 어떤 생산물의 가치는 타인들에게 있어 그것의 실용성으로 구성된다. 돈의 가치는 더 이상 동전에 들어 있지 않고 동전이 시장에서 표현하는 실용성에 들어 있다.

이런 변화는 종종 더디게 진행된다. 그러다 18세기 말, 스코틀랜드 경제학자이자 윤리 철학자 애덤 스미스의 저술이 이 결정적 변화를 널리 알렸다. 비록 애덤 스미스가 처음 생각해낸 것은 아니었지만(그 전에 캉티용, 케네, 콩디야크 등이 있었다) 그가 노동을 가치의 원천으로 간주했던 게 결정적인 부분이었다. 그는 사용가치(사람들의 필요에 기반을 둔 가치 등)와 교환가치(상품에 투입된 노동량)를 구분했다. 여기서 새로운 점은 그가 노동을 교환가치의 척도로 사용했다는 점이었다.

이전까지 교환가치는 음식, 옷 등, 즉 노동자가 상품을 생산하는 데 필요한 것이었다. 스미스에게 노동은 환원 불가능한 것으로 인식됐다. 인간은 언젠가 죽기에 생명은 제한된 자원이 된다. 우리의 제한된 시간 중 일부를 노동에 투여할 때, 우리 노동에 가치를 부여하는 것이 바로 시간이다. 재화는 이제 우리가 원하는 무엇을 나타내는 게 아니라 노동시간의 축적을 의미했다.

이전에는 노동자가 만들어낸 완성품에 대해서 돈을 지급받았지만 산업 시대 이후 노동자는 자신이 일한 시간만큼 임금을 받았다. 많은 변화와 효율성의 척도가 여기서 흘러나왔고 노동을 시간으로 계량하는 관습을 형성했다. 오늘날까지도 목수나 컨설턴트가 직장을 구하려 할 때는 여전히 투입할 노동시간에 대해 급료를 받는다.

다들 아무것도 하지 않으면서 그렇게 바쁜 주된 이유 가운데 하나가 이것이라고 우리는 생각한다. 사람들은 효율성으로 인해 소요된 노동시간이 줄어들면 그 생산물의 가치가 낮아진다고 생각한다. 왜 그럴까? 생산물의 가치는 거기에 투입된 시간에 의해 정의된다고 애덤 스미스가 우리에게 가르쳤기 때문이다.

예를 들어 강연을 다니는 우리 저자들은, 우리와 협상하려는 고객을 만난다. 우리가 전에 했던 주제로 다시 강연을 하게 되면, 준비 시간이 많이 필요 없다는 것이 그들의 주장이다. 그들은 강연에 걸리는 시간만 생각하지 생산물의 품질은 생각하지 않는다. 만일 우리 강연이 품질에만 기반을 둬 산정된다면 반복할수록 고도로 정제될 테니 가격은 오를 것이다. 그러나 그렇게 생각하는 고객은 많지 않다.

생산물의 가치가 아니라 시간만큼 임금을 받는다는 관념은 우리 안에 깊숙이 박혀 있다. 그 결과, 일이 실제보다 오래 걸린다고 말해야 유리해지는 상황이 만들어졌다.

근무시간 내 지루함: 고통에서 수치심으로

2007년쯤 스위스의 경영 컨설턴트 2명, 필리페 로틀린과 페터 베르더는 많은 동료가 지루함으로 고통받고 있음을 확인했다. 그들의 연구서 『보어아웃: 일하지 않고 월급만 받는 직장인 보고서』
는 앞서 언급한 프랑스의 '모든 게 지긋지긋한 증후군'을 분석했
다. 이 분석에 따르면, 펍에서 친구들과 나누는 가벼운 농담 같은
말이 경영진의 심장에 공포심을 심는다. 직원들의 지루하다는 불
평이 그것이다.

　직장에서 지루하다고 불평할 때, 친구끼리라면 농담처럼
웃을 것이다. "세계 최고의 직업이잖아. 아무것도 하지 않으면서
돈을 많이 받다니." 경영진이 듣는다면 판단할 것이다. "그러면 내
보내도 되겠네." 웃기거나 낭비거나, 이런 이분법이 지루함을 금
기이자 혼돈으로 만들었다.

　2장에서 우리는 지루함이 모여 스트레스가 되기가 얼마나
쉬운지 지적했다. 독일인 39%, 벨기에인 33%, 스웨덴인 29%와
덴마크인 21%, 즉 유럽인 평균 3분의 1이 하루를 채울 충분한 일
을 갖지 못한다. 이는 공공 부문과 민간 부문 둘 다 해당한다.

　첫 번째 의문은 물론 이것이다. 왜 이런 일이 일어나도록
그냥 놔둘까? 한 가지 부분적 설명은 '노동자의 권리'다. 세계대
전 이후, 특히 지난 세기말 동안 유럽의 여러 국가에서 너무 많은
노동자 보호법이 통과되어, 잉여 인력을 해고하기가 어려워졌다.
프로젝트 사업과 여러 유형의 임시 고용이 이 문제를 해결하기
위한 시도들로 나타났다.

　우리가 생각하는 지루함의 또 다른 원인은, 속이 빈 직업

들이 실제와 거의 구분이 되지 않는 가짜 노동으로 채워지면서 근무시간이 자꾸 늘어나는 데 있다.

널리 퍼진 지루함 증후군과 모든 게 지긋지긋한 증후군의 개념 덕분에 3차 산업, 이른바 서비스 산업에서 노동자들에게 실제 고통을 주는 게 무엇인지 경제학뿐 아니라 의사들 역시 직시할 수 있게 됐다. 병자를 보살피거나 경비원이 되거나 건물 공사처럼 육체 활동이 필요한 노동만 쓸모 있는 것은 아니지만, 그렇다고 해서 직장에서 아무 일도 하지 않는 것이 술집에서 친구끼리 하는 잡담처럼 '세계 최고의 일'은 아니라는 점이 드러났다.

1997년 프랑스에서 자신의 직업에서 성취감을 느끼는 사람들의 공통분모를 밝히기 위한 전수조사가 진행되었다. 결과는 (적어도 우리에게는) 그다지 놀랍지 않았지만, 아무것도 하지 않고 임금을 받는 것이 왜 그렇게 고통스러운가에 대한 답이 제시됐다. 다음 답변은 직업에서 중요한 게 무엇인지 보여준다.

— 무언가 결과를 낳는다

— 흥미롭다

— 행복하게 해준다

— 쓸모 있다고 느끼게 해준다

— 다른 사람을 돕게 해준다

— 잠재력을 개발해준다

이런 대답은 수익 창출이 직원들의 의욕을 직접 고취시키지 못한다는 헨리크 스텐만의 말이 옳았음을 증명해준다. 그 점이 목록에 잘 드러나 있다. 하지만 왜 아무것도 하지 않는 게 그렇게 괴로운가?

일단, 아무에게도 말할 수가 없다. 복 받은 녀석이라는 기분을 느껴야 하는데 그렇지가 않다. 친구랑 술 한잔하러 가서도 말할 수 없고 관리자에게 당연히 말할 수 없다. 말했듯이, 이건 금기이기도 하다. 그렇다고 어떤 조치를 취할 수도 없고 적응할 수도 없으니 불만이 쌓인다.

직장에 출근해서 막상 아무것도 하지 않으면 시간이 심각하게 길게 느껴진다. 결국 지루함은 실존적 고통에서 수치감으로 전환된다. 왜냐하면 유용한 어떤 일도 하지 않으며 일을 통해 세상과 상호작용하지 않기 때문이다. 쓸모없어진다는 것, 그러면서도 대가를 받는다는 것은 자기혐오와 수치감으로 이어지며 주변 사람들에게 뭔가 빚진 기분을 느끼게 한다.

주변 사람들 역시 나에게 일이 너무 적은 것보다는 일이 너무 많은 걸 더 쉽게 이해해준다. 아마 실직 경험이 있는 이들은 느껴봤을 것이다. 무위는 고립을 가져온다. 많은 질병 환자에게는 병가가 적절한 조치일 테지만 이 경우는 아니다. 무기력에 무기력을 처방하는 거나 마찬가지니까.

지루함 증후군과 그 부수적인 효과는 아마도 스칸디나비

아보다는 독일, 프랑스, 스페인 같은 나라에 더 널리 퍼져 있을 것이다. 그런 나라에서 노동자와 기업은 사직 혹은 해고를 통지할 때 여유 기간을 두고 일찌감치 의사를 표명해야 하기 때문이다. 하지만 앞의 통계가 제시하듯 랑게바일레(지루함이라는 뜻의 독일어로 '긴 시간'의 합성어) 현상은 스칸디나비아에서도 뚜렷이 나타난다.

시간이 늘어나고 또 늘어나 지루해질 때 사람들이 취하는 대응 전략은 무엇일까? 먼저, 일하는 시간을 줄이려는 경우가 많다. 예를 들면 늦게 나오고 일찍 퇴근하며 점심시간을 더 길게 가지는 등이다. 복도나 커피머신 앞에 있는 것처럼 어디든 책상 아닌 곳에서 빈둥거린다. 책상을 벗어날 때는 서류 더미를 쌓아두고 컴퓨터를 켜놓고 윗옷을 걸어두어서 언제라도 다시 나타날 것처럼 해둔다. 펍이나 카페에 가버렸을지라도 말이다. 또 다른 전략은 동료의 일을 '훔치는' 것이다. 조나스가 들려줬던, 서로 문제를 해결하겠다고 싸운 홍보팀과 인사팀처럼 말이다. 세 번째 전략은 일을 천천히 하는 것이고, 네 번째는 딴짓하는 것이다. 뉴스나 책을 읽고 온라인 채팅을 하거나 책상을 꾸민다.

그러나 이런 모든 허위 활동도 수치심을 덜어주지는 못한다. 지루해진 노동자는 결국 고립감을 느낀다. 누구에게도 이 모든 무위를 털어놓을 수 없기 때문이다.

대기업 사무실에 출몰하는 좀비

데이비드 벌처버는 능력 넘치는 사람들이 세계 전역의 사무실에 하릴없이 앉아 얼마나 많은 인생과 재능을 낭비하는지 적확하게 묘사했다. 그는 수년간 보험회사에서 근무하며 러시아에 새로운 지사를 설립하는 '일'을 했다. 그러고 나서는 자신이 실제로 한 일이 얼마나 없었는지 노골적으로 말한 몇 안 되는 사람 중 하나다.

2005년에 출간한 저서 『산송장: 의욕 끄고, 영혼 빼고 – 사무실 인생에 대한 충격적인 사실』에서 그는 자기 경력을 소개하며 이야기를 시작한다. 그러면서 기업들에서 작동하고 있는 기제와 합리화, 그리고 자신의 중요성을 보호하려고 애쓰는 사람들의 모습에 관한 많은 사례도 밝혀냈다.

IIH 노르딕을 방문했던 그 여름날, 사무실 밖으로 나온 우리는 벌처버에게 연락하기로 했다. 가짜 노동을 비판하고 폭로하면 어떻게 되는지 묻고 싶었다. 다행히 그는 인터뷰를 허락했고 우리는 곧장 다음 화요일 런던행 비행기와 숙소를 예약했다.

벌처버가 제안한 약속 장소는 런던 중심의 채링크로스역에서 멀지 않은 호텔 바였다. 우리는 영국에 막 도착해서 짐 가방을 끌고 가야 했다. 많이 기대됐다. 그의 책이 출간됐을 때 꽤 화제가 됐는데, 특히 그 책에서 자신의 모습을 발견했다는 독자평이 많았다. 우리의 첫 질문 가운데 하나는 비슷한 경험으로 연락한 사람이 몇이나 되냐는 것이었다. 벌처버의 책이 나무를 세게 흔들었으니 꽤 많은 열매가 떨어졌을 것으로 추측했다.

"꽤 있었어요. 보통 직장을 그만둔 독자에게서 연락이 왔지만 직장 이메일로 연락한 독자도 많았어요. 직장을 다니고는 있지만 정체를 숨기느라 다른 이메일을 사용한 독자도 있었고요. 자기가 어떤 분야에서 일하는지 말하기도 했지만 회사 이름은 말하지 않았죠. 문제점에 대해 많은 말을 했지만 또한 이런 고백이 얼마나 금기인지도 말했어요. 대부분의 사람은 직장에서 할 일이 없는 자신의 상황에 대해 말을 못 해요. 심지어 배우자에게도요. 그렇게 창피한 일인 거죠."

벌처버가 계속 말했다. "직원은 고용주를 두려워하죠. '까다로운' 직원을 원하는 고용주는 없다는 걸 아니까요. 무의미한 일이나 온갖 형편없는 업무 진척, 그러면서도 절대 밝혀지지 않는 문제가 난무하는 이유 중 하나는 직원이 회사와 타협하기 때문입니다. 그리고 대신 좋은 평가를 얻죠. 그러니 회사를 칭송할 수밖에 없습니다. 견디기 힘든 상황임에도 정보가 새어 나가는 경우는 드뭅니다."

공손한, 거의 눈에 보이지 않는 웨이터가 어딘가에서 나타나 우리의 주문을 받았다. 벌처버는 맹물 한잔을 청했고 우리는 호기롭게 탄산수를 시켰다.

"나에게 이메일을 쓴 대부분의 독자들은 직장에서 자신

이 할 일이 없다고 했습니다. 보통 금융이나 보험 분야의 사람들이었죠. 아마 절반 이상이었던 것 같은데요. 물론 공무원도 많았지만 아마 여러분이 생각하는 만큼은 아닐 거예요. 책에도 썼듯이 보통 사람들은 공공 부문의 낭비를 걱정하면서 민간 부문에 대해서는 잘 모르죠. 민간은 엄청 효율적이라는 평판을 갖고 있지만 실제는 그렇지 않아요."

벌처버가 잠시 다음 말을 고르는 사이 저쪽에 놓여있는 한 쌍의 스피커에서 음악 소리가 희미하게 흘러나왔다.

"두 분이 이해하셔야 할 게 몇 가지 있습니다. 특히 대형 기업에 대해서요. 일단 파악을 하고 나면 어떻게 그들이 그렇게 많은 낭비를 감당하는지 분명해질 겁니다. 먼저 대형 회사 사이에는 생각보다 경쟁이 없어요. 몇몇 대형 선수가 모두 지배하기 때문에 그 모든 걸 감당할 여유가 있죠. 최고 보험회사 네다섯 군데의 경쟁보다 동네 미용실 끼리의 경쟁이 훨씬 심합니다."

우리는 녹음기를 벌처버 앞으로 좀 더 밀어 보냈다.

"그런데 더 중요한 건, 실질적 방식으로는 사람들의 업무 성과를 측정하기가 극히 어렵다는 겁니다. 인사, 커뮤니케이션, 마케팅, 홍보팀뿐만이 아니라 판매팀까지도요. 고객 하나를 새로 얻는 데 100명의 직원이 필요하다고 합시다. 그중 누구 공이 제일 클까요? 아무도 자격이 없을 수 있어요. 어쩌면 경쟁이 심하지 않아서 그 회사의 상품이 1위가 되었는지도 모르죠. 핵심은 누가 회사에 부가가치를 가져왔는지 밝히기가 어렵다는 겁니다."

벌처버에 의하면 일이 잘못되는 세 번째 이유는 회사에 분명한 소유주가 없는 경우가 종종 있기 때문이다. 생산성에 그렇게까지 신경 쓰는 사람이 없다는 것이다. 사업을 시작할 때 집을 저당 잡히는 소규모 사업체와는 다르다. 대형 회사에는 생산성을 걱정하며 뜬눈으로 지새우는 사람이 없다.

"결과에 영향을 받지 않아요. 실제 소유주는 나랑 여러분이고 우리는 연금 기금들에 의한 주식 보유를 통해 간접적으로 사업체를 소유하죠. 적어도 큰 기업들은요."

벌처버에 의하면 이것이 주요 문제다. 그가 마지막으로 경험한 무의미한 직장에서 중간관리자를 하고 있을 때, 그는 회사가 클수록 숨기기도 쉽다는 것을 발견했다.

"세 가지를 다 합치자면, 현대 기업에서 살아남는 가장 좋은 방법은 높은 성과나 계량 가능한 가치 생산에 집중하는 게 아니고요, 끊임없이 적당한 자기 이미지를 찾아내고 만들어나가는 겁니다. 그러다 보면 뭔가 하는 것처럼 보이는 데 시간을 다 쓰게 되죠."

겉치레라는, 현대 기업에 대한 알베숀의 용어가 생각나는 말이었고 코린느 마이어의 논쟁적 저서 『게으름아, 안녕?』도 떠올랐다.

딴짓 조율하기

우리는 아무 일도 하지 않는 상황이 어떤 모습인지 알고 싶었다. 수년간 직장에서 쓸모 있는 일을 하기가 불가능할 때, 사람들은 하루하루 무엇을 위해 잠에서 깨어나는가?

벌처버가 이어서 말했다. "인터넷이 없을 때는 정말 나빴죠. 1993년에서 1998년 사이에 아무 일도 하지 않는 직장에 있었는데 할 일이 정말 없어서 힘들었어요. 그래서 나는 복도를 많이 걸어 다녔어요. 커피머신 앞에 붙어 있기도 하고 화장실도 많이 가고, 이따금 낮잠도 잤죠. 아니면 그냥 밖으로 나갔어요. 우리 업계는 사무실 밖에서 회의가 많았거든요. 아니면 증권거래소에서 시장 동향을 살피고요. 그러니 사무실에 없어도 되는 구실이 자주 있었죠. 산책하러 나가서 다른 직장의 비슷한 처지에 있는 친구들을 만났어요. 그리고 아무 일도 하지 않던 두 번째 직장에서 첫 책을 썼죠."

우리는 그에게 지친 적이 없었느냐고 물었다. "아내가 글래스고 출신이어서 우린 종종 그곳으로 기차 여행을 갔어요. 4시간 반이 걸리는데 한없이 길게 느껴져요. 절반쯤만 돼도 난 벌써 엉덩이를 들썩이며 미치려 하죠. 그런데 내 근무시간은 9시간이었어요, 그 2배요. 기분이 어땠을지 생각해보세요. 아무것도 하지 않는 건 극도로 힘들어요. 심신이 너덜너덜해지죠. 자존감에도 타격을 주었지만 그때는 의식 못 했어요. 자존감은 성취해야 생성되는 거니까요."

벌처버는 이제 꽤 다른 삶을 살고 있다. 그는 성공적인 저자이고 최근 책이 우리의 방문일을 기준으로 한 달 전에 출간되었다. 이렇게 활발한 사람이 어떻게 자신을 수년간 그런 나태에 빠뜨렸는지 이해가 가지 않았다.

"그렇겠죠. 하지만 난 언젠가 뭔가 일이 생길 것으로 생각했던 것 같아요. 직장 밖에서의 삶도 있었고요. 그때는 독신이었으니까 파티도 가고 데이트도 하고 봉급도 많았으니까 어떻게든 살아남은 거죠. 어느 순간에는 회사에서 MBA 과정까지 제안하더라고요. 그래서 1년은 그렇게 보냈고요. 마치고 나서도 회사는 내가 다시 돌아왔다는 걸 잊어버리고 1년 동안 그냥 임금만 주더라고요. 내가 직장에 가지도 않았는데요."

우리는 결국 웃을 수밖에 없었다. 마지막 상황은 정말 어이없었다.

"세 번째이자 마지막 직장에서는 초반에 눈코 뜰 새 없이 바빴어요. 그러나 이내 똑같은 일이 일어났죠. 그래서 그 시간을 이용해 『산송장』을 썼어요. 책을 출간한 뒤엔 아무도 나를 고용하려 하지 않았어요. 당연한 일이었죠."

책을 쓸 정도로 할 일이 없었다니, 여전히 믿기지 않았다. 그래서 우리는 다시 물었다. 어떻게 직장이 다 그 모양이었냐고.

수많은 관리직이 직원들 뒷덜미에 씨근거리며 새로운 가치를 창출할 방법을 찾아내라고 채근하는데. 이는 롤란드 파울센 역시 우리에게 되풀이해 들려줬던 문구다. 열심히 찾아보면 할 일은 늘 있다는 관념.

벌처버는 대답했다. "두 가지 종류의 할 일이 있다고 할 수 있겠죠. 하나는 직장 내 실제 업무고 다른 하나는 무에서 창조해내야 하는 업무입니다. 그러니 맞아요. 첫 직장에서 나는 일처럼 보이는 뭔가를 창조해낼 수도 있었어요. 하지만 난 그게 가능성이 없다는 걸 알았어요. 런던에서 근무하는 우리 10명은 절대 러시아에서의 사업에 성공할 수 없었어요. 관심 있는 상사가 있었더라면 나도 억지로 뭔가 만들어내야 했겠죠. 하지만 내 상사는 상관도 하지 않았어요."

우리는 이 점을 동료들과 이야기해봤냐고 물었다. 벌처버는 생각도 할 수 없었다고, 하지만 비슷한 처지의 친구가 많았다고 한다. 그는 근무시간 중에 역시 할 일 없는 그들을 만나곤 했다. "우린 그 부조리에 웃을 수 있었지만 사무실 내에서는 그런 말을 할 수 없었습니다. 누가 그 사실을 내게 안 좋게 활용할지도 모르니까요. 가까운 친구와 이야기하거나 이름도 모르는 낯선 사람에게나 말할 수 있는 거죠."

당신도 가짜 노동을 하고 있다면

우리는 벌처버에게 아무 일도 하지 않거나 아무 가치가 없는 일을 하는 기분인 사람들은 어떻게 해야 하냐고 물었다.

"'아니요'라고 말해야 합니다. 문제는 가짜 노동이 창조성을 죽이는 겁니다. 시나 예술에서의 창조성 말고, 일에서의 창조성 말입니다. 거대 기업에서 무거운 발을 끌고 있는 그 많은 사람이 의미 없고 시간 낭비일 뿐인 일에서 벗어나 신나게 자기 사업을 하면서 열심히 일하고 가치를 생산한다면 어떨까요? 거의 하는 일 없이 사무실에 들어앉아 있는 수백만의 사람을 생각해보세요. 이들이 자유롭게 풀려나면 얼마나 의미 있는 일을 이뤄낼지 생각해보세요."

벌처버가 계속 말했다. "생산성 향상에 대한 경제학자들의 논문을 가끔 읽어보면, 한마디도 이해할 수가 없어요. 아무리 논리적으로 돈이나 경제 이야기를 해도 아무도 조금도 더 현명해지지 않아요. 하지만 생산성 문제에 관해서라면 나에게도 아주 간단한 해답이 있어요. 아무 일도 하지 않는 사람들을 저 거대 기업에서 꺼내주자는 거예요. 하지만 보통의 사람들은 그렇게 생각하지 않죠. 누가 '뭔가'를 한다는 이유로 대가 받는 한, 그 뭔가가 가치가 있다고 생각하는 거예요. 그럴 이유가 전혀 없는데도 말이죠."

다시 한번, 우리는 수년 전 텔레비전 스튜디오에서 시작된 논점으로 돌아왔다. 누가 기꺼이 대가를 지급하는 일이라고 해서 그것이 가치 있는 일이 되는가? 벌처버는 분명한 어조로 아니라고 말했다. 세련된 사무실에서 인생을 낭비하고 있는 수많은 좀비를 떠올려보라는 말이다.

애덤 스미스가 노동을 가치의 원천으로 정의했을 때, 그는 노동에 걸리는 시간을 강조한 것이었다. 이것이 우리를 존재론적 재난으로 밀쳐냈고 자족적 악순환으로 귀결시켰다. 우리 중 누구도 영원히 살 수는 없다. 그럼에도 불구하고 우리는 뭔가 의미 있는 일을 하며 사랑하는 사람들과 시간을 보내는 대신, 환하게 불켜진 사무실에 앉아 아무 일도 하지 않으며 죽음의 신을 기다린다. 그러고 싶지 않다면 금기를 깨야 한다.

벌처버는 말했다. "최상층이 되려 한다면 자신의 전 생애가 낭비나 허풍이었음을 인정해서는 안 되죠. 이후에 다른 분야에서 성공을 발견해야 가짜 노동과 부조리를 인정할 수 있게 됩니다."

그러니 당당하게 가짜 노동의 카드를 버리고 싶다면 우리는 무엇을 준비해야 할까?

"원한 때문에, 실패자라서, 그 밖의 부정적인 이유로 비판의 목소리를 낸다는 비난을 들을 각오를 해야 합니다. 최근에 내가 런던 경영대학원에서 강연할 때 일어난 일입니다. 학생들이 강연 중간에 내게 악의적이라고 비난했습니다. 내 직장이 그렇게 의미 없었다는 걸 받아들일 수 없었던 겁니다. 내가 그저 이전 고용주에게 원한을 터뜨리기 위해 이런다고 생각하더군요."

반응이 어떻든 부조리한 일을 견딜 필요는 없다. 금기를 깨는 일은 당혹스럽고 힘들 수 있지만 피할 방법은 없다. 진실을 밝혀야 한다. 우리는 벌처버에게 자신의 이야기를 폭로하기까지 그렇게 오래 걸렸던 걸 후회하지는 않느냐고 물었다. 그는 한참 걸려서 대답했다. 결국 그 기다림 덕분에 책을 쓸 수 있었던 거라고 주장했다. 하지만 큰 맥락에서 볼 때 낭비된 모든 시간이 괴로웠던 것은 분명하다고 인정했다.

결국 인생은 한 번뿐이다. 시간은 제한돼 있고 그래서 바로 우리가 서로에게 시간에 대한 대가를 지급하기로 한 것이다. 우리는 시간의 가치를 알기에, 타인을 위해 일부를 희생한 이들에게 보상을, 시간당 임금을 주기로 합의해왔다. 또한 다른 기준으로는 노동의 품질을 계량할 방법을 몰라서 시간당 임금을 줄 수밖에 없었다. 다음 장에서 볼 수 있듯이, 조직은 때로 노동을 계량할 다른 기준을 찾아내기 위해 절박하게 노력한다. 그리고 불행히도 이것이 그들을 더욱 많은 가짜 노동에 처박히게 만든다. 다음 장에서 다룰 것은 직원들을 믿지 못할 때 발생하는 유형의 가짜 노동이다.

11장

사람을 믿자

이 장에서 우리는 신뢰의 결핍이 엄청난 양의 노동을 발생시키는 상황, 순전히 규제 기관을 만족시키기 위한 목적으로만 발생하는 상황을 살펴본다.

불신의 분위기에서는 가짜 보증이 합리적인 해답이 될 수 있다. 알 방법이 없는 질문에 대답할 수 없을 때, 모든 일이 잘될 거라는, 위험한 일은 없다는 억측을 만들어내서 그것에 대한 긴 보고서를 쓰는 것이 답이 될 수 있다고 착각하게 한다. 그리고 이것은 가짜 노동과 마찬가지로, 지시하는 자와 수행하는 자 사이의 암묵적 동의하에 이뤄진다.

아무도 읽지 않는 허위 보고서

줄리는 비교종교학 학위를 가지고 있다. 그녀는 평생 종교와 정치의 교차점을 연구했으며, 덴마크 연구 기관, NGO, 정부팀에서 일해왔다. 우리는 그녀가 일을 잠시 쉬고 있을 때 만났다. 그녀는 얼마 전 취업 센터에서 상담을 받았던 참이었고 별 소득이 없다고 느꼈다.

"상담자는 내 학위가 어떤 건지 전혀 이해하지 못했어요. 이전 직장에서 내가 일해온 분야도 전혀 모르는 듯했죠. 그런 사람이 나를 어떻게 돕겠어요? 정말 의문이에요. 그 사람도 그렇게 말했고요. 기본적으로 우린 서로의 시간만 낭비한 거예요."

대규모 취업 센터와 일자리 창출 부문의 무의미한 업무에 대해 이 장 뒷부분에서 살펴보겠지만, 지금은 줄리가 또 다른 허위 활동의 세계로 쫓겨 나오기 이전에 하던 일을 먼저 살펴보자.

줄리가 처음 가짜 노동을 하고 있다고 느낀 건 그녀가 외무부 산하기관에서 몇 년을 보낸 후였다. 상대적으로 대중에 덜 알려진 기관이었지만 국제 개발 기금을 받으며 이사회도 구성돼 있었다.

"그 이사회를 위해 보고서를 쓸 때였어요. 그게 무의미하고 완전히 시간 낭비라는 걸 깨달았죠. 우리가 기금을 받았던 프로젝트를 자세히 설명하고 우리가 일했던 국가들에 관한 현장 보고서를 편집하느라 엄청난 시간을 썼어요. 지금까지 진행된 일과 앞으로 할 활동, 같은 지역에서 다른 이들이 하는 활동, 프로젝트의 예상 성과, 드는 비용 등을 설명했어요. 이집트에서의 프로젝트에 대한 20~30쪽짜리 문서를 쓰면서도 이사회가 첫 두 쪽만 읽을 걸 알고 있었죠. 나머지는 나의 뛰어난 상사, 그 완벽주의자 말고는 아무도 읽지 않을 거였어요."

덴마크는 작은 국가고 그 기관 이사회 멤버 가운데 하나는 우리의 가까운 지인이었기에, 이사들이 절대 읽지 않는 보고서에 대해 줄리가 했던 말을 그에게 전했다. 지인은 줄리의 가정이 아주 타당하다고 했다.

"이사회 멤버 중에 한 사람은 그런 종류의 프로젝트에 관심이 많은 개발광이어서 모두 읽거나 드문드문 보기라도 해요. 그러나 우리 대부분은 분명 읽지 않죠. 회의 때도 그 정도의 말이 오가요. 멤버들은 읽을 게 너무 많다는 티를 자주 내요. 그래서 프로젝트에 대해 묻기 전에, 미리 양해를 구해요. 보고서 어딘가 써 있을지도 모르지만 잊어버려서 그런다고. 보고서를 전혀 읽지 않고 회의 때 직접 들으려 한다는 말을 돌려서 하는 거죠. 그리고 그런 관례는 완벽히 이해받아요. 우린 회의 때마다 200쪽에 가까운 보고서를 받기도 하니까요. 그걸 다 읽으려면 이삼일은 걸릴 거예요. 그렇게 시간이 많은 사람은 아무도 없어요. 이사장은 몰라도요. 그러니 이사회가 혹은 사무국이, 아무도 읽지 않는 문서를 요청하는 게 맞겠죠."

우리는 그에게 이것이 문제가 아닌지 물었다. 결국 이런 이
사회는 엄청난 양의 공공자금을 할당하는 책임을 지고 있으니까.
좀 무책임하지 않나?

이사회 멤버는 잠시 생각했다. "난 그렇게 생각하지 않아요.
사무국이 일을 잘하고 있다는 걸 절대적으로 확신하니까요. 그래
서 내가 모든 걸 알 필요는 없습니다. 가끔은 보고서에 욕이라도
슬쩍 써넣어서 우리가 보고 있는지 확인하려 하지 않을까 걱정은
됩니다. 벵골 같은 지역에 관한 보고서에 외설적인 단어가 있는
데 이사회가 훌륭한 보고서라고 승인하면 어쩌죠? 재미있을 거
예요! 제대로 혼나겠죠. 하지만 그 사람들은 그러지 않을 거예요.
어쩌면 한 번쯤 그래야 하는지도!"

이 이사는 정무직 정치인인데, 자기 일에 대해 다음과 같
이 말한다. "내 자리는 정치적이어서 우리 지분을 차지하기 위해
싸워야 해요. 하지만 그 이사회는 기본적으로 그냥 도장 찍어주는
곳이에요. 우리는 필요에 따른 약간의 잉여인 셈이죠. 거의 8년 동
안 이사회 멤버인데 사무국에서 나온 제안을 거부해본 적이 아직
없어요. 그들이 얼마나 일을 잘하는지 알 수 있죠. 우린 그냥 그들
이 모으고 작성한 문서 더미를 보낼 곳이 필요해서 유지되고 있
는, 대수롭지 않은 관리층이에요. 사실상 의미가 없는 장치죠."

다시 줄리의 말을 들어보면, 그녀는 이사회를 위한 보고

서를 쓰느라 몇 날 며칠을 보낸 적이 많았다. 그런데도 읽히지 않는다는 건 분명 우울한 일이었다. "보기에도 좋고 잘 읽히도록 신경 씁니다. 왜냐하면 누가 실제 읽을 경우에 대비해야 하니까요. 그런데 보고서에 분명하게 써놓은 걸 물어보는 사람이 있는 거죠. 우린 그냥 아무 말도 하지 않습니다. 굳이 지적하면 모두에게 엄청 당혹스러운 상황이 될 거예요. 그래서 이사회는 읽은 척하고 우리는 그들이 읽었다고 믿는 척하죠."

전에도 자주 보았듯, 가짜 노동을 의뢰한 자와 수행하는 자 사이의 암묵적 동의가 존재한다. 양쪽 다 이것이 가짜 노동이라고 인정하지 않는다. 줄리나 이사회 멤버나 그것에 대해 생각하지 않으려 노력할 수도 있다. 생각보다 많은 사람에게 읽힌다고 자신을 기만할 수도 있다. 그러나 거기 허비된 시간과 종이에 대해 모두가 고통스럽게 인식하는 경우도 많다.

"정부 부처에서 우리가 보낸 서류들을 잠깐 훑어볼 뿐이라는 걸 우리는 압니다. 누구도 제대로 읽어보고 올 시간은 없어요. 이렇게 두꺼운 보고서를 보낸 후, 만나서 회의할 때 보고서에 언급된 이런저런 사안을 언급하면 멍한 눈빛만 돌아와요. 우리가 무슨 이야길 하는지 전혀 모르는 거죠."

억지 목표 설정과 허위 절차

줄리에게 가짜 노동을 하고 있다는 깨달음을 준 것은 보고서를 읽지 않는 사람들뿐만이 아니었다. 그녀가 쓰는 보고서의 상당 부분이 뜬구름 잡는 내용에 해석의 여지가 커서 설령 누가 읽더라도 그것조차 가짜 노동이 될 판이었다.

그녀가 일한 분야에서는 실행 성과와 효과에 대해 말들이 많았다. 납세자도 기부자도 개발도상국에 그냥 돈을 뿌리는 건 좋아하지 않았다. 대부분의 자금 신청서는 앞으로 달성할 프로젝트의 성과와 수치를 특정한다. 실제로 달성하기는 생각보다 훨씬 힘들더라도 말이다. 그래서 줄리가 프로젝트 신청서에 작성한 내용은 순수한 허위인 경우가 많았다.

"당연히 현실은 완벽하게 예상 불가능해요. 우리 조직은 3년 동안 이집트 프로젝트를 했는데, 그동안 이집트 정권이 세 번 바뀌었어요. 이집트의 정치 영역에서 수행되는 프로젝트였기에 우리 조직이 무엇을 성취할지 예상할 수 없었죠. 정치적 대화도 시도했지만 다음 달에 누구에게 무슨 일이 일어날지 아무도 몰랐죠. 우리 조직은 수없이 토론하고 목표를 정하고 보고서를 썼지만 유일하게 확신할 수 있는 건, 목표를 달성할 수 없으리라는 것뿐이었어요."

우리는 줄리에게 기금 신청서에 설정된 목표와 완전히 어굿나버린 결과의 사례를 들려줄 수 있는지 물었다. "거의 다 그랬어요." 그래서 문제가 된 적은 없는지 물었다. "없어요. 결과와 신청서를 비교한 사람이 없으니까."

줄리는 잠시 말을 멈췄다가 계속했다. "꽤 웃기죠. 신청서 단계에서 목표를 설정하는 건 정말 허위 행동이에요. 요식 행위가 끝나면 아무도 다시 들춰 보지 않죠. 다들 처음부터 목표가 비현실적이고 바뀔 거라는 걸 알아요. 그저 아무도 입 밖에 내지 않을 뿐. 우린 그저 사후 보고서에서 왜 예전 목표를 달성하지 못했고 다른 걸 했는지 설명하면 되는 거예요."

줄리는 허위 절차의 부당함에 도전할 수 있을 정도의 상급자가 돼본 적이 없다. 하지만 그런 상사가 하나 있었다. "그 관리자는 때로 정부 부처에서 열린 우리 회의에 참석하곤 했어요. 진짜 멋진 사람이었는데, 엄청난 경험을 쌓은 UN 출신 인물이었죠. 그가 공무원들한테 대놓고 말했어요. 자기 경험상 저 목표는 종이 한 쪽의 가치도 없다고. 그가 좌중을 보면서 '다들 그렇게 생각하잖아요?'라고 말했던 게 기억나요. 아무도 대꾸하지 않았지만, 난 그가 존경스러웠죠. 오랜 세월 수많은 헛소리를 들어온 사람이 이제 더 이상 게임에 놀아나지 않겠다는 거였어요."

면피를 위한 과도한 점검과 규제

8장에서 만난, 회사 로비의 러닝머신에 대한 사용을 거부했던 대기업 보험사의 관리직 도르테 역시 자신의 바쁜 삶에서 허위적인 면모를 발견했다.

"요즘 우리는 매사에 확인을 위한 확인을 하면서 엄청 시간을 잡아먹어요. 내가 직장 생활을 시작할 때는 이렇지 않았어요. 점검이란 우리를 위해서나 고객을 위해서나 실수를 피하기 위한 수단이었어요. 주로 그냥 내가 분석한 것을 동료 하나가 점검하는 식이었죠. 지금은 일일이 대응해야 하는 공식 감사 체계가 완비돼 있어요. 보고서를 제출하고 특정 규정을 따라야 하죠. 2008년 금융 위기 전에 이 규정은 주로 직원이 해야 할 일에 실패하거나 그저 시스템을 이용하려고만 했기에 마련됐어요. 이제 확인의 주목적은 빠져나갈 핑계를 마련하는 것이죠. 시간이 지나면서 다들 원래 목적은 잊어버렸고요."

도르테에게 이런 확인과 점검은 나름의 생명을 띠는 허위 활동이다. 아무도 그 모든 것의 쓸모에 대해서는 생각하지 못하고 이런저런 것을 기록하는 데 시간을 쓴다. 그냥 해야 한다고 여기는 것이다. 이런 식으로 무의미함이 찾아든다. "규제 속으로 익사하면서 일에서 의미 찾기는 더 어려워졌어요."

도르테와 동료들은 보고서의 외형까지 꼼꼼하게 정하는

덴마크 금융 당국의 법적 요건에 얽매여 있었다. "그들이 점검하는 많은 것이 따로따로 보면 합리적으로 보입니다. 하지만 더 이상 그 모두를 조망하는 사람이 없어요. 그래서 아무도 질문하지 않고 완전히 이해하지도 못하는 거대한 규제의 괴물이 되죠."

앞서 보았듯 좋은 의도에서 시작된다는 것이 가짜 노동의 널리 퍼진 역설이다. 이런 규제들, 보고서와 품질보증 수단은 원래 좋은 목적으로 쓰였다. 그리고 한때는 문제에 대한 합리적 대응이었다. 5장에서 만났던 의사 닐스 크로만은 진료를 받으러 온 모든 환자에 대해 넘어진 이력이 있는지 여부를 알아봐야 했다. 병원의 관리팀에서 언제부턴가 통계적으로, 넘어진 환자의 수가 증가했고 방치해선 안 된다고 판단했기 때문이다. 누가 넘어지려 하면 근처에 있던 사람이 손을 뻗어 잡아준다. 본능적 반응이다. 그러나 그 돕는 손이 제도화되고 시스템 일부가 되면 문제가 발생한다. 그것이 실제 상황에서의 반사적 행동 이상으로 제도화될 때, 점검이 실제 문제가 아닌 제도화된 자동화 기제에 순응하기 위한 목적으로 수행될 때, 이것은 직원에게 큰 영향을 미친다.

도르테는 표준에 근거한 점검표를 확인한다. 실제로 그녀가 점검한 것은 규정에 맞았는지에 대한 확인뿐이다. "그 밖의 다른 것은 신경 써야 할 필요가 없어요. 실수가 있었더라도 발견 못했을지 모르죠. 왜냐하면 나는 시스템이 예견한 실수만 발견하도록 요구받았으니까요."

타성적으로 행해지는 헛짓거리들

사기, 부주의, 보안 결함, 재정 손실, 오염, 그 밖의 온갖 사건의 변명에 다음의 말이 사용되었다. '규정은 잘 준수됐다.' 더 볼 게 없다, 모든 절차가 원칙대로 시행되었다, 전부 철저히 점검했다는 뜻이다.

다들 비슷했을 것이다. 최근 회계, 조정, 품질관리, 인가, 감사 같은 분야의 직종 수가 폭발적으로 증가했다. 전 세계적으로 수백만이 이런 직종에서 일한다. 세계에서 제일 큰 네 곳의 회계법인 딜로이트, KPMG, PWC, EY는 총 거의 90만 명을 고용하면서 회계 업무는 그들의 업무 중 일부일 뿐이다.

거기 더해, ISO 표준 인증 등 '허가된 안전'을 파는 수많은 기업들이 포함된 업계 전체가 존재한다. 기업과 조직에는 이른바 준법 감시팀이라는 게 따로 있어서 오직 적절한 행위를 감시하는 일만 한다. 그들은 예고 없이 방문해서 크고 작은 사안 모두에 대한 보고서를 요구하고 문서를 수집하며 수백 가지 문항 작성을 요구한다.

대체로 정기 감사와 규제는 문제에 대한 합리적 해결책이었고 그 결과 더욱 많은 감사와 규제를 창조했다. 적어도 런던경제대학 회계학 교수인 마이클 파워에 의하면 그렇다. 그는 1997년이라는 이른 시기에 저서 『감사 사회The Audit Society』에서 이런 '감사의 폭증'을 묘사했다. 마이클 파워는 이 모든 점검 행위가 어떤 차이를 만들어내는지 조사에 착수했고, 정기 감사, 품질 인증 그리고 안전 진단에 쏟아부은 대부분의 시간이 사실상 낭비였다고 결론 내렸다.

마이클 파워에 의하면 정기 감사는 거짓 안심이라는 문제를 낳는다. 조직은 과거에 무엇이 잘못됐던가를 조사하는 데 시간을 들였고, 이를 바탕으로 무엇이 좋고, 안전하고, 정당하고, 윤리적인가의 기준이 될 만한 복잡한 시스템을 창조했다. 그 결과 조직에는 서류철과 점검표를 들고 절차의 준수 여부를 확인하는 업무를 맡은 이들로 가득하다. 그들은 먼 과거에서 시작된 결함을 고치고 다시는 일어나지 않도록 대비한다. 문제는 또 다른 실수가 대신 일어나지 않으리란 보장이 없다는 것이다.

마이클 파워는 감사와 규제가 대부분의 사람이 보여줄 수밖에 없는 행동을 일일이 점검함으로써 거짓된 안전감을 가져다주는, 다소 자기만족적 구조로 진화했다고 생각했다. 이런 규제가 많은 것을 밝혀내는 경우는 드물다. 파워는 바로 그 점이 핵심이라고 생각했다. 목적은 문제점을 찾아내는 게 아니었다. 그 정도면 괜찮다며 면피하려는 것이었다.

앞서 언급했듯 신뢰는 어떤 시스템의 복잡성을 실질적으로 상당히 감소시킨다. 정기 감사의 무의미성은 그 모든 예방 수단에도 불구하고 협잡, 부패 등이 실제로 발생했을 때, 감사의 책임을 묻는 사람이 거의 없는 지금의 분위기로도 충분히 확인된다. 매번 회계감사의 가치 증명이 또다시 실패로 돌아감에도 불구하고, 감사 대상에 올랐던 사람들은 잿더미에서 부활하여 제재받지도 않고 더욱 많은 서류 더미를 끌고 다닌다. 책임을 져야 하는 사람들이 정장에 묻은 먼지를 가볍게 털어내고 '규정에 따라 충실히 수행했다'라고 공언한다.

통제로는 신뢰가 쌓일 수 없다. 내가 사람들을 믿지 않으면 사람들도 믿음직하게 행동하지 않는다. 그것이 세계 전역에서 벌어지는 비극이다. 정기 감사와 규제가 무의미한 승리를 점점 늘려가면서, 드물게 일이 잘못되는 경우에만 발생하는 사소한 문제를 처리하는 대신, 정기 점검으로 돈과 시간을 계속 쓰는 게 훨씬 낫다고 주장한다.

그래서 감사자들은 감사를 위한 감사를 계속하고, 도르테 같은 사람들은 더 많은 시간을 규제를 위한 규제에 바친다. 그녀가 고객에게 은퇴 이후의 삶에 대해 조언해주고 회사에 이윤을 가져올 수 있는 진짜 능력이 있는 사람임에도 불구하고 말이다.

아무도 감히 직원들을 믿자고 말하는 첫 번째 사람이 되려고 하지 않는다. 이후에 횡령, 품질 저하, 부패 등 추문이 발생하면 그렇게 말한 사람은 숨을 곳이 없기 때문이다. 그래서 조직 내 사람들은 '이건 헛짓거리'라고 말할 용기를 내는 대신 늘 해왔던 일을 하고 정기 감사도 예전처럼 계속된다.

무의미에도 멈추지 않는 공회전

회사의 재정적 가치를 계량하기가 어렵기에, 종종 그것을 온갖 종류의 별 관계없는 기준들로 측정하려 한다. 즉 근로자의 헌신 수준, 근로자의 회사 가치 구현 정도, 도구 사용에 대한 능숙도, 그리고 실제 가치를 측정하기가 거의 불가능한 회사의 목표와 다른 수많은 것들에 근로자의 동료와 상사들이 기여하고 있다는 믿음 등이다. 벌처버에 따르면 이런 것이 측정 불가능함을 모두가 알고 있다. 그래서 수치는 어차피 무의미하지만 아무도 멈추지 않는다.

"그렇게 평가 산업은 계속 공회전을 합니다. 성과 경영 컨설턴트라는 자기 직업을 창조하려는 사람들에 의해 창조된, 또 다른 헛짓거리 산업이죠. 그들의 제안을 받은 기업의 경영진은 이것이 헛짓거리임을 알지만 상관하지 않습니다. 직원을 평가하는 시스템, 직원이 하는 일의 가치에 대해 진실을 말하지 않는 시스템을 위해 돈을 지급합니다." 벌처버는 체념하듯 한숨 쉬었다.

많은 큰 기업과 조직에서 그 모든 것의 부조리를 인식하기 시작했다는 증거가 나타난다. 재미있게도 그중 많은 수가 컨설팅과 감사 분야 기업과 조직이다. 몇 년 전부터 업무 평가와 다른 감시 프로그램이 완전히 시간 낭비라는 연구 결과가 나타남에 따라 이들에 대한 감축이 시작됐다.

어도비는 매년 8만 시간을 허비했던 시스템 하나를 하루 아침에 폐기했다. 누군가 드디어 그 시간이 가짜 노동으로 채워졌음을 깨달은 것이다. 어느 간부는 이를 '영혼 파괴적'이라고 묘사했다. 어도비는 기존의 업무 평가 시스템을 폐기하고 직원들과의 코칭 및 대화 시간을 도입했다. 아무 성과도 낳지 못하던 시스템 하나에 전 세계 지부에서 200만 시간을 쓰고 있다는 조사 결과를 보고 받은 딜로이트도, 어도비와 같은 조치를 취했다.

그럼에도 수많은 조직이, 도저히 직원을 믿을 엄두가 나지 않아서 여전히 그들의 시간을 낭비하고 있다.

업무 평가의 부수 업무 : 합의

그렇다면 그 모든 시간은 어디에 사용될까? 물론 직원에 관한 정보를 모으고 읽고 해석하는 데도 일부 시간이 사용되지만 많은 조직에서 이런 작업은 더 큰 그림의 일부일 뿐이다. 많은 수의 관리직이 서로 소통하고 협의하면서 개별적 수치들이 적당히 일치하도록 만드는 데 시간을 쓴다. 우리는 토르킬과 대화하면서 이런 상황이 때로 얼마나 터무니없는 지경에 이르게 되는지 알게 되었다.

토르킬은 덴마크에서 가장 큰 제약 회사 가운데 하나의 부

책임자이고, 우리의 초기 조사 단계에서 만난 가장 바쁜 사람 가운데 하나였다. 토르킬은 매주 자신의 일과가 어떻게 이토록 많은 회의와 약속 들로 가득찰 수 있는지, 그리고 근무시간 동안 받은 이메일을 읽고 답할 뿐인데 왜 매일 밤늦게까지 컴퓨터 앞에 앉아 있어야 하는지 의문이라고 말했다.

토르킬의 일 가운데 유독 시간을 잡아먹는 업무는, 직원들의 성과를 1년에 예닐곱 번 평가하는 복잡한 상여금 시스템이었다. 개별적 목표를 세워주고 보편적 기준에 따라 성과를 평가할 뿐 아니라 다른 관리직과의 광범위한 협력과 표준화 작업이 강요됐다. 그래서 이미 회의로 죽기 직전의 남자가 참석해야 하는 회의는 더 폭증했다.

"내가 만일 어느 직원이 뛰어난 성과를 내거나 기대를 넘어섰다고 말하려면, 내가 그 사람에게 동료 관리직과 같은 기준을 적용했는지의 여부를 알아봐야 합니다. 모두가 최고점을 얻지는 않도록, 정규 분포 그래프가 되도록 확인해야 해요. 그러나 그러려면 다양한 팀에서 최고와 최저 수준이 어느 정도인지 먼저 알아내야 하죠."

우리는 이해할 수 있었다. 분명 토르킬은 회의에 가서 다른 팀 사람들에게 그의 팀 전체가 높은 성과를 낸 기적적인 직원들로만 구성되어 있다고 말할 수 없었을 것이다. 반드시 상위권 직원과 하위권 직원이 있어야 했다.

토르킬이 말했다. "그래서 올해 우리는 그런 등급을 '사전 조율'하기 위해 3시간짜리 회의를 했죠. 그때는 직원들이 어느 수준인지 별로 파악을 못 하고 갔어요. 그래서 매니저들에게 전화해 대강이라도 들어야 했죠."

우리는 머릿속으로 재빨리 계산했다. 이 단계에서 저 절차는 분명 이미 며칠이 걸렸을 것이다. 게다가 나중에 오래 기다려 온 자료가 취합되면, 경영진과 따로 또 다른 회의를 해야 했다. 그러고 나서 이 모든 것이 또 다른 조정 회의에서 합쳐져야 했다. 마침내 마지막 회의, 대망의 상여금을 참을성 있는 직원들에게 어떻게 나눠 줄 것인지 토론하는 회의가 열렸다.

제약 회사도 다른 많은 대기업과 같이 직원의 성과를 측정하고 업무 수행을 감시할 필요를 느낀다. 경영진은 상사가 감시하지 않아도, 노력에 보상받지 않아도 직원들이 업무에 최선을 다할 것이라는 확신을 갖지 못한다.

보고가 최우선

무작위로 뽑힌 목표와 끊임없는 감시의 절망적 수레에 갇혔다고 불평하는 사람들은, 특히 공공 부문에서, 견실한 전문가가 고용된 취지와는 정반대의 업무를 하게 된다고 말한다. 교사든 사회복지사든 의사든 공무원이든, 가짜 노동 때문에 실제 일은 건성으로 하면서 나중에 다시 해야 할 일을 남긴다고, 결국 시간만 낭비하며 남을 제대로 돕지 못한다고 느낀다.

인류학자 니나 홀름 본센은 이런 운명을 『관료제의 부조리The Absurdity of Bureaucracy』에서 일부 설명했다. 우리는 이전에 그녀와 만나서 그녀가 자신의 직장에서 연구자이자 강사로서 겪는, 서로 다른 충돌하는 압력에 대해 논의한 적이 있다. 본센이 자신의 저서에서 다룬 것은 덴마크의 대규모 취업 센터에서 현장 조사를 하면서 본, 셀 수 없이 많은 사례였다. 본센에 의하면, 사회복지사들은 업무를 수행하는 과정에서 점점 증가하는 요구 때문에 제대로 일할 수가 없었고, 결국 복지 대상자에게 어쩔 수 없다는 체념 어린 말을 하게 됐다. 시스템이 망가져도 그들은 그 안에서 일할 수밖에 없었다.

에나의 사례를 예로 들어보면, 그녀는 복지 대상자에게 정기 만남에 나오라고 말해야 했지만 자신도 왜 그래야 하는지 이해할 수 없었다.

에나: 그럼 4주 후에 다시 연락할게요.

대상자: 왜요?

에나: 그게 규정이니까요.

대상자: 그때 무슨 얘길 해야 하죠?

에나 : 그게…… 대체 무슨 얘길 해야 할까요? 미안해요. 하지만 우리가 만나긴 해야 해요.

본센은 현장 조사를 하는 동안 서로 상충하는 너무나 많은 요구와 절차에 시달리는 복지사들을 만났다. 그들은 더 이상 자기가 하는 일에 어떤 일관성과 전체적 의미가 있는 척을 할 수 없었다. 가짜 노동을 견디는 유일한 방법은 비록 복지 대상자 앞이라 해도 게임을 멈추는 것뿐이었다.

본센은 연구 기간 중 어떤 새로운 프로젝트의 실행을 지켜보게 되었다. 지자체를 위해 일하게 된 기업들의 일자리를 구직자들에게 제공함으로써 실업자를 빠르게 복귀시키는 기획이었다. 좋아 보일 수도 있지만 본질적으로 경직된 방식이라 언제든 구직자를 엉뚱한 곳으로 보내 쳇바퀴에서 시간을 허비하게 만들 수도 있었다. 어차피 체육관 단골이 되어 러닝머신을 쳇바퀴 돌리며 다음 달에 새 일자리를 기다리고 있던 구직자를 말이다. 의미 없는 행위였지만 그래도 복지사들은 구직자들을 계속 추천해야 했다.

구직 센터의 복지사들은 자신의 가장 중요한 업무가 규정을 그대로 따르며 시스템 내에서 일하는 것임을 알게 되었다. 구직 센터 내부 회의는 전부, 관리직이 조금 더 높은 관리직의 절차, 목표, 지침 준수 요구를 전달하는 시간이었다. 이런 것들의 감시가 그들 업무의 정수였고, 이런 관리 업무를 가장 중요한 업무로 만들었다.

예를 들어 언젠가 복지사 중 하나는 한 여성 대상자가 가정 폭력의 피해 사실을 언급했지만 어쩔 수 없이 무시했다. 그 문제를 처리할 시간이 없었기 때문이다. 나중에 복지사는 본센에게 이렇게 말했다. "내가 혐오스러웠어요. 나도 모르게 악마 같은 복지사, 차갑고 비인간적인 복지사가 돼 있었어요. 더 이상 능력이 안 됐으니까요. 연민을 눌러야 했죠." 본센의 책은 이런 사례 수십 가지를 담고 있다.

더 많은 사례가 다양한 인터넷 게시판에서 발견되며 사람들은 무의미한 일을 만들어내길 고집하는 시스템에 대해 불평하고 복지사들은 구직자들을 시간 낭비일 것이 뻔한 곳으로 보내야 한다고 한탄한다. 소수의 사람은 결국 수건을 던지고 서류 더미에서 영원히 떠나버린다.

본센은 다른 곳도 덴마크와 마찬가지 상황임을 우리에게 확인시켜주었다. 그녀는 미국, 오스트레일리아, 스웨덴, 프랑스 등 각국에서 똑같은 문제들을 묘사하는 논문과 책을 줄줄 언급했다. 이 책의 뒤쪽 참고 자료에서 확인하시길.

가짜 노동을 위해 고안된 도구와 기술

어쩌다 이 지경이 되었는지 또 다른 전문가의 견해가 필요하다고 느낀 우리는, 사회복지사 노동조합 대표를 찾아갔다. 마이브리트 베를라우는 정치 시스템과 조합원들이 싸워야 하는 매일의 현실에 대해 잘 알고 있다. 코펜하겐의 주요 관광지인 뉘하운의 사무실에서 만난 그녀는 우리에게 탄산수와 비스킷을 권했다.

베를라우는 이 같은 문제가 복지 업무 훈련을 받지 않은 고위 및 중급 관리직 탓이라고 했다. 중간 관리직들은 현장의 복지 전문가와 꼭대기에 있는 정치인 사이에서 완충 역할을 해야 했다. 즉 복지 업무 혹은 품질을 전혀 이해하지 못하는 행정 계층이 자기가 아는 정도만 가지고, 그리고 일반적인 감시와 계량의 수단만 가지고 부처를 운영한다. 계약에 따르면 그들 직무의 핵심과 정치인이 애초에 그들을 이 일에 데려온 이유는 바로 숫자를 관리하기 위해서다.

"정치인에겐 구체적인 수치가 필요합니다. 그들은 근로자가 네모를 숫자로 채우길 원하죠. 그래서 우리 조합원들이 그것만 하면서 보내는 시간이 막대합니다. 센터 관리직은 지역 감독자에게 상황을 설명해야 하고, 지역 감독자는 최고 경영진에게 보고하고, 최고 경영진은 정치인에게 답변하며, 정치인은 유권자에게 책임을 지겠다 말하죠. 그렇게 해서 모두가 면피를 하느라 말단 복지사들에게 아예 전부 다 기록하라고 요구해요."

우리는 그녀에게 그 자료를 기록하는 데 시간이 얼마나 드냐고 물었다. 베를라우는 웃었다. "우리 계산으로는 근무시간의 약 80%요. 장관은 그게 너무 높다고 생각했고 따로 연구를 의뢰했죠."

우리는 받아 적을 준비를 하며 물었다. "그래서 그 비율이 낮아졌나요?" 베를라우가 다시 웃었다. "아뇨. 정확한 숫자는 82%라는 결론에 도달했어요."

우리가 수첩에 숫자를 적자, 베를라우는 관료제가 그리스 신화의 히드라와 비슷하다고 이야기했다. 머리 하나를 베어내면 그 자리에 2개의 머리가 자라나는 괴물을 머릿속에 그리고 있을 때, 어딘가에서 전화벨이 울렸다. 그가 전화를 받고 싶어 하는 듯해서, 우리는 서둘러 감사 인사를 하고 곧 거리로 나왔다.

관광객 물결이 우리를 지나 뉘하운 운하로 향했다. 한 관광 안내인이 방문객들에게 덴마크의 위대한 시인 한스 크리스티안 안데르센이 살던 곳과 1700년대에 무역 회사들이 수입품을 팔던 곳을 보여주었다. 그땐 그랬고, 지금의 뉘하운 인근 동네는 이익 단체로 가득하다. 다들 새로운 법적, 경제적 압력에 대처할 근육을 끊임없이 요구하는 무지하게 복잡한 행정 체제를 이해해보려 애쓰고 있다. 그 결과 새로운 상류층이 생겨났다. 이들은 공공 부문을 관리하는 법규를 정의하고 자신을 그 모범이라 선언한 행정가들이다. 한편 보통 사람들과 말단 직원들은 어쩔 줄 몰라 비틀거리며 헤맨다.

우리와 대화한 덴마크 사람들 모두가, 덴마크 조직들이 직원에 대한 믿음이 있고 규제가 드물며 기본적으로 타인의 직업을 존중하던 황금시대를 떠올렸다. 그러나 세계 많은 다른 나라들처럼 덴마크 역시 미국과 영국의 경영대학과 공공 부문 경영 기관에서 퍼져 나온 '경영학적 사고방식'의 충격파를 맞았다. 그들에게는 인간에 대한 극단적이고 단순화된 분석, 인간이 기본적으로 게으르며 탐욕스럽다는 사상을 영구화하고 경영을 단순히 목표 설정과 추구의 문제로 축소했다는 공통점이 있다.

그러고 나서 합리주의는 인간의 본질에 대한 이런 관점을 지지하기 때문에 고안된 많은 도구와 기술에 의해 뒷받침됐다. 핵심 성과 지표, 성과급 계약, 목표, 이정표, 끝나지 않는 보고서와 수많은 숫자로 가득한 칸들. 목표에 도달하지 못한 사람에게는 회초리를, 고개 숙이고 아무것도 묻지 않는 사람에게는 당근을 주었다.

불신과 통제를 중시한 대가

아무도 감히 타인을 믿을 수 없었기에 그들이 창조한 무의미한 가짜 노동이 이제 우리 목까지 차올랐다는 걸 우리는 깨달았다. 인류가 양심, 자존심, 직업의식, 뭔가 좋은 일을 하려는 욕망을 따를지도 모른다는 생각, 의미 있는 활동이 중요하다는 생각은 순진한 것으로 간주되었다.

이런 불신과 통제를 중시한 결과, 회사들이 조금이라도 더 효율적으로 됐는지는 알 수 없다. 또한 공공 부문을 지배하는 억압적인 규제 제도 덕분에 우리가 더 나은 교육, 병원, 복지 활동, 보육 및 요양 시설을 가지게 되었는지도 알 수 없다. 그렇다는 증거는 너무 희귀하다. 적어도 이 분야 세계 최고의 두 기관이, 새로운 공공 경영이 약속대로 실현됐는가에 관한 연구에 착수했을 때 알아낸 것은 그랬다.

2015년 옥스퍼드 대학교 출판부가 펴낸 결론은 허망했다. 모든 규제와 감사가 결국 공공 부문을 더욱 높은 비용이 들고 더 무능력하고 더 불만스러워하는 최종 수혜자가 늘어난 곳으로 만들었다. 다시 말하면 더 많은 규제와 인증, 성과 검토와 성과 기반 계약이 공공이든 민간이든 개선됐다는 증거는 매우 찾기 어렵다.

그 대신 지난 몇십 년간 감시, 관료제, 감사, 계량화, 회의 그리고 보고서 작성에 종사하는 직종이 화려하게 축적됐다. 서로에 대한 불신에는 대가가 따른다. 가짜 노동의 쳇바퀴에서 무한한 시간을 보내는 형벌 말이다.

3부

시간과
의미
되찾기

12장
노동과 인간의 본질

우리는 왜 일하는가

이 장에서 우리는 시간을 해방하고 삶에 의미를 되찾는 방법들을 살펴볼 것이다. 그 전에 먼저, 중요한 질문 하나에 답해야 한다. 이것은 지금까지 미루던 철학적 질문이고 또한 생물학적, 심리학적, 사회적 질문이기도 하다. 인류학의 철학적 질문이며 인류의 본질에 대한 질문이기도 하다. 인간의 삶에 핵심이며 아주 오래 묵은 질문이기 때문에 온갖 사람들이 다룬 주제이기도 하다. '우리는 왜 일하는가?'라는 질문이고 누구에게나 딱 떨어지는 대답은 없다.

이 문제를 먼저 다뤄야 하는 이유는 인간의 삶에 아무 영향 없이 가짜 노동을 외과적으로 도려내기란 불가능하기 때문이다. 사람들이 가짜 노동에 매달린다면 그것이 그들에게 좋기 때문이거나 더 나은 것을 알지 못하기 때문 아닐까? 그동안 우리가 들어왔던 이야기에 바탕을 두고, 앞으로 더 나아갈 방법을 추천하기 위해서는 인류의 기본 상태를 꼭 집어 밝힐 필요가 있다.

먼저 우리는 노동에 대한 서로 다른 관점을 제시해, 일과 부적절한 관계를 맺은 사람이 왜 자기 자신에게서 소외감을 느끼거나 삶이 희화화되는지 성찰할 근거를 주려고 한다. 이를 바탕으로 하여 우리는 인간이 일하는 이유에 대한 여덟 가지 답을 제공할 것이다. 그러고 나서 1부와 2부에서 배운 것을 기본으로 가짜 노동 없는 삶을 살고 싶은 사람을 위한 실용적 단계를 제안하겠다.

고대 그리스와 기독교의 관점

고대 그리스에서 노동은 칭송의 대상이 아니었다. 오히려 반대였다. 당시엔 노동을 해야 하는 인간만 노동을 했다. 그리스 사회는 시민과 노예로 나뉘었기 때문이다. 시민이 가진 많은 특권 가운데 하나는 여가였다. 그들은 여가 시간에 토론이나 강연 모임을 개최했고 이런 것들의 유일한 목적은 진리에 가까이 다가가는 것이었다. 한편 노동은 좀 더 실체적이었다. 구두장이는 고객을 위해 신발을 만들었고, 신발 제작은 신발의 본질에 복종해야 하는 활동이었다.

여가 시간에 시민은 어떤 실용적 목적도 가질 필요가 없었고 자유롭게 자아를 벗어났다. 고대 그리스인은 여가 시간을 스콜레(scholé)라고 불렀고 이런 토론회나 강연회는 학교(school)의 기원이 되었다. 이때의 토론회나 강연회는 정식 교육기관은 아니었지만 현대적 '형성' 개념에 기반을 두었다. 즉, 배움은 더욱 완전한 인간, 진리에 근거한 삶을 만들었다.

역으로 노동의 하찮음은 사람을 필요에 얽매었고 부자유스러운 존재로 만들었다. 그러므로 평생 일해온 사람의 말은 가치가 낮다고 생각되었다. 노예나 일꾼이 덜 흥미로운 존재인 것은 그들의 잘못이라기보다는 그저, 그들이 덜 고상하며 잘 형성되지 못했기 때문이다.

수 세기 동안 상황은 비슷했다. 기독교가 노동의 본질에 대해 전혀 새로운 주장을 도입하기 전까지는 말이다. 이는 마태복음 25장에 나오는 달란트의 우화와 관련이 있다. 어느 주인이 여행을 떠나며 세 노예에게 달란트라는 금화를 맡겼다. 첫 번째 노예에게는 5개를, 두 번째에게는 2개, 세 번째에게는 1개만 맡겼다. 첫 번째와 두 번째는 장사하면서 각각 10개와 4개로 불렸다. 세 번째는 금화를 땅에 묻었다. 주인이 돌아오자 5개를 받은 노예가 자신이 불린 10개를 내보였고 주인은 그를 칭찬하며 더 큰 책임을 맡길 거라고 말했다. 2개를 받고 4개를 내민 두 번째 노예에게도 주인은 같은 반응을 보였다. 그런데 세 번째 노예가 묻었던 금화 1개를 내밀자 주인은 화를 내며 그 금화를 첫 번째 노예에게 주라고 명령했다.

이 우화에는 다양한 해석이 있다. 하나는 우리가 재능(탤런트)을 묻어두어서는 안 된다, 발전시키며 제대로 살아야 한다는 것이다. 다른 하나는, 아마도 이와 마찬가지로 중요한 주제일 텐데, 그리스적 사고방식에서 기독교적 사고방식으로의 전환을 나타낸다. 첫 두 하인에 대한 주인의 태도를 보면 알 수 있다.

고대 그리스에서는 원래 가진 재능의 양이 더 중요했고 기독교인에게는 재능으로 뭘 했느냐가 더 중요했다. 즉, 고대와는 달리 과정에 중요한 가치가 생겼다. 그리스인에게 10개를 가진다는 건 5개를 가진 것보다 무조건 좋은 일이었다. 반면 기독교인에게 중요한 건 양을 불리는 과정이었다. 이것이 서구 문화에서 노동이 가치를 가지게 된 근원이다.

세상과의 유기적 상호작용

성취 과정이 가치 있다는 관념은 끈기 있게 이어졌다. 서구, 특히 근대에 칭찬의 대상이 된 것은 최종 결과물뿐 아니라 작업 과정에 투입된 노력 그 자체였다.

독일 철학가 헤겔과 카를 마르크스는 노동이 인간의 본성이라고 했다. 일한다는 것은 인간이 되는 것이다. 노동하지 않는 것은 인간성을 실현하지 못하는 것과 같다. 이것은 꼭 임금노동을 말하는 것은 아니었다. 당연히 시간제 일당 노동만을 말하는 것도 아니었다. 노동에는 자신이 탈 보트를 만들거나 자신이 먹을 음식을 만드는 일도 포함된다. 노동은 처리 활동이다.

사물을 만들고 처리하는 행위는 인간이 자신의 환경과 유기적으로 상호작용하는 방식이며, 한 인간이 세상에 들어가서 자기 자신이 되는 방식이다. 인간이 환경을 처리하고 자신을 외면화, 즉 체현하는 건 노동을 통해서라고 헤겔과 마르크스는 말했다.

우리는 자신 안에서 주변 세계를 처리함으로써 뭔가를 보트나 식사로 바꿔놓는다. 보트와 식사는 우리 내면에 있는 존재를 외부화한다. 인간이 목재와 음식과 상호작용함으로써 외부 존재 역시 내면화된다. 인간은 그런 활동을 통해 자신을 일하는 존재로 형성시킨다.

그러므로 노동은 인간의 내면을 외면화시키고 외부를 내면화시키는 활동이다. 그렇게 인간은 자신 안에서, 환경 안에서 자리를 찾는다고 헤겔과 마르크스는 말하곤 했다. 인간은 일할 때, 즉 세계와 유기적으로 상호작용할 때 자유롭다. 이런 식으로 인간은 자신과 호응하는 세계와 만난다. 이는 조용한 상호작용이 아니지만 조화로운 상호작용이다. 인간, 돛, 바람 같은 다양한 사물이 한데 모인다. 그리고 이 만남에서 반향이 일어난다.

소속되거나 소외되거나

노동은 인간이 된다는 것의 의미와 불가분으로 연결돼 있어서 '본질적'이라고 할 수 있다. 단순히 경제적 성장의 문제가 아니다. 그보다 훨씬 더 중요한 어떤 것이다. 인간이 세계와 유기적으로 상호작용하는 방식에서의 유일한 핵심은 본질적으로 살고 있는가 비본질적으로 살고 있는가의 문제다. 왜냐하면 노동은 인간 존재의 근본을 이루는 일부이기 때문이다.

적어도 헤겔과 마르크스에 따르면 인간은 노동을 통해서만 세계에서 소속감을 찾을 수 있다. 하지만 이는 또한 노동이 인간을 세계에서 소외감을 느끼도록 만들 수 있다는 뜻도 된다. 인간의 성립과 붕괴가 모두 노동에 달려 있다.

그러므로 우리가 왜 이렇게 많이 일하는지에 대한 의문은 훨씬 본질적이다. 시간을 소비하는 방식이나 적절한 보상 여부에 대한 의문도 어느 정도 중요하지만 말이다. 가짜 노동의 문제는 이런 의미에서 인간의 본질과 관계돼 있다.

만일 우리가 타임머신에 올라타 1930년대 조상과 대화를 나눈다면, 그들은 우리에게 이렇게 물을 것이다. 미래의 너희는 왜 그렇게 많이 일하는가? 본질적인 일을 하는 것인가? 그 노동이 너희 세계를, 내면을 외면화하는 방식으로 처리하도록 해주는가? 아니면 무의미한 활동으로 채워졌는가? 겨우 두 시간 일하러 직장에 가는가? 다른 곳에서 본질적 활동에 참여할 자유를 얻기 위해 비본질적 노동을 하는가?

여기서 달란트 우화의 첫 번째 해석으로 돌아갈 수도 있겠다. 우리의 재능이 사용되고 있는가? 아니면 재능을 가짜 노동 속에 파묻고 좀비처럼 살고 있는가? 헤겔과 마르크스의 노동 개념을 액면 그대로 받아들인다면, 가짜 노동은 우리에게 생각보다 더 많은 해악을 끼칠 것이다.

가짜 노동이 끼치는 진짜 해악

노동이 우리 존재에 있어 필수적인 것이라면, 우리는 의미 있는 작업 과정에 참여할 때 안정감을 느끼고 비본질적 노동에 참여할 때 자신에게서 멀어지고 소외되는 세계에 살고 있는 것이다. 마르크스도 헤겔을 따라 소외에 대해 비슷한 논지를 폈다. 결론적으로 이 책의 맥락에서 소외 상태란, 무엇이 진짜 노동이고 무엇이 가짜 노동인지에 대한 감각을 잃어버린 것을 의미한다.

마르크스는 사무직보다는 산업 직군에 초점을 맞췄다. 그는 산업 노동자가 소외됐다고 보았다. 산업 노동의 과정이 더 이상 세계와의 유기적 상호작용이 아니고, 보트 제작자가 자신이 만든 보트를 통해 자기 자신을 발견하는 것처럼, 노동자가 외부화된 내면의 형태로 자신을 돌려받지 않기 때문이었다.

반대로 산업 생산물은 노동자에게 이질적인 대상이 되는 듯했다. 생산물에 아무리 자신을 갈아 넣어도 결과는 늘 더 많은 산업, 자본, 주가의 등락, 오염 등 인간이 만든 여러 형태의 소외 현상을 심화시킨다. 프랑켄슈타인 박사의 괴물처럼 자신의 창조자를 공격한다.

비슷하게 포스트모던 (사무직) 노동의 특성, 즉 시간 엄수, 해결책 개발, 모방, 과시성, 감사, 회의, 홍보와 규제 같은 것이 노동자를 소외시키며 노동자가 하는 일에서 더 이상 자신을 발견하지 못하게 한다.

마르크스에게 자본주의 경제 내 노동의 분화는 노동자를 소외시켰지만 결과적으로 그건 긍정적인 발전이었다. 왜냐하면 인류는 단독 행위를 통해서는 결코 진화할 수 없기 때문이다. 다시 말해 노동의 분화는 노동의 직접성과 정반대지만, 이런 안티테제는 진보를 자극할 수 있다. 인류가 넘어설 수 있는 한은 말이다. 아마도 그것이 러셀, 케인스, 로이드 라이트가 타임머신을 타고와 우리에게 물어볼 만한 내용일 것이다. 인류가 한때 견뎌야 했던 고된 노동에서 빠져나왔냐고, 그리고 빠져나왔다면 자신의 환경을 처리하는 긍정적인 방법으로, 그 안에서 자신을 발견할 방법으로 하루하루를 채우고 있느냐고 말이다.

정보를 주기 위해서 말하는가, 아니면 홍보하기 위해서 말하는가? 고객을 돕기 위해 상황을 점검하는가, 아니면 정기 감사를 만족시키기 위해서 상황을 점검하는가? 환자와 학생을 잘 돕고 있는가, 아니면 그저 목록을 체크하고 검사만 받게 하는가?

우리가 더 자유로워졌는가 하는, 1930년대 선조가 제기한 질문에 답하기 위해서는, 노동시간보다 더 많은 자유 시간을 가졌는지뿐만이 아니라 '일에 더 많은 자유'를 가졌는지 혹은 노동 생활이라는 거울에 우리 자신을 비춰보는 데 어려움이 없는지도 고려해야 한다.

진실을 왜곡하는 거울의 방

여기서 우리는 신중하게 나아가야 한다. 소외의 본질에 대해 두 학파의 서로 다른 두 가지 사상이 존재하기 때문이다. 첫 번째 학파(뒤르켐과 머튼 등)는 정상성에 적응하는 데 실패하면 소외되는 거라고 주장한다. 사회가 칭송하며 모든 사회적 기능의 근간을 이루는 규준과 가치에 자신을 맞추지 못하면 사회에서 소외되는 것이다. 다른 학파(마르크스와 프랑크푸르트학파 등)는 정상성 자체가 소외될 수 있다고 주장한다. 그런 경우 정상성에 잘 적응하지 못하는 사람이 오히려 진정으로 인간다워질 수 있다. 즉, 정상적인 것이 잘못된 것일 수 있다는 의미다.

가짜 노동을 깨닫는 것이 그토록 어려운 이유 중 하나는 너무 많은 사람이 '소외된 정상성'의 거울방 안에서 일하기 때문이다. 가짜 노동은 끊임없이 다시 자기 위에 반영되며 더욱 많은 가짜 노동, 허위 프로젝트, 허위 지위를 만들어낸다. 그렇게 차츰 소외된 것이 규범이 된다.

정말 그런 거라면, 다음과 같이 질문했을 때 어떤 대답을 들어도 믿기가 어려워진다. '당신이 하고 있는 일이 고객, 시민, 회사, 국가, 세계에 중요합니까?' 어쩌면 아무도 읽지 않는 보고서를 쓰는 데 너무 단련돼서 그렇다고 답할지도 모른다. 어느 수준에서는 무의미하다는 걸 알게 되더라도 계속 바쁘고자 하는 어쩔 수 없는 욕구 때문에 그 인식이 억눌린다. 게다가 가짜 노동이 바쁠 기회를 풍부히 제공하기에 개인은 이 충격적 진실로부터 보호될 뿐 아니라, 무의미한 일을 계속 지속한다. 어쩌면 우리는 아침에 일어났을 때의 육감에 더 의존해야 할지도 모른다. 업계의 전문용어가 맹위를 떨치는 직장에 출근하기 전에 무의미에 대한 인식을 빨리 일깨워야 하는 것인지도 모른다.

가짜 노동이 금기시되는 이유

마지막으로 다시 한번, 런던의 호텔 바에서 데이비드 벌처버와 나눈 대화로 돌아가보자. 그때 우리는 커피를 주문했다. 그가 말을 계속하는 한 우리는 열심히 듣고 열심히 대화에 참여했다.

우리는 여러 저녁 모임에서 가짜 노동에 대해 잡담하던 경험을 언급하며 몇몇 사람은 정말 금세 끄덕이며 동의해왔다고, 완전 무의미하고 허무한 그들 노동의 본질에 대해 잘 알고 있더라고 말했다. 하지만 그밖의 대부분은 가짜 노동을 만든 다른 사람을 탓했다.

벌처버도 끄덕였다. "가끔 무슨 책을 쓰는 분이냐는 질문을 받으면, 내가 얼마나 적게 일했는지에 대한 책도 하나 썼다고 답할 때가 있어요. 그러면 사람들은 크게 두 종류의 반응을 보입니다. 하나는 자기도 같은 기분이 든다면서 호의적인 반응을 보이죠." 벌처버가 몸을 기대며 뭔가 중요한 말을 하려는 듯 잠시 뜸을 들였다.

"또 한 가지 반응은 불안하게 웃으면서 그런 상황과 대화 주제가 정말 불편하다고 말하는 겁니다. 그런 다음 분명 자기는 거기 해당하지 않는다고 말합니다. 그리고 갑자기 자신이 얼마나 바쁜지 증명하려고 서두릅니다. 열심히 일하고도 별로 바쁘지 않을 수도 있지만, 그런 일은 불가능한 비효율적 시스템에서 일하고 있다는 걸 자신도 아는 거죠. 어쨌거나 모든 사람이 대외적으로는, 자신이 근무하는 회사가 매우 바쁘며 고도로 유능하고 헌신적으로 일하는 회사라고 말합니다. 자신이 일하는 곳에 공허한 커다란 구멍이 있음을 인정해봐야 아무 위신도 서지 않으니까요. 그들이 일하는 시스템, 거대 민간기업을 웃음거리로 만들어 봐야 도발이나 일삼는 사람이라고 찍히게 될 뿐입니다. 민간기업도 공공 부문과 마찬가지로 무겁고 비효율적이고 관료적이지만 전혀 그렇게 생각하지 않는 사람이 꽤 많아요. 공공 부문과 비교되는 것조차 싫어하면서 정작 본인이 그럴 때가 아주 많죠."

가짜 노동은 동료 간에 금기시되는 대화 주제다. 그리고 어쩌면 우리 머릿속에서도 마찬가지다. 우리 노동이 무의미하고 허위로 가득 차 있을 뿐이라는 걸 인정해야만 하는 상황을 회피하고 싶으니까 말이다. 그래서 우리는 불안한 웃음으로 상황을 무마한다. 벌처버가 계속 말했다.

"이렇게 금기시되는 이유는 자존감 때문입니다. 현대 세계에서 우리 정체성은 어디에 달려 있을까요? 종교와 국가의 중요성은 쇠퇴하고 있기에, 이제 사람들은 일과 자신을 동일시합니다. 그러나 자기 인식을 받치고 있던 깔개를 누가 잡아 빼면 기분 좋을 수 없죠. 사람들은 성실한 일꾼이자 회사에서 중요하고 대체 불가능한 직원으로서의 이미지를 보호하려 합니다."

문제는 개인이 아니다

그래도 벌처버는 개인보다는 시스템에 책임이 있다고 강조한다. 부조리한 시스템에 갇힌 인간이 다르게 행동하는 것은 불가능할 때가 많다. 혹은 상식이 별 소용 없는 환경에 맞춰 현명하게 행동하려는 것뿐이라고 말할 수도 있다. 그 결과 많은 사람이 매우 열심히 일하지만 보다 넓은 시야에서 자기 일을 바라보고 그 일로 뭔가 변화가 있었는지 자문하게 되지는 못한다. 이런 사람들은 벌처버를 보고 도발을 일삼는 사람이라고 생각한다.

벌처버는 사람들이 갑자기 한가해지거나 잘리면 종종 자기 상황의 무의미성을 인식하게 된다는 데 주목했다. 쳇바퀴가 계속 도는 한 자기가 무의미하게 바쁘다고 생각하지 않는다. 그도 그럴 것이, 누가 진짜 그러고 싶어서 그러겠는가? "어쩌면 그런 깨달음을 따라가 논리적 귀결을 감당할 자신이 없는 거겠죠. 다 그만둘 수밖에 없을 테니까."

가짜 노동은 회사와 조직이 보상을 주는 뒤틀린 거울방에 의해 유지될 뿐 아니라 일하는 사람의 자존감과 자아상에 깊이 뿌리내려 유지되기에 웬만한 도전에 꿈쩍하지 않는다.

그래도 이 책에 등장하는 대부분의 인터뷰 대상이 가짜 노동에 홀리지 않은 이유는, 결국 인간은 뭔가 유용하고 의미 있고 진짜인 일을 하고 싶어 하기 때문이라고 우리는 믿는다. 다만 이런 갈망이 이제는 유별나다고 취급되는 것뿐이다. 누가 돈을 주겠다고 하면 하는 게 일이라는 통념이 널리 퍼졌으니 말이다.

하지만 마츠 알베손이나 데이비드 벌처버나 이 책의 저자들에게, 이런 문제를 대신 제기해줘서 감사하다고 하는 사람도 있다. 끝없이 가짜 노동을 반사해내는 거울방에서 일하며 직장이 미쳤다고 생각하는 사람들에게 우리 같은 외부의 관점은 그들이 동조자를 발견하도록 돕는다.

'이 모든 게 얼마나 우스꽝스러운지 보이는 게 나뿐이야?' 하는 생각을 입 밖으로 내지 못하던 사람들 말이다. 아무 보람도 결과도 없이 직장의 요구에 맞추느라 공허감, 무기력, 무의미에 침식당해 부적응자가 되어가는 개인들을 우리는 그냥 두고 볼 수 없다. 문제는 그들이 아니라 그들의 일이다.

노동의 동기들

인간은 왜 일하는 걸까? 이런 질문에 대한 대답은 그저 가짜 노동을 청소하는 것보다 더 복잡할 것이다. 자칫하면 망할 수가 있다. 그러나 우리가 대강 잡아놓은 개념을 이용하면 이 근본적인 질문에 답하는 것도 그리 어렵지 않다.

1. 생존: 인간은 '생존'을 위해 일한다. 생물학적인 대답이다. 이를 확장하면 가장 상식적인 대답은 다음과 같다.

2. 돈: 문명화된 자본주의사회에서 인간은 '돈'을 벌기 위해 일을 한다. 마르크스는 이를 인간의 본질적 속성을 수단으로 바꿔놓는 행위라고 지적했다. 다시 말해 인간의 존재가 목적이 아닌 수단이 된 것이다. (이 내용은 나중에 더 깊이 다루자. 여기선 인간이 일하는 이유에 대한 다른 대답도 더 내놔야 한다. 우리는 이미 더 진전된 대답 두 가지를 다뤄봤다.)

3. 본질: 인간의 '본질'이 인간으로 하여금 세계와 유기적으로 상호작용하는 행위를 수행하도록 요구하기에 인간은 일한다.

4. 적응: 노동은 '적응의 방식'이다. 그래서 인간은 지배적 정상성을 받아들이고 일자리를 얻는 것이다.

여기서 잠시 멈춰 생각해보자. 우리가 가짜 노동에 대한 이야기를 시작했을 때, 다음과 같은 반대 주장에 부닥쳤다. "그래서 내가 회사에서 하는 일이 정말 가짜 노동이라 칩시다. 하지만 난 가족을 위해 생활비를 벌어야 하고 비싼 동네에 주택 담보대출이 잡혀 있어요. 그냥 웃고 넘길 수만은 없는 문제란 말입니다." 다시 말해 1, 2, 4번의 생존, 돈, 적응과 같은 이유다. 하지만 3번 이유는 달라 보인다.

　　그런데 정말 어쩔 수 없는 걸까? 우리는 우리 생각보다 더 뛰어난 대처 능력을 가지고 있는 것은 아닐까? 다 그만두고 자연인으로 사는 것보다는 좀 덜 급진적인 뭔가를 할 방법이 있지 않을까? 우려를 제기하고 시민적 불복종을 실천하고 일에 간섭해 의미 있게 만들거나 좀 더 성취감 있는 직업을 위해 재훈련을 받는 건 어떨까?

　　인간이 일하는 다른 이유도 더 살펴보자. 인간의 동기는 생존과 정상성에 대한 욕구보다 더 깊은 곳에도 존재한다.

5. 타인의 인정 : 인정 이론은 앞서 개괄한 유기적 상호작용 이론과 관련이 있다. 인정이란 아이가 부모에게 크리스마스 선물로 준 엉성한 찰흙 덩이를 가리키며 '내가 만들었어'라고 선언할 때 추구하는 것이다. 인정의 전제 조건 가운데 하나는 사회가 내가 한 노동을 알아줄 뿐 아니라 그에 가치를 할당하는 것이다. '타인'이 내가 만든 것을 필요로 하여 사용하고, 그럼으로써 내 노동의 '가치를 알아준다'.

이는 또한 실업이 사람을 그토록 취약하게 만드는 이유와 사람들이 자원봉사 하려는 이유를 설명해준다. 그리고 이는 우리가 2장과 10장에서 보았던, 충분한 일을 가지지 못하는 데서 비롯되는 고통, 내가 잉여의 존재라는 기분이 어떤 것인지 일부 설명해준다.

　　불필요한 존재라는 감각은 물론, 가짜 노동의 인지와도 관련이 있다. 이는 물론 허위-유기적 상호작용의 인지다. 예를 들어 원하지 않는 일자리에 지원하거나 아무도 읽지 않는 설문 조사, 홍보 활동을 하고 기사와 보고서를 쓰거나 순전히 형식적인 자문 역할을 수행하고 발표하는 것이다. 시스템상 그 일을 해야 하고 심지어 인정도 받아야 한다. 하지만 아무도 굳이 읽거나 자기 행동을 바꾸거나 하지 않는다. 그 일의 목적과 의미가 무엇이었는지는 상관없는 것이다. 이것이 11장에서 줄리의 보고서가 겪었던 일이다.

기껏해야 허위 의견을 좀 중얼거리고 깃발 좀 휘날려주고 행사 한번 하고 발행 지침과 반응 횟수에 집착한다. 아무 의미도 없다는 걸 잘 알면서도 그런다. 그러고 나면 허위 인정까지 무사히 받았어도 결국에는 개인의 자존감을 갉아먹힌다. 그럼에도 데이비드 벌처버와 코린느 마이어처럼 감히 폭로하고, 자기들이 한 모든 일이 무의미하고 불필요했다고 인정하는 사람은 여전히 매우 드물다. 우리는 더 많은 사람이 그들의 본보기를 따르기를 바란다.

만일 가짜 노동이 이 책에서처럼 흔하다면 폭로자가 왜 그렇게 적을까? 가짜 노동이 생활비를 대기 때문이기도 하지만, 또한 가짜 노동이 표면적이나마 노동과 닮았고 노동자에게 사회적 승인을 얻어주기 때문이기도 하다. 예를 들어 내가 이런저런 자문을 해주는 컨설턴트이고, 여러 경험을 쌓았다면 내 쓸모에 대해 멋진 이력서를 작성할 수 있을 것이다. 그런데 이 모든 것이 그저 가짜 노동이었다고 인정하면 나는 게임이나 벌이며 인생을 낭비했다는 걸 인정하는 셈이다. 더 나쁘게는, 다른 사람들의 인생까지 낭비하게 했다는 뜻이 된다.

데이비드 벌처버가 지적했듯, 다른 분야에서 인정을 얻어낸 후에야 이런 인정을 할 수 있을 것이다. 그때야 자신이 이전에 즐겼던 인정은 완전한 헛짓거리에 기반을 둔 것이었다고 인정할 준비가 될 것이다.

6. 자신의 인정: '인정에 대한 갈망'이 꼭 의식적인 것은 아니다. 우리 중 많은 사람이 아마, 자신의 행동이 결국 부모에게 결과를 보여주고 칭찬받기 위한 것이었음을 깨닫게 된다. 거칠게 말하자면 일은 우리에게 가깝고 소중한 사람에게서 사랑과 보호를 얻어내기 위한 방식이다. 내가 일해야 아빠가, 엄마가 나를 좋아할 것이다. 많은 세월이 흘러 부모가 상사 혹은 평가자로 대체된 후에도 이런 심리적 기제는 여전히 남아 있다.

우리가 일하는 여러 이유 중 하나는 (돈 받는) 일을 할 때만 가치 있는 존재로 느껴지기 때문이다. 우리에게서 일을 빼앗아 가거나 근무시간을 줄이는 사람은 자존감에 위협이 된다. 우리를 해방시키려는 시도가 위협이 되는 것이다.

결국 바쁘지 않다고 인정하는 사람, 더 의미 있는 일을 요구하는 사람, 즉 금기를 깨는 사람은 주변에 위협이 된다. 상사가 임금을 내려도 되겠다고 생각하게 하는 등의 일반적인 문제만은 아니다. 동료들 내면에 존재하는 상사를 깨우기도 하는 것이다.

이는 또한 우리가 왜 여전히, 아무도 감시하지 않는 집에서조차 그렇게 많이 일하는가에 대한 설명도 될 수 있다. 과거의 사람들은 무서운 감독관의 위협이 있었기에 그렇게 일했다. 지금은 그런 시대가 아니지만 어쩌면 지금도 우리 내면에는 그 노예 감독이 계속 남아 있는지도 모른다. 그러니 모든 주말 근무는 상사 때문이라기 보다는 우리 자신을 위해서 하는 건지도 모른다.

7. 청교도적 노동 윤리: 1장에서 우리는 사회학자 막스 베버의 유명한 테제, 청교도주의와 특히 칼뱅주의가 자본주의의 주요 추진력이 되었다는 주장에 대해 언급했다. 청교도 교리는 '죄의 고백과 내 탓'보다는 예정설에 기초하고 있다. 예정설이란 인간의 구원은 태어날 때부터 이미 정해져 있다는 것이다. 그렇게 되면 나태와 무관심이 만연하지 않을까 싶지만, 그렇지 않다. 사람들이 자신이 선택된 자 가운데 하나라는 증거를 발견하기 위해 노력하기 때문이다. 예를 들어, 사업에 성공하는 것은 우리가 구원으로 가는 올바른 길에 들어섰음을 의미하는 징후다. 베버에 의하면 칼뱅주의의 이런 신앙과 직업윤리가 자본주의를 진척시켰다.

이런 동기 부여는 더 이상 종교에 국한되지 않는다. 청교도의 직업윤리는 서구 문화에 통합되었다. 게으름은 모든 악의 근원으로 여겨진다. 이 믿음이 서구 문화에 얼마나 깊숙이 자리 잡았는지 알고 싶으면 아프리카에 가보라. 그곳 사람들은 아무것도 하지 않는 일에 일반적으로 거부감을 느끼지 않는다. 상점에서는 직원이 계산대 너머로 친구와 신나게 수다 떠는 동안 손님들은 참을성 있게 줄 서서 기다린다.

8. 대안의 부재 (혹은 가장 덜 나쁜 선택지): 인간이 노동하는 여덟 번째 이유는, 달리 뭘 할지 모르기 때문이다. 어떤 사람은 휴가 기간에 병에 걸린다. 어떤 사람은 가족과 있느니 직장에 있으려 한다. 심지어 어떤 사람은 가족을 만드는 것보다 일하기를 택한다.

인간이 일하는 이유 3번으로 돌아가서, 인류의 본성이자 유기적 상호작용으로서의 노동 개념을 생각하면, 일 자체는 아무 잘못이 없다. 잠수, 즉 물과의 상호작용을 좋아하는 사람이 타인을 가르침으로써 자신을 외부화하고 타인에 의해 형성되는 것도 좋아한다면, 잠수 강사가 되어도 잘못은 없다. 전통적으로 자원봉사도 바로 이런 식으로 추진됐다.

문제는 일이 더 이상 세계와의 유기적이고 본질적인 상호작용이 아니게 되고, 다른 본질적 상호작용을 대체하면서 시작됐다. 즉, 할 일 없음의 공포를 막기 위해 본질적이지 않은 일을 더욱 많이 하면서 문제가 심각해진다. 이런 의미에서 노동은 세계와의 상호작용이라기보다는 불안 관리 전략이 된다. 그렇게 해서 우리는 아홉 번째 이유에 도달한다.

불안을 덮는 가짜 노동

9. 불안 저지하기: 보통 연금 수령 나이가 되면서, 할 일이 적어지는 세상이 두려워지는 인생의 특정 시점이 온다. 그런 인생의 단계에서 조금씩 속도를 늦추고, 죽을 때까지 일하려는 게 아니면 다른 활동 탐색을 시작하라는 조언을 듣는다. 직업 생활 말기에 도달하기까지 이런 통찰을 무시하고 단지 공포를 피하려고 그렇게 많은 가짜 노동을 하는 것은 부적절해 보인다.

인정 차원에서 노동의 허위적 본성을 지적하는 것이 격한 저항을 불러일으키는 것은 꽤 이해할 만하다. 파워포인트 발표, 보고서, 가치 체계, 전략, 자문, 다자 검증을 거친 논문 같은 모든 것이 인정받을 가치가 없다는 말이니까. 그러므로 노동의 허위적 본성을 지적하는 행위는 단지 직업에 대한 고발이 아니다. 이는 거의 존재론적 고발이다.

그렇다면 우리는 러셀, 케인스, 로이드 라이트에게 다소 당황스러운 톤으로 말해야 할 것이다. 노동시간을 3분의 2로 줄일 기회가 있었지만, 그렇게 많은 자유 시간을 감당할 수 없어서, 우리의 공포를 억제할 수많은 가짜 노동을 발명했다고.

　　중요한 것은 하나의 인구 집단, 하나의 사회 혹은 인류 전체로서의 우리가, 이미 존재하는 엄청난 가능성의 대부분을 만들었다는 것이다. 본격적인 로봇화와 함께 도래할 가능성은 말할 것도 없다. 하지만 우리는 결국 산업 시대 패러다임의 흉내에 지나지 않는 정보산업, 거대한 3차 노동시장 역시 만들어냈다.

　　우리는 모든 노동 활동을 산업 시대에 갇힌 허위 형성을 영원히 지속시키는 데 투자할 게 아니라, 우리 존재의 본성을 위해 써야 한다. 그렇다면 우리가 무엇을 할 수 있는가에 관해, 아직 할 말이 많이 남아 있다. 우리는 논의를 세 가지로 나눠볼 것이다. 개인적으로 무엇을 할 수 있는가. 조직과 관리자로서 무엇을 할 수 있는가 그리고 사회 전체로서 무엇을 할 수 있는가.

　　본인이 아무것도 하고 싶지 않거나 남이 아무것도 하지 않아도 행복하다면 여기서 읽기를 멈춰도 된다. 하지만 우리처럼, 독자 여러분도 만일 인생에 더 많은 것이, 더 좋은 방식이 존재해야 한다고 느낀다면 계속 읽기를 바란다.

13장

변화를 위한 우리의 전략

우리가 앞서 인터뷰했던 취재원들의 말에 독자 여러분이 고개를 끄덕였다면, 그리고 이따금 나의 업무가 허위에 지나지 않는다는 느낌이 든다면, 시간이 너무 오래 걸리거나 무의미하다는 느낌이 든다면, 뭔가 새로운 시도를 해볼 때인지도 모른다.

그렇다면, 허위 형성의 과정을 겪으며 하찮은 과제가 계속 생성되어 밀려들고 그에 대한 임금은 시간 단위로 지급되고 허위 인정과 과시적 직책을 부여하는 노동시장에 어떻게 의미를 다시 주입할 수 있을까? 대다수의 사람처럼 독자 여러분도 임금에 의존해 살고 직장이 진흙탕 싸움판처럼 느껴진다면. 무엇을 할 수 있을까? 2부의 여러 장에서 이미 가짜 노동을 제거할 몇 가지 방법은 간단히 밝혔다. 이 장에서는 더 자세히 설명하도록 하겠다.

눈치보지 않고 퇴근하기

첫 번째 제안은, 토케의 사례처럼 집에 일찍 가는 것이다. 주37시간(혹은 더 나쁘게 조나스의 동료들처럼 55시간) 일하는 척하지 말자. 늦게 출근해 일찍 퇴근하자. 매일 출근하지는 말자. 처음에는 이상하게 느껴질지 몰라도 내가 선을 위해 싸우고 있다는, 자신보다 더 큰 대의를 위해 투쟁하고 있다는 사실을 잊지 말자.

프랑스 실존주의자 장 폴 사르트르에 의하면 선택은 늘 윤리적이다. 왜냐하면 우리가 삶을 사는 방식이 타인에게 어떤 선택을 할지 보여주기 때문이다. 다시 말해 우리는 무엇을 하든 본보기가 될 수 있다. 일찍 집에 가기를 선택함으로써 우리는 직장의 가장행렬로부터 자신을 해방할 뿐 아니라 다른 사람들에게 다른 길이 있음을 보여줄 수 있다.

하지만 대비도 해야 한다. 동료들이 기분 나빠하고 나는 일을 다 했다는 설명을 굳이 해야 할지도 모른다. 저녁에 일이 있다고 거짓말하지 말자. 거짓말은 내 선택의 윤리적 영향력을 훼손하고 일반적인 가짜 과시성에 이바지하게 한다.

다른 한편, 직장에서 시간 단위 임금제를 그만두도록, 혹은 사회가 바뀌도록, 기다리기만 할 수는 없다. 벌처버를 본보기로 삼지는 말자. 펍에서 축구를 보고 있으면서 사무실에서는 잠깐 자리를 뜬 것처럼 꾸며놓지 말자. 그래봐야 가짜 노동만 영원히 지속될 뿐이다. 펍에 가려면 펍에 가기로 당당하게 선택하고 일터를 나오자. 토케를 본보기로 삼자. 대부분의 사람은 생각보다 훨씬 많은 운신의 여지가 있다고 했던 알베손의 말을 기억하자.

이젠 정말 의미 있는 일을 하자

집으로 가는 건 좋은 모범이 된다. 최소한 아무에게도 필요하지 않은 걸 양산해내는 시간 때우기가 아니니까. 직장에 있는 동안에도 그런 일은 피하자. 가짜 노동자 다섯을 더 떠맡지 않으면 팀이 위험에 노출될 수도 있겠지만 그냥 감수하자. 우린 회사의 이익을 위해 이렇게 행동하는 것이고 상사에게 사실이 그렇다고 설명할 수 있을 것이다.

다시 의미를 찾으려면 큰 그림을 봐야 한다. 회사보다 더 큰 무언가를 위해 일해야 한다. 의사는 사람들의 건강을 위해 일하지 자신의 직장인 병원을 위해 일하는 게 아니다. 변호사는 정의를 위해 일하지 자신의 법무 법인을 위해 일하는 게 아니다. 교사는 사회의 미래를 위해 일하지 특정 학교를 지키는 게 임무가 아니다. 광고업계에서 일한다면 인생을 그냥 안락하게 지내는 것보다 원하는 것이 더 있는지 생각해봐야 한다. 다시 한번, 토케를 본보기로 삼자. 당신 학교를 멋져 보이게 만들려고 SNS 인맥을 이용하지 말자. 당신이 공무원이라면 사회와 공공을 위해 일하는 것이다. 직장에서 감축 대상이 된다면 봉급은 잃겠지만 최소한 진정성은 유지할 수 있다.

회의는 무조건 짧을수록 좋다

회의는 삶의 방식이 되었다. 관리자는 결정을 미루기 위해, 자기 프로젝트를 자랑하기 위해 회의를 소집한다. 다들 그렇게 하니까. 메테가 일한 곳에서는 인턴도 회의를 소집하며 정규 직원을 따라 했다. 물론 때로 회의를 소집해야 하는 타당한 이유가 있다. 하지만 그냥 수다나 떨고 자기 목소리를 내기 위해 회의하는 건 아닌지 주의하자. 그런 건 점심시간이나 카페, 당구장을 위해 남겨두자.

회의를 짧게 하자. 다른 사람처럼 정시에 회의를 시작하지 말고 15분 전에 시작하자. 조직에 긴 단합 시간이 필요하다는 생각이 들면 '회의'라고 부르지 말고 '모임'이라고 부르자. 만일 그 조직이 가짜 노동을 하지 않는 곳이라면 점심에 모든 일을 끝낸 후 모임을 개최하고 케이크도 가져오자!

불완전함을 감수한다

일단 우주에서 지상으로 돌아오자. 지상으로 돌아온다는 것은 인간이 하게 돼 있는 행동을 인정하고 잘 대처하는 것이다. 예를 들어 덴마크 교육기관에서 일하는 게 대단한 건 아니지만 그렇다고 해서 사회에서 중요한 역할을 수행하지 않는다는 의미는 아니다. 그저 그 이상으로 뻥튀기하지 말자는 이야기다.

지상으로 돌아오게 되면, 자신의 실수에 대해서도 더 잘 인정하게 될 것이다. 대충 하라는 말이 아니다. 문자를 보내기 전에 확인을 먼저 해야 한다. 그저 우리가 완벽하지 않다는 사실을 받아들이는 법을 배우자는 것이다. 내 머리 위에 '완벽한 세계 지도자'라는 표시가 둥둥 떠다니는 게 아닌 다음에야, 불완전성을 포용하며 세상을 바꿀 수 없다는 사실을 인정하면 더 많은 자유를 누릴 수 있다. 이런저런 것이 0% 혹은 100%라고 완벽한 확실성을 약속하지 말자.

우리는 또한 잘 작동하는 것들에 별거 아닌 혹은 최소한의 개선을 더하려는 유혹에 저항해야 한다. 부서지지 않았다면 고치지 말자. 절대 망가지지 않는다는, 기대를 넘어선다는, 세계 최고의 상품을 공급한다는 회사의 과시적 헛소리를 무시하자. 완벽을 향한 이런 끊임없는 분투는 재정적으로나 개인적으로나 최대 비용으로 최소 개선을 가져온다.

조직 역시 더 적은 데 만족하는 법을 배워야 한다. 또 다른 문서를, 마케팅 전략을, 연례 보고서나 핵심 표어를 열심히 갈고 닦고 로고의 색을 2년마다 바꿀 필요가 없다. 지금 그대로도 충분히 괜찮다. 그런 변경은 인재, 고객, 투자자를 끌지 못한다. 회사가 아무리 부풀려진 자만심을 가졌더라도 말이다. 그러니 또 다른 내부적 도구 혹은 외부적 홍보 자료에 완벽을 도모함으로써 지나치게 커진 회사의 자부심을 계속 쓰다듬으려 해도 소용없다고 상사에게 말하자.

지상으로 돌아온다는 건 또한 세계관을 재조정한다는 의미다. 많은 사람이 자신을 꼭 필요하면서도 동시에 가치 없는 존재로 생각한다. 심리학적 관점에서, 후자가 어떻게 전자로 이어지는지 살펴보는 것은 그리 어렵지 않다. 사람은 일주일에 7일, 하루 24시간 대기하는 온갖 종류의 노력으로 이뤄지는 꼭 필요한 존재인 것이다. 사실 우리는 그렇게까지 중요하지 않고 대체될 수도 있지만, 그렇다고 우리가 전혀 중요하지 않다는 의미는 아니다.

그러니 휴가 갈 때는 자동 응답 기능을 설정하고, 휴가에서 돌아와서는 받은 이메일을 모두 지워버릴 것이라고 모두에게 알리자. 중요한 요건이 있는 사람은 휴가 후에 다시 연락해달라고 말이다. 그것이 우리 일의 복잡성을 줄이고 과잉 정보로 인해 부하가 걸리는 것을 막는 방법이다. 이메일을 보냈던 이 중 몇몇은 다른 업체를 찾을 것이다. 기회를 포기하기란 쉬운 일은 아니다. 그래도 어쩔 수 없다. 요청대로 다시 이메일을 보내는 사람도 있을 것이다. 재조정된 세계관에 기초해 복잡성을 줄이고 시간과 의미를 되찾을 다른 방법을 생각해보자.

먼저 믿음을 줘야 신뢰가 쌓인다

신뢰는 복잡성을 줄이는 가장 중요한 방법들 가운데 하나다. 모든 걸 감시하고 끊임없이 보고서를 요구해서는 신뢰를 쌓을 수 없다. 우선은 내가 먼저 사람들에게 믿음을 보여줌으로써 신뢰를 쌓을 수 있다. 운이 좋아서 관리자가 나를 믿는다면 나도 그 믿음에 부응해 관리자를 실망시키지 않도록 전력을 다할 것이다. 나의 동료들도 똑같이 할 것이다.

　신뢰가 바탕이 되면 문서 작성 프로그램에 변경 추적 기능을 켤 이유가 없다. 문서에 내가 동의하지 않을 만한 뭔가를 변경한 사람은 자신이 그랬다고 알려줄 테니까. 나의 동료들 역시 의미를 되찾고 일을 제대로 하고 싶어 한다는 것을 확신할 수 있을 것이다. 동료들에게 할 일을 주고, 그 일을 마칠 때까지 그들을 믿자. 그리고 동료들 역시 나를 믿어줄 거라고 기대하자.

가짜 노동 명확하게 구분하기

일단 우리가 일찍 퇴근하고 더 많은 문제를 일으킬 해결책을 고안해내기를 그만두었다면, 그다음은 일에 대해 말하는 방식을 바꿀 때다. 먼저, 스트레스와 바쁨에 대한 호들갑에서 빠져나와야 한다. 다른 사람들이 그런 말을 시작할 때는 차라리 입을 다물자. 다른 일을 더 하라는 요청을 막기 위해 '바쁘다'거나 '스트레스받는다'는 말도 사용하지 말자. 바쁘지 않을 때는 바쁘지 않다고 말하고, 속도가 괜찮다고 생각하면 괜찮다고 말하자.

허위 활동에 이름을 붙이는 것도 방법이 될 수 있다. 더 많은 가짜 노동을 막는 방법은 스트레스받는 척하는 게 아니라(그런 척하면 진짜 스트레스받게 될 때가 많다) 그냥 사실을 말하는 것이다. 모든 허위의 형태를 폭로하자. 가짜 노동, 가짜 프로젝트, 허위 직책, 허위 결정, 허위 가격, 허위 시간 등등 우리가 폭로할 대상은 차고 넘친다.

우리 할머니도 이해할 수 있을 만큼 직책이 잘 보이는 새 명함을 요청하자. 교실 관리자가 아니라 교사다. 안내 데스크 관리자가 아니라 안내인이다. 기술적 부동산 관리자가 아니라 건물 관리인이다. 계산 관리자가 아니라 판매 보조원이다. 판매 조언가가 아니라 가게 직원이다. 감사관이 아니라 회계사 혹은 경리이다. 작업장 관리자가 아니라 청소원이다. 과시성 게임에 놀아나지 말자.

타인에 대한 모방을 경계한다

다른 회사들에 '최고 행복 책임자'나 '브랜드 최강팀'이 있을지 모른다. 하지만 다 그저 겉치레와 과시적 군말일 뿐, 필수적인 게 아니다. 광고가 필요하면 어떤 회사인지가 아니라, 무슨 일을 하는 회사인지에 대한 정보를 담아서 하자.

이웃 회사가 하거나 가진 것을 쫓지 말자. 그럴 필요 없다. 쉬는 시간을 더 늘리고 핵심 사업에 더 신경을 쓰자. 그 밖에 다른 건 하지 말자. 예를 들어, 내가 일하고 있는 곳이 덴마크의 직업 대학인데 배배 꼬인 이름이 옥스퍼드나 케임브리지와 비슷하게 들리려는 의도가 있다면, 경영진이 박사 학위를 가진 강사를 더 채용하겠다고 할 때 입을 떡 벌려 보여라. 수업에는 2년 정도 더 교육받고 직업 경험이 좀 있는 사람이 필요할 뿐이다. 과잉 자격은 모두의 시간과 돈을 낭비할 뿐이다.

아무 의미 없는 논문을 쓰거나 출판하지 말자. 할 말을 찾는 데 집중하자. 중요하게 느껴지는 것만 공유하자. 생각보다 우리에겐 가능한 전략이 많지만 그런 여유를 먼저 확보해야 한다.

시간으로 계량하지 말 것

시간을 재거나 시간에 대해 말하지 말자. 가짜 노동은 시간을 가장 공급이 달리는 재화로 만들었다. 시간을 결정적 요소로 만들지 말자. 그런 사고방식은 산업 시대의 유물이다. 안뜰이 깨끗하면 빗자루질은 끝난 거다. 집에 가자. 무대 뒤 업무에서는 특히 노동을 시간당으로 계산하지 않도록 조심해야 한다.

근무시간 기록표를 계속 적어야 하면, 늘 같은 숫자의 시간을 기록하자. 우리가 옛날 사고방식을 더 이상 따르지 않음을 보여줘야 한다. 우리가 애쓰지 않으면 문화도 허위 형성의 구속에서 벗어날 수 없다.

자기 개발의 다른 방식

그런데도 집에 못 가는 경우라면 어떻게 할까? 혹은 집에는 가도 되지만 가족에게 돌아가기 싫다면, 혹은 텅 빈 집에 돌아갈 자신이 없으면 어떻게 할까? 시간을 현명하게 사용하자. 학위나 자격증 같은 연장 교육을 더 받을 필요는 없다. 교육은 충분히 받았다. 허위 형성의 껍데기 안에 갇힌 동안 자기 개발을 하자. 책상에 앉아 긴 소설을 읽자. 베토벤 교향곡들을 처음부터 끝까지 듣자. 교사라면 근무 일지에 '발성 연습'이라고 쓰고 합창단에 참여하자. 껍데기를 바로 깨고 나올 수는 없지만 그 안에서 자신을 진짜 인 간으로 변화시켜나가는 시작은 가능하다. 자기 개발 프로젝트는 교양 있는 개인이 어떤 존재였는지 거의 잊어버린 세계에서 우리 를 더 인간답게 만들어줄 것이다.

진짜 일에 헌신하자

일터를 떠나 집에 가면 세계와 유기적으로 상호작용하자. 자신에 게 의미 있는 방식으로 상호작용을 준비하고 경험하자. 가짜 노 동 그만두기를 시작하는 대신 다른 일거리를 찾지는 말자. 그것 도 가짜 노동만큼이나 나쁘다. 만일 축구 코치, 자원봉사 방문이 나 나무꾼 일이라면 상관없다. 그저 내면을 외면화하고 세계와 상호작용하기만 하면 된다. 세상을 항해하며 바람과 상호작용하 자. 물건을 바꾸기보다는 고치자. 그것이 물건을 더 잘 알게 되는 좋은 방법이기도 하다. 내가 창조를 도운 세상에서 나 자신을 더 잘 알게 된다. 가짜 노동과 달리 진짜 노동은 반향을 일으킨다.

　　사업가 유형은 사람들에게 타인을 도우며 돈도 벌라고 설 득하다가 자가당착에 빠질 것이다. 어찌 됐든 원하면 그렇게 하 자. 하지만 주변의 바쁜 가족을 위해 그냥 쇼핑 같은 걸 해줄 수도 있을 것이다. 시간이 있으니까 말이다. 누군가를 돕는 데 늘 가격표나 부가가치세가 따라올 필요는 없다는 점을 기억해도 괜찮다.

우리는 이제 윤리적인 면을 살피려고 한다. 그저 무슨 일을 하느냐의 문제가 아니다. 우리 모두는 자기 자신 이상을 책임져야 한다. 이전에 말했듯 나의 행위는 타인에게 본보기가 된다. 가짜 노동을 계속하기로 하든 멈추기로 하든, 주변 사람들에게 이런 상황에서 어떤 선택을 해야 하는지 보여주는 것이다. 이것이 우리가 짊어지게 되는 책임이다.

복종하지 않을 의무

철학자 이마누엘 칸트는 스스로 초래한 미성숙에서 벗어나는 것이 '계몽'이라고 정의했다. 그는 사람들이 멍청하다고 말하지 않았다. 그 반대로, 우리가 멍청한 이유는 스스로 생각하기를 회피하고 편견에 따르기 때문이다. 편견에는 상식으로 맞서야 할 필요가 있다. 칸트는 "사페레 아우데", 즉 '알고자 하는 용기'라는 표현을 썼는데, 이는 철학에서 가장 많이 인용되는 원칙 가운데 하나가 되었다.

칸트는 일터에서 시민적 불복종을 요구하지는 않았다. 하지만 위에서 떨어지는 명령에 비판할 수 있는 공적 장소가 있어야 한다고 생각했다. 하지만 이제 이런 공적 장소는 가짜 노동의 수단들 즉, 회계 책임, 평가 기준, 효율 증대, 브랜드 전략, 커뮤니케이션 과부하, 성장 이데올로기 등과 뒤얽혀서 우리의 일의 본성을 논하기에 충분하지 않다. 핵심 업무에 방해되는 일을 하라고 경영진이 지시할 때 복종하지 않는 것은 개인의 의무가 되었다.

예를 들어 수년간 중간관리직 공무원으로 일해왔는데, 많은 덴마크 지자체에서 그랬던 것처럼 의회에서 갑자기 공무원 모두 '체계적 관리' '총체론 경영' 혹은 무의미하거나 무늬만 그럴듯한 어떤 경영관리 자격증 코스를 수강해 기술을 향상하라고 권유하는 상황을 생각해보자. 쓸데없이 학위 수만 늘려서는 아무것도 바뀌지 않는다는 걸 상식적으로 아는데 말이다. 그럴 땐 싫다고 말하자. 대신 그냥 필요한 일을 하자. 과시적 학위를 가지고 의회를 좌우하는 벼락출세한 사람들은 제대로 알고 그러는 게 아니다. 그들은 자기들이 문제라고 생각한 것에 대해 경영 교육이 해결책이라고 생각하지만, 뭐가 진짜 문제인지 알고 어떻게 조치해야 하는지 아는 건 '나'다. 공부에 더 많은 시간과 돈을 써봤자 진짜 문제에서 초점을 흐려놓을 뿐이다.

팀에서 새 IT 플랫폼을 사용하라고 지시받았는데, 정작 본업에 지장 줄 게 뻔히 보이는 경우도 생각해보자. 기존 프로그램으로도 충분하다면 그냥 그걸 쓰자. 시민적 불복종은 때로 자기 일을 확 쳐내서 조직을 조직으로부터 구하는 것을 의미하기도 한다.

도덕적 책임감을 희석하지 말자

루이세가 우리에게 가르쳐준 것을 기억해보자. 그 조직의 병가 정책은 도덕적 책임감을 희석하기 위해 사용됐다. 동의한 절차를 가리키며 준수에 대해 긍정적 표현만 사용하면 되는 거였다. 칸트는 이를 '스스로 초래한 미성숙성'이라 부른다. 그 대신 칸트가 '성찰적 판단'이라 부른 것을 사용하자.

칸트는 미리 결정된 판단과 성찰적 판단을 구분한다. 미리 결정된 판단은 분류하고 범주화할 때 사용하는 것이다. 이는 또한 규칙을 따르는 우리 능력을 가리키기도 한다. 예를 들어 온갖 사탕이 뒤섞인 주머니에서 감초 사탕만 골라낸 다음 분류를 시작한다면 미리 결정된 판단력을 사용하는 것이다. 이와 비슷하게 '병가'라는 단어를 듣자마자 병가를 규정한 서류철을 꺼낼 수도 있을 것이다.

성찰적 판단은 언제 규칙을 깰지 안다. 다른 인간들과 함께 살아가는 인간으로서 우리는 이미 수없이 많이 성찰하며 살고 있다. 우리의 성장 가운데는 인간처럼 행동하는 법을 배우는 일도 포함돼 있고 거기에 딱히 비법이 있는 것은 아니다. 우리는 모두 서로 다른 수준의 성찰적 판단력을 가지고 있지만 더 많이 사용할수록 책임을 맡은 선택의 더 좋은 결과를 확인하고 발전시킬 수 있다.

무대 뒤 노동을 하고 있다면, 무엇이 가짜 노동이고 무엇이 진짜 노동인지 구별하기 위해 성찰적 판단력이 필요하다. 들어오는 이메일마다 모두 '중요'로 표시돼 있다면 미리 결정된 판단력으로 충분치 않다. 차이점을 구별할 수 있어야 한다.

당신도 가짜 노동에 빠져 있을 수 있다

물론 가짜 노동을 하지 않는 사람도 있다. 혹시 여러분도 그중 하나인가? 솔직해보자! 만일 그렇다면 계속해나가길. 아주 잘하고 있다. 하지만 이 책에서 읽은 내용 일부가 내 현실을 반영하고 있다면, 내가 하는 일의 일부가 가짜 노동일 수 있다. 그렇다면 앞의 모든 제안이 적용된다. 쉽지는 않을 거라 보장할 수 있다. 하지만 분명 시간과 의미를 되찾을 수 있을 것이다.

만일 내가 하는 일 중에 가짜 노동이 아무것도 없다면 어떻게 확신할 수 있는지 생각해보자. 혹시 내가 자기 긍정의 우주 속에 살고 있어서는 아닐까? 그 속에서는 모두가 모든 것을 가리켜 모두 의미 있고 중요하다고 말할 것이다. 누가 임금을 지급하기 때문에 내가 하는 일이 쓸모없다고 생각할 수가 없는 것은 아닐까? 혹은 내가 얼마나 똑똑하고 재능 있는지, 내가 한 일이 얼마나 경이로운지 끊임없이 듣고 있기 때문일까? 즉, 실은 내가 거울방에서 사는 건 아닌지, 그 안에 너무 오래 있어서 뭐가 진짜 중요한지 못 보게 된 건 아닌지 고민해보자. 어쩌면 자신이 그런 지경이 되었음을, 가짜 노동을 하고 있었음을 자각하지 못했을 수도 있다. 내가 일과 맺은 관계 때문에 판단력이 흐려져서 모든 게 중요해 보이는 걸 수도 있다.

즉, 일터에서 바쁜 것 때문에 주변 세상과 유기적으로 상호작용하지 못하게 되었고 스스로 판단력에서 소외됐을 수 있다. 여러분이 꼭 가짜 노동을 하고 있다는 말은 아니지만 가능성을 생각해보기 바란다. 어쩌면 여러분은 코로나 사태 동안 집에 있어야 했고 많은 일을 막연히 미뤄야 했는데 결국 일터가 정상으로 돌아간 후에 그 일은 그냥 잊혔을 수 있다. 왜 아무도 홈페이지 리뉴얼을 더 이상 신경 쓰지 않는지, 왜 아무도 화요일 정례 회의를 못 해서 힘들었다고 하지 않는지 생각해보자.

미투: 가짜 노동에 해시태그 달기

우리는 이 책이 가짜 노동을 알아보고 뭔가를 바꾸는 데 도움이 되기를 바란다. 이 책을 읽은 여러분이 먼저 해야 할 일은 우리와 함께하는 것이다. 가짜 노동 하기, 타인에게 가짜 노동 떠넘기기, 허위 직책 쓰기, 가짜 프로젝트에 참여하기, 허위 상패 주고받기에 대해 말하면서 #가짜노동이라는 해시태그를 사용하자. 다른 사람만 지적하지는 말자. 나 자신이 허위 형성의 함정에 갇혀서 했던 일을 인정하자.

우리의 행동이 타인들도 저항하는 데, 허위 형성을 부수는 데 도움이 될 것이다. 우리 모두 가짜 노동과 관련한 금기를, 벌처 버에 의하면 희귀한 성적 페티시보다도 인정하기가 당황스러운 금기를 부숴야 한다. 이 책처럼 크고 분명한 말로 해야 한다.

우리는 함께할 때만 현재의 허위 형성에서 해방될 수 있다. 그래야 새로운 정상성을 건설할 수 있다. 풀타임으로 근무해야 성실한 노동자로 인정받을 수 있다면 정상 근무시간이 15시간이라도 마찬가지일 것이다. 신뢰를 조금씩 주입하고 우선순위를 재조정하고 복잡성을 줄여나가면서 가짜 노동을 도려내어, 바람직한 새로운 정상성을 건설해야 한다. 그래야 무대 앞 노동에서나 무대 뒤 노동에서나 진짜 일에 집중할 수 있다. 일터에서 불필요한 과정, 통제 수단과 회의를 거부할 수 있고 나서야 우리는 집에 가서 자신을 발전시키는 일을 할 수 있다.

해방은 우리 자신에서 시작되고 끝난다. 하지만 더 많은 조직이 가짜 노동을 폐지할수록 우리 모두 그렇게 하기가 더 쉬워질 것이다. 그렇다면 조직 내 관리직은 무엇을 할 수 있을지 알아보자.

14장
관리직을 위한 의미 있는 조언들

가짜 노동에 맞설 용기

줄리가 했던 말이다. "결정을 내릴 용기가 없는 사람들이 온갖 종류의 문서를 요구하는 걸 수시로 보게 됩니다. 특히 정부 부처의 공무원들이요. 그들에겐 결정을 내릴 만한 권력이 있어요. 그저 보여주기가 싫을 뿐이죠. 보고서를 읽지 않는 이사회도 마찬가지예요. 회의에 가보면 토론으로 합의를 내리기보다 더 많은 보고서를 요구해요. 결정을 내리기 어려울 때도 있겠죠. 그래도 문서 요구는 언제든 할 수 있으니까 하는 거예요. 회의가 끝도 없이 늘어져요. 결정하는 데 소극적인 상사가 그래요. 더 많은 문서를 요구하고 프로젝트팀을 구성하고 가짜 상향식 절차로 직원 시간을 낭비하죠. 하루 종일 외부 자문이랑 이야기하고 직원들은 경영진이 원하는 게 뭔지 추측하느라 시간을 낭비해요."

모든 가짜 노동의 중대한 요소 하나는, 관리직이 원래 맡은 업무, 즉 결정을 내리고 결과를 받아들이는 위치에 스스로 섰더라면 굳이 가짜 노동을 할 필요가 없었다는 점이다. 덴마크에서 관리 문화는 합의와 상향식 절차를 역설한다. 많은 맥락에서 매우 유용한 문화가 맞지만, 직원들의 업무 시간을 낭비하는 허약하고 우유부단한 유형의 선호로 너무 기울어버렸음이 드러났다. 세계 곳곳에서 위계가 무너지며 평평한 조직이 만들어진다는 말이 많이 들려오지만 이것이 과연 가짜 노동에 맞설 환경을 만드는 것인지 확신이 서지 않는다. 사실 어떤 영역에서는 이 문제에 대처하기 위해 더 많은 관리가 필요하다고 우리는 생각한다.

관리직은 왜 가짜 노동을 지속하게 되었나

경영 과학의 멋진 세계가 토해놓은 책과 강의의 계몽적 급류에도 불구하고, 어쩌다가 이렇게 많은 관리직이 가짜 노동을 영원히 지속하게 되었는가. 스탠퍼드 대학교 조직행동학 교수 제프리 페퍼도 몇 년 전 이런 의문을 품었다. 그 결과는 2015년에 『헛소리 리더십Leadership Bullshit』이라는 책으로 나왔다. 우리 책과 마찬가지로 그 책도 사기 저하된 직원으로 가득한 노동시장이, 특히 추문이 계속되는 미국에서 비효율적으로 돼간다고 결론 내렸다. 페퍼에 의하면 그 원인은 주로 경영자의 개인적 이야기나 잡다한 일화, 어떤 과학적 경험적 근거도 없는 주장에 기반을 둔 '영감을 주는' 프레젠테이션뿐 아니라 급성장하는 경영서, 세미나, 컨설팅 산업에서 발견됐다. 그들의 성취가 전달 가능하다고 생각하는 자격 부족한 기회주의자와 성공한 경영자가 업계를 지배했다. 기껏해야 그들은 진부한 유흥을 제공하고 최악의 경우엔 사실무근의 헛소리로 관중을 이끌었다.

페퍼에 의하면 경영 컨설턴트와 경영 철학 산업 전체가 사실상 오락 산업이었다. 회사 내 실제 긍정적 변화보다는 사람들이 얼마나 영감을 받고 열정적으로 바뀌었는지로 성공을 평가하는 산업이었다. 연구들로 밝혀진 바에 따르면 경영학 과정은 개인이나 회사나 업계에 아무 실제 효과가 없었다. 그 반대로, 경영학 산업이 진정한 리더십, 상황적 리더십, 카리스마 리더십, 섬기는 리더십, 이야기 리더십 등 그 모든 '똑똑'하지만 전혀 증명되지 않은 이론에 관한 책과 세미나를 양산해내는 동안 관리직에 대해 사람들의 믿음과 존중은 꾸준히 훼손돼왔다.

이 무의미한 산업에 직접 기여해왔다고 사과하는 것은 우리가 처음이다. 이 책의 저자 중 하나인 데니스는 여러 이국적인 곳에서 진정한 리더십에 대해 강의하며 몇 년을 보냈다. 개인적 불안감도 팀원에게 터놓는 리더만큼이나 허세 넘치는 사기꾼 관리자도 성공할 수 있다는 증거가 차고 넘침에도 불구하고 말이다. 참여자들이 명상에 빠져 좋은 시간을 보낸다는 건 분명했지만 그 수업이 그들 업무의 질에 어떤 변화를 미칠지는 극히 의심스러웠다.

아네르스 역시, 마찬가지로 이국적인 곳을 다니며 관리직에게 심리치료실에서의 대화를 경영적 맥락으로 어떻게 옮겨 올지를 가르쳤다. 예를 들면 평가 인터뷰 동안에 말이다. 대부분 관리직은 수업을 듣고 최신 도구로 일해야 하는 특별한 부류로 간주된다는 것에 자랑스러움을 느꼈다. 의심할 바 없이 그 결과는 개인에게 이득이 될 수 있지만 조직을 심리학에 푹 적시고 관리직을 치료적 질문 속에 빠뜨린 결과, 조직 내 권위가 치료와 돌봄에 감싸여 숨 막히게 된다.

평가 자리에서 상사가 심리치료사처럼 행동하면 어떻게 반응해야 할까? 상사가 심리치료사 역할을 맡으면 우리의 직장생활이 어떻게 귀결되겠는가? 아네르스의 강연은 결정을 받아들이고 책임을 지는 방법에 대해서는 지침을 제공하지 못했다. 결과적으로 많은 과정 지향적 교육은 조직에 돌아가서 가짜 노동의 양만 부풀렸다.

이런 점을 생각하면 어떤 의미 있는 조언을 관리직과 차세대 리더들에게 할 수 있는지 회의적으로 느껴질 수도 있다. 하지만 우리는 한번 해볼 생각이다. 왜냐하면 대답은 꽤 단순하기 때문이다.

역할과 권위를 받아들이자

2016년 『어리석음의 역설The Stupidity Paradox』이라는 책에서 경영학자 마츠 알베손과 안드레 스파이서는 경영학 산업에 의해 발명된, 영감을 주는 리더라는 신화가 종종 관리직을 환상의 나라에서 엄청나게 시간 낭비하도록 만드는 양상을 탐색했다.

경영진이 그저 직원들과 커피를 마시며 수다를 떠는 것으로 의욕을 고취할 수 있고 관리직의 현명한 관찰과 재치, 농담이 온갖 종류의 기가 막힌 혁신의 촉매제가 된다고 생각하는 환상의 나라 말이다. 현대 경영학에서 최신 경향은 경영법보다는 리더십에 대해 말하는 것이다. 리더십은 영감을 주고 혜안이 가득하며 실용적이다. 경영법은 지루한 결정과 행정 그리고 정보만 주는 것이다.

알베손과 스파이서에 의하면 문제는 관리직에게 리더십 교육을 시키는 것이었다. 정작 필요한 건 평범하고 단조로운 경영법일 때 말이다.

직접 결정을 내리자

과시를 위한 특별 프로젝트가 바위에 부딪힐 때 충격파는 넓게 멀리 퍼진다. 예를 들어 힐레뢰드 병원의 '비전 2012' 같은 (또 다른) 특별 프로젝트가 애초에 중요하거나 의미가 있는 것이 아니었기에 상사가 다음 새로운 경력을 위해 배를 갈아타자 좌초했던 것처럼 말이다.

다시 말해 우리에게 필요한 건 관리직에 명확한 임무를 주고 실행하지 못하면 자를 리더와 이사회다. 또한 우리에게는 상사의 눈을 똑바로 보며 "토니, 이제 그만 결정을 내리고 이 끔찍한 회의에서 우릴 내보내줘요!"라고 말할 직원이 필요하다.

관계 지향적 리더와 전문가의 균형

우리가 이 책에서 논의한 어떤 가짜 노동은, 전문가와 관리직 사이 품질 개념에 대한 엄청난 인식의 차이에서 비롯된다. 특히 공공 부문에서 그렇지만 거기서만 그런 건 아니다. 이는 주로 '직업화' 때문이다. 즉 지난 20~30년 동안 교육기관, 병원 등 규모 있는 공공 사업체에서 행정가와 학자들이 점차 전문가를 대체해온 것이다. 병원, 텔레비전 방송국, 극장 등에서 전문가의 품질 개념을 이해하지 못한 행정가와 학자들이 자기 나름의 품질 개념을 부과한다. 예를 들어 그들은 짧은 대기 명단, 높은 등급이나 팔린 좌석 수 같은 것에 초점을 맞추지만 그들의 기준은 해당 기관의 품질과 별 상관이 없다.

뭘 좀 아는 리더는 필요하지만, 전문가는 종종 관리 업무를 힘들어한다. 전형적 사례는 내향적인 엔지니어가 '균형성과표'나 다른 계량화와 데이터 시스템을 이용한 경영 스타일로 직원을 도구 취급하는 것이다. 그러니 관리직에는 전문가와 관계 지향 리더 사이 균형이 50대 50이 되도록 노력해야 한다.

관계 지향 리더는 근로자에게서 잠재성을 보고 재능 있는 팀을 기르고 직원들의 의욕을 심어주고 성장시킨다. 전문가인 관리직은 결정 내리는 데 적임자인 반면, 관계 지향 리더는 시스템을 이용해 직원을 감시하는 대신 그들이 뭘 하나 지켜볼 수 있다.

관계 지향 리더는 현장에, 직원들 사이에 있을 필요가 있다. 그들은 돌아가는 상황에 관심 있는 척 보이기 위한 실없는 보고서, 발표, 상태 업데이트 같은 것을 요구하지 말아야 한다. 그들은 실제 일어나는 일에 투입돼야 한다. 전문가가 관계 지향 리더가 될 수도 있지만, 최고의 의사가 관계 지향 리더가 되기를 바라기보다는, 사람을 잘 다루는 행정가 유형에게 그런 일을 맡기자.

관리직의 수는 적을수록 좋다

우리는 너무 많은 관리직이 일을 너무 적게 한다고 생각한다. 이 책에서도 관리직을 만나고, 직원에게 이야기를 듣고, 통계적으로도 연구해봤다. 다른 연구자들도 이 두툼한 관리 계층이 감량될 수 있으며, 관리직이 많아지면 더 많은 직원에게 불필요한 일이 늘어난다고 지적했다. 미국의 한 연구는 새로운 관리 계층이 도입될 때마다 지원팀, 비서, 팀원 등 온갖 종류의 보조자를 위한 일이 창출됨을 보여줬다.

그렇게 해서 얼마나 많은 관리자가 결국 조직 내 짐 덩어리가 되고 마는지 의아할 정도다. 몇 가지 설명이 가능할 것이다. 하나는 재능 있는 직원에게 보상으로 관리직 승진을 시키는 경향이다. 많은 조직에서 일을 잘했을 때 그저 더 많은 봉급이나 자율성만 주려 하지 않는다. 그리고 이해할 수 없는 이유로, 절대 집에 일찍 보내주려 하지도 않는다. 대신 경영진은 그런 사람도 관리직으로 만듦으로써 보상하려 한다. 그러지 말자!

비판적 질문에 대한 보상의 필요성

옛날에 아부하는 대신에게 둘러싸인 왕은 현실감을 전부 잃었더랬다. 끊임없는 아부와 정직함의 비열한 결핍으로는 더 이상 좋은 것과 나쁜 것을 구별할 수 없게 됐다. 그때 어릿광대가 끼어들었다. 그들은 면책권을 부여받아 목숨의 위협 없이 자유롭게 말할 수 있었다.

지금 시대의 직원들도 새로운 계획에 문제를 제기해서는 얻을 게 없다. 보상은 새로운 것을 찬양하고 낡은 것을 비판하는 자에게 간다. 하지만 상사는 과거의 왕들에게서 배워야 한다. 불필요한 프로젝트에 대해 아니라고 말하고 비판적 질문을 하는 부하에게 보상이 돌아가야 한다. 8장에서도 논의했지만, 문제는 긍정과 열정이 절차를 가속화하는 반면 '아니요'라는 말은 절차를 멈춰 세우고 성찰을 요청한다는 것이다.

이 책 저자 중 하나인 데니스가 경영 컨설턴트로 일할 때, 저 뒤쪽에서 팔짱을 끼고서 "그게 무슨 쓸모가 있죠?" 혹은 "지난번 상사가 했던 건데 시간 낭비였어요"라고 말하는 직원과 종종 마주쳤다.

회의 후에 데니스는 공모하듯 책임자의 어깨를 두드리며, 저런 반응은 늘 큰 그림을 못 보는 작은 사람에게서 나온다고 폄훼하곤 했다. 모든 회사에는 시야가 좁은 정신적으로 얄팍한 사람이 있어서 새로운 '다양성' 발의 혹은 '전망' 프로젝트의 미덕을 보지 못한다고. 그때의 데니스는 비판이란 그저 '변화에 대한 두려움'의 표현이라고 주장함으로써 부정성을 침묵시키려 했다. 반대파에게 낙인을 찍어야 컨설팅 회사가 또 다른 의심스러운 가치의 과시적 컨설팅 프로젝트를 제안할 수 있었다. 오늘 우리는 그 팔짱 꼈던 남자가 재갈 대신 메달을 받아야 했다고 깨닫는다. 사실 팔짱 낀 남자, 즉 부조리한 방해물에 저항하는 의욕은 조직에 중요한 자산이 된다.

과정이나 시간보다 중요한 결과 평가

주는 만큼 받는다. 시간당으로 지급하면 얻을 것은 시간뿐이다. 경영인은 직원에게서 얻어내고 싶은 게 뭔지 생각해야 한다. 그리고 그 기대감을 회사가 만들어내고 싶은 가치와 직접 연결해야 한다. 그 기대감은 판매 수치나 반품되지 않은 상품 비율로 계량화될 수도 있다. 상품을 개선할 좋은 새 아이디어 개수가 될 수도 있다. 하지만 직원이 회사 표어에 맞춰 사는 정도나, 만들어낸 광고 개수나, 회의 참여도가 그 기준이 될 수는 없다. 그건 터무니없는 시간 낭비다. 예를 들어 광고 개수는 어떤 의미 있는 방식으로도 결과를 측정하는 데 사용할 수 없고 더 넓은 사회적 견지에서는 모든 생산품의 비용을 증가시킨다(다음 장에서 다시 다루기로 하자). 회의 참여도에 관해서는, 회의 자체가 그저 직장에서 시간을 더 보낸다는 것을 의미하는 허위 활동인 경우가 많다.

물론 여기에는, 일단은 선의로 해석해야 한다는 원칙에 따라 회색 지대가 존재한다. 어떤 유형의 일은 가치를 양으로 따지기가 매우 어렵기 때문이다. 일반적으로 관리자는 직원을 평가하는 가치에 대해 극히 비판적으로 되도록 노력해야 한다. 누군가한 일이나 만든 물건에 대해 어떤 수치가 뭔가 의미 있다는 생각이 잘 들지 않는다면, 아예 그것으로 평가하지 않는 게 낫다.

직원들이 일을 잘할 수 있도록 평화와 고요를 주자. 결정적 기준은 회사가 이윤을 내고, 그 고객, 사용자, 환자 혹은 학생이 만족하는 것이다. 직원이 일을 마치면 집에 보내주자. 이윤이 줄거나 투자자가 불만일 때만 생각을 바꿔서, 일이 잘못되기 시작한 계기를 알아내보자.

때론 믿고 맡기는 것도 필요하다

직원들이 신뢰받고, 결과를 생산하는 데 실패하면 대가를 치르며, 관리직이 직원들 일에 전문가적 통찰력을 가지고 있는 일터라면, 알아서 잘하게 놔두는 것이 더 낫다는 데 의심의 여지가 없다. 만일 결과가 형편없다면 최고 수준의 파워포인트 프레젠테이션으로도 문제를 고치거나 수습할 수는 없을 것이다. 부하가 해야 할 일을 알고 능력도 있다면 스스로 잘할 거라고 가정하자. 경솔한 허위 프로젝트, 회의, 통제 수단은 그만두자.

그러기 위해서는 먼저 경영진이 온갖 지원팀과 간부급을 삭감하는 결정에 참여해야 한다. 사실상 많은 인사팀, 감사팀, 품질관리팀 등 직원 감시 역할의 팀들이 뭔가 좀 더 의미 있는 일을 하거나 새로운 직무를 찾아야 할 것이다. 이에 대해서는 마지막 장에서 살펴볼 것이다. 여러분도 그 과정에 참여해야 한다.

많은 사람에게 이는 지나간 시대로의 역행처럼 보일지 모른다. 교사들이 교과과정보다는 자기 경험에 근거해 가르치던 시절, 의사가 환자에게 화면에 뜨는 질문을 읽어주기보단 환자의 개인적 필요를 묻던 시절, 노동자가 특정 프로젝트 번호 아래 특정 시간을 기록하기보단 업무에 필요한 만큼의 시간을 쓰던 시절 말이다.

물론 어떤 노동자는 구제 불능인 게으름뱅이일 수 있고, 결국 일터에서 포르노를 보거나 쇼핑을 하게 될 것이다. 하지만 만일 그들의 '무대 뒤 노동'이 가짜 노동이 아니라 실제적인 것이라면 그들은 결국 발각될 것이다. 어쩌면 그 게으름은 개인적인 것이 아니라, 그들 노동의 본성 때문일 수도 있다. 만일 그들이 하는 일이 '회사의 핵심 아이덴티티 찾기' 같은 허위 프로젝트밖에 없다면, 그런 것을 찾는 데 시간이 얼마나 걸리는지는 아무도 모르기에 그들은 자신의 거품 속에서 외롭게 남을 것이다.

원한다면 그냥 놀게 하자

인간은 뭔가 의미 있는 일을 하고 싶어 한다. 우리와 인터뷰한 사람 중 가짜 노동 같은 걸 해도 좋다고 생각한 이는 아무도 없었다. 그보다는 가치 있는 일을 하고 싶어 했다. 대부분은 자신의 직무에 영향력을 어느 정도 행사하고 자원과 공간을 보유하게 된다면, 그럴 능력이 되었다.

이상적으로라면 노동자는 일이 끝나면 집에 가야 한다. 반면에 정말 일을 사랑하는 사람이라면 당연히 남을 자유도 있어야 한다. 결국 차선책 혹은 대승적 돌파구는 일을 마친 후에도 조금 더 오래 남으려는 사람에게서 나올지도 모른다.

이 책은 사람들이 일을 그만두게 하려는 게 아니다. 이 책의 저자인 우리도 일을 많이 하지만, 전력을 다해 일한 후에는 집에 간다. 우리는 자영업을 한다는 특권을 가지고 있다. 만일 어느 날 그냥 더 이상 의욕이 없다면, 오후 2시에도 퇴근할 수 있다. 또 어떤 날은 자정이 넘도록 일을 계속할 수도 있다. 물론 때로는 시간당으로 일의 양을 계산하고픈 유혹을 느낀다. 우리 역시 아직은 산업 시대에 기반을 둔 허위 변화의 문화에 살고 있으며 우리 고객들은 시간 단위로 생각하기 때문이다. 그래도 우리는 점점 낡은 도식을 무시하고 상사가 없는 특권을 즐기기 시작했다.

하지만 이런 특권을 즐기는 사람이 왜 자영업자뿐이어야

할까? 왜 모든 사람이 즐기지 못하나? 우리는 지난 세기의 잃어 버린 창조성을 되찾고 가짜 노동을 근절시킬 수 있다고 확신한 다. 그러기 위해 우리는 다른 사람들에게 바라는 바를 말해야 한 다. 그게 성공한 후에는 두 가지 선택이 있다. 집에 가거나 좀 더 남아서 뭔가 더 좋은 아이디어를 생각해내는 것이다. 중요한 건 자신에게 달렸다. 관리직의 업무는 그런 일이 일어나게 돕는 것 이다.

의미 없는 일에서 벗어나기

우리는 관리자가 직원을 가짜 노동, 잡스러운 회의, 어리석은 목 표 등 부조리한 시간 낭비에서 구할 수 있다고 생각한다. 자유롭 게 저녁 수업을 듣거나 좋은 책을 읽고 동료들과 열정적으로 토론 하도록 격려함으로써 더 많은 창조성을 고취시킬 수 있다고 확신 한다. 이런 일은 분명 용기와, 일을 이해하는 방식에 대한 담론의 전환이 필요하다. 하지만 가짜 노동이 창조성을 방해하고 무가치 를 생산한다는 데는 의심의 여지가 없다.

　　데이비드 그레이버는 『불쉿 잡』을 쓰면서, 아무에게도 도 움 되지 않는 일을 하는 피폐한 영혼 가운데 아주 소수만이 지식 을 습득하거나 통찰력을 얻기 위해 시간을 보낸다는 걸 발견했다. 대부분은 그저 SNS에서 시간을 보내거나 하릴없이 복도를 헤매고 다녔다. 가짜 노동의 허울 유지는 직장인의 의욕과 동력을 빨아먹는다. 좋은 교육을 받고 잘 훈련된 모든 사람이, 가짜 노동을 협잡으로 인정하고 진짜 일에 다 같이 몰두하기로 동의한다면 어떻게 될지 상상해보자.

현실적인 일에 집중하기

이 장은 현재와 미래의 관리직에게 보내는 호소였다. 올바른 직원을 뽑았음을 믿고 지침을 제공하며 도우라고, 그 밖에는 그저 물러나 있고, 직원들의 진짜 일을 방해할 아이디어를 생각해내지는 말자고 말이다. 한쪽 귀는 전략적으로 현실에 관심을 두며 산업, 시장, 인구 동향, 정치 경향 그리고 조직에 영향을 미칠 수 있는 모든 것의 미래에 대한 정보를 계속 얻자. 이런 통찰에 기반을 두어 좋은 결정을 좋은 때 내리자.

　이 모든 게 일터와 사회를 완전히 변화시킬 주요 패러다임의 전환을 요구할 것이다. 그렇다면 우리는 가짜 노동 없는 사회를 만들기 위해 실제로 무엇을 할 수 있는가?

15장
가짜 노동 없는 사회

합리화와 능률 개선에 실패한 이유

우리는 이 책을 시작하며 한 세기 전에 선도적 사고를 가진 도시 계획가, 경제학자, 사회과학자가 예상한 세계가 아직 도래하지 않은 이유를 물었다. 그리고 이 질문에 답을 찾는 소박한 시도를 통해, 가짜 노동과 마주쳤다. 가짜 노동이 긴 노동시간의 지속과 수십 년에 걸친 합리화와 능률화 개선의 이득을 인간이 수확하는데 실패한 이유를 가장 잘 설명해준다고 생각하게 되었다.

사람들이 가짜 노동에 빠지는 이유는 많다. 그중 몇몇은 우리 경제 시스템과 우리 자신 안의, 우리 문화의 전제와 편협한 근거에 밀접히 연관돼 있다. 우리는 버트런드 러셀이 주장한 대로

'어리석었'을지도 모르지만 또한 우리 상황을 변화시키는 데 게 을렀다. 너무 게을러서 오래된 습관에서 벗어나지 못했다. 우리가 정신없이 돌아다니고 온갖 활동으로 시간을 채우는 데는 역설적 무기력이 존재한다. 끊임없이 텔레비전 채널을 바꾸고 SNS 피드를 스크롤하면서 빈 시간이 없게 되었다. 비슷하게, 산업 시대와 똑같은 행태를 사무실에서 계속하는 데에도 특정한 나태가 존재한다.

무대 앞 노동이 점차 사라지고 공산품이 쇠락하는 시기를 우리 문화는 따라잡지 못했다. 무대 뒤 노동이 상황을 영원히 바꿔놨는데도, 사람들은 시간과 생산력 사이에 제한된 상관관계를 계속 믿는다. 그에 더해 일이 소명이고 일의 부족은 금기인 문화에서 계속 살기를 고집한다. 우파와 좌파 둘 다 그 신화에 기댄 정치 체제를 지지한다.

지난 30년간, 우파는 실업을 개인이 자초한 고난으로 규정하는 데 성공해왔다. 하지만 좌파에게는 일의 본성이 바뀌었음에도 정규직의 권리를 떠들어온 책임이 더 있을 것이다.

여가를 지지하는 사람들은 러셀이 상상했던 정치적 대표성 같은 것을 결코 진정으로 획득하지 못했다. 정규직으로서의 노동이라는 옹색한 직업관이 고집됐다. 우리 현실과의 또 다른 유기적 상호작용, 정원에서 나무를 베어내고 차고를 청소하고 음식을 만들거나 동네 축구팀을 훈련시킬 때 일어나는 상호작용은 결코 진짜 일로 인정받지 못하고 여가 시간의 무료 봉사로 분류돼왔다. 예를 들어 오랜 세월 주부는 실업자로 간주해왔다. 한두 시간만 할머니와 지내본 사람이라면 바로 깨달을 수 있는 말도 안 되는 관념이다. 여성의 노동은 돈을 받지 않아서 가치를 인정받지 못한 것이다.

자동화와 국외 외주화가 노동을 잉여로 만드는 위협이 되었을 때, 국민이 계속 일자리를 유지하도록 조치돼야 했다. 해결책은 사무직, 관리직, 지원팀, 컨설팅 등 온갖 무대 뒤 활동이었고 그것이 19세기와 20세기, 21세기를 거치며 천천히 규모를 키웠다. 일부는 충분히 분별 있는 일이었지만 이런 종류의 일 역시 더 효율적으로 만들 방법이 발견됨에 따라 가짜 노동이 더욱더 퍼져나갔다. 35시간, 40시간, 더 많은 시간만큼이나 15시간에도 효율적일 수 있다는 걸 아무도 믿지 않았다. 문화적 수준에서 우리는 동시에 두 방향을 바라보는 로마의 신 야누스와 마찬가지였다. 효율성을 믿었지만 또한 시간과 생산력 사이 관계도 믿었다.

여기에 더해 온갖 새로운 발상이 할 일은 얼마든 있다는 관념을 떠받쳤다. 실제로는 할 일이 적어졌는데도 말이다. 관리 직종은 자신의 쓸모와 중요성을 보강할 합리적 근거를 양산해냈다. 홍보 직종은 우리가 세상에 대고 우리 일에 대해 말할 때만 일이 가치 있어진다는 믿음을 유포했다. 법률과 회계 직종은 아무도 믿을 수 없다며 모든 걸 감시하고 평가해야 한다고 말한다. 인사 직종은 동기 부여와 관리가 관건이라고 말한다. 많은 사람이 온갖 가능한 방식으로 일하며 자기 시간을 모두 쓴다. 재난과 위험은 문서, 과정, 절차, 규칙, 전략, 지침 등으로 고생스레 선별됐다. 모두 합리성에 푹 젖었으면서 분별력은 부족했다.

고전적 경영법은 관료주의와 문서 더미에 질식해갔고 관리직은 윤리적 책임감을 떠맡는 대신 회의와 발표로, 콘셉트 노트, 방침, 한담으로 책임감을 나누려 했다. 그리고 최근 조직에 닥친 재난에도 불구하고 모두 규정을 빠짐없이 준수했다고 말하는 감사 보고서에서 그 모든 것이 순식간에 효과적으로 사라졌다. 이런 허위 기계는 비문제에 대한 비해결을 양산해냈고, 새롭고 무의미한 아이디어가 증식될 때마다 모두가 응원하도록 요청받았다. 표피적인 것이 내용물보다 더 중요해졌고 그건 잘 교육받은 말주변 좋은 인간이 조직 내 자신의 유용성에 대해 목소리를 높일 수 있게 되었음을 의미했다. 실제로는 유용성이 제로면서도 말이다.

우리 사회가 (불행히도) 훈련시키고 교육한 모든 사람을 위한 자리를 마법처럼 찾아낸 공급 중심 노동시장을 활짝 연 것은 지식사회였다. 그러자 그들은 보답으로 더 많은 불필요한 일을 발명해냈고 그를 통해 더 많은 직원을 고용하며 그들 권력의 지위를 공고히 했다.

긍정적이고 열정적이며 포괄적인 문화에서는 자신이 뭘

하는지 의문을 제기하는 사람이 거의 없다. 정치 시스템은 심지어 다음 해에는 더 많은 일자리가 생길 거라 국민에게 약속했다. 그 시간을 무슨 일로 채울 건지는 별로 생각도 해보지 않고 말이다. 그래서 오늘날 우리 상황이 이렇게 되었다.

가짜 노동으로부터 우리의 시간을 해방해야 할 때

우리가 부조리한 세상에 살고 있다는 데 반박할 이도 있을 것이다. 꽤 잘 돌아가고 있지 않느냐고 말이다. 사람들은 월급을 받고 사회의 성장에 기여한다. 그들이 번 돈이 더 나은 의료 체계를, 더 빠른 자동차를, 더 많은 텔레비전 드라마를 만드는 데 들어가는 자금을 지원한다. 바퀴가 계속 굴러가게 만드는 것이다. 분쟁을 좋아하는 이 책의 저자 두 명이 그걸 막을 순 없다는 듯 말이다.

우리도 안다. 타인의 노동을 한심한 무의미라고 규정하다니 유치하고 거만해 보일 것이다. 또한 하루아침에 사람들이 노동을 멈춘다면, 우리 문명이 성장과 번영을 이뤄온 방식 전체를 뒤흔들 것이다. 말할 필요도 없이 우리의 이런 관점에는 셀 수 없는 반발이 존재한다.

가짜 노동의 만연을 지적하는 건 우리뿐이 아니다. 우리가 이 책을 위해 인터뷰한 사람과 인용한 연구들 모두가 그랬다. 가짜 노동을 하는 사람들 자신이 인정한다. 그들은 많은 자기 일 속에서 심대한 무의미성과 절망적인 공허를 감지한다. 이런 영혼 파괴적인 행위로 인해 정신적, 심지어 신체적 고통을 경험하는 사람도 있다. 이 모든 게 이 문제를 진지하게 받아들여야 할 필요성을 강조한다.

우리 경제와 노동시장이 운영돼온 방식이, 많은 사람이 받아들이는 것처럼 그렇게 정교하다는 확신이 들지 않는다. 무엇보다 혁신적 사고와 실용적 해결책이 필요한 세상의 다양한 진짜 문제들에도 불구하고, 최근에 발명된 것이 사실상 얼마나 별것 없는지, 우리는 지적했다.

인류는 더 발전하고 발명해야 한다. 그러려면 가짜 노동에 의한 시간 낭비를 멈추고 러셀의 권유에 따라 놀이와 여가를 위한 시간을 허락하며 표면적 사고보다는 깊은 사고를 촉진해야 할 것이다. 폭발하는 인구 증가와 임박한 기후 재난을 볼 때 인류는 거대한 도전에 직면해 있고, 이런 문제에 대해 그저 연례 보고서나 더 써내기보다는 주의 깊게 성찰해야 한다. 다시 말해 가짜 노동으로부터 시간을 해방시켜 자기 개발에 쏟아야 한다. 우리 자신에게 생각하고 놀고 시험해볼 공간과 자유를 줘야 한다.

이 모든 것은 노동자나 관리자의 개별 행동보다 더 큰 활동을 요구할 것이다. 결국 사회 전체가 바뀌어야 할 것이다. 그렇다면 가짜 노동을 축소시키고 가짜 노동이 남기는 불가피한 공허를 채울 정치적 사회적 수단을 찾아보자. 1932년 케인스의 표현대로 '삶의 기술'을 다시 배울 여유 공간을 해방시킬 수 있을 것이다.

노동을 잠시 쉬어갈 이유

가짜 노동은 우리를 야만적 상태로 다시 끌고 들어가려 한다. 하는 일 없이 바쁘며 그걸로 돈을 벌도록 말이다. 이전 세기들 동안 인류는 야만에서 문명을, 과학, 문학, 철학, 음악 등을 통해 힘들게 끌고 왔다. 하지만 기나긴 가짜 노동의 근무일 후에는 지쳐버린다. 밭에서 고생하던 우리 농부 조상보다도 문화에 쓸 시간이 없다.

우리 제안은 꽤 간단하다. 노동을 쉴 수 있는 전제 조건을 바꾸자는 것이다. 다시 말해 쉬지 않는 노동의 일부를 휴가 기간으로 대체하자는 것이다.

쉬는 시간을 가지며 내킬 때마다 몰두하고 싶은 활동을 다시 발견하기까지, 그렇게 사는 법을 배우기까지는 시간이 좀 걸릴 것이다. 많은 사람이 갑자기 정신없는 일과에서 해방됐을 때 뭘 해야 할지 알 수 없을 것이다. 육아나 병가 이외의 이유로도 휴가 낼 수 있어야 한다. 우리는 야만인이 아닌 문명인이기에, 문화인이며 자신을 발전시켜야 하기에 휴가가 필요하다. 피타고라스의 정리가 칸막이 없는 개방형 사무실에서 발견되지는 않았다. 우리는 이런 휴가가 교육과 훈련에 사용되기를 바라지 않는다. 교육과 훈련도 문제의 일부이기 때문이다. '자기 발전'에 사용하자.

가짜 노동자가 되는 교육

우리 대부분은 자신이 노동의 가치를 올바로 평가하지 못한다는 걸 안다. 급하게 배관 수리업자를 찾기는 거의 불가능하지만 회사 전략 개발을 도와줄 업체를 인터넷에서 검색하면 경영 컨설턴트를 다음 날 아침에 만날 수 있을 것이고, 시간당 비용은 배관 수리의 서너 배가 될 것이다. 데이비드 그레이버에 의하면 헛짓거리 직종 여부를 알려주는 테스트 가운데 하나는, 작업복 입은 노동자가 없이 공장이 몇 주나 돌아갈까, 그리고 홍보팀 없이 회사가 몇 주나 돌아갈까를 비교해보는 것이다.

1970년대 아일랜드 은행 직원들이 임금 협상에서 총사퇴하는 바람에 업계가 멈춰 섰다. 다들 숨을 죽이며 경제 재난이 닥칠 거라 확신했다. 그러나 거의 아무 일도 일어나지 않았다. 사람들은 서로 돈을 빌려줄 다른 방법을 찾아냈고, 결국 직원들이 직장으로 돌아왔을 때 아일랜드 경제에 미친 영향은 미미했다. 이를 쓰레기 수거 파업 때의 대혼란과 비교해보자. 도시들은 마비되고 다급해졌다. 그 인과관계는 두 집단의 상대적 힘을 반영한다. 청소부와 은행원 사이의 임금격차에는 전혀 반영되지 않은 힘이었다.

천국으로 가는 길이 대학 학위로 포장된다는 관념을 버려야 한다. 사무직에 대한 숭배 의식을 버리고 육체노동과 무대 앞 노동이 일종의 패자부활전이라는 관념을 버려야 한다. 진짜 노동에 대한 존경을 재발견해야 한다.

그렇다고 해서 학자, 관리자, 경영자가 더 이상 필요 없다는 말이 아니다. 이런 역할을 맡게 될 사람 수를 훨씬 줄여서 훈련시켜야 할 뿐이다. 미국의 경제학 교수 브라이언 캐플런에 의하면 점점 더 많은 직업이 학위를 요구한다. 그래서 그렇게 많은 대학이 존재하게 된 것이다. 캐플런도 알베손과 같은 비유를 든다. 공연에서 앞줄 사람들이 발꿈치를 들고 발끝으로 서면 뒷줄 모두가 똑같이 까치발을 해야 한다. 그러나 만일 모두가 까치발을 하지 않기로 합의한다면 모두가 훨씬 편하게 공연을 볼 수 있다.

이와 비슷하게, 만일 모두가 고등학교 졸업과 1년 훈련 과정으로 충분하다고 동의를 한다면, 혹은 직장에서의 실습 훈련을 장려한다면 다른 사람과 수준 맞추기만을 위한, 무의미한 이런 저런 석사 학위는 필요 없을 것이다. 다시 말해 교육에 대한 속물적 우월 의식은 허무맹랑한 관념과 몽롱한 추상성에 근거한 직업들의 발명으로 이어진다. 이런 직업은 허무맹랑한 관념과 몽롱한 추상성을 찬양하는 환경에서 몇 년 보낸 사람들에게 딱 알맞을 것이다. 물건 만들기는 지루하고 천하지만 회의는 재미있다고 생각하는 사람들 말이다.

세상엔 수많은 직업이 있다

그럼 가짜 노동 대신 무슨 일을 해야 할까? 실업수당이나 기다리며 빈둥거리라고? 전혀 아니다. 가짜 노동의 공허를 절대적 공허로 대체하라고? 전혀 아니다. 우리는 사람들에게 가짜 노동이 삶을 장악하기 이전에 하던 일을 하라고 격려하고 싶다. 사랑하는 사람을 돌보고, 이른바 '자발적' 일을 하고, 호기심과 욕망에서 나온 활동을 추구하자. 안락과 수동성에 대한 필요에 쫓기지 말자.

　　노동조합은 좋아하지 않을 수 있다. 하지만 이건 사회 전체를 위한 싸움이다. 구직 센터, 지자체 등은 '창조적 협업'이라든지 '집단적 책임감'이라는 상투어를 내걸고 시민사회를 활성화하기 위해 애쓰고 있다. 지금까지는 이런 것이 현학적 유행어, 경제적이고 인구통계적 문제에 대한 허술한 가림막 이상은 못 되는 듯 보인다. 하지만 새로운 근무 제도에서라면 그런 것을 탐험해볼 충분한 시간이 주어진다.

　　궁극적으로 인간은 뭔가 의미 있는 일을 하고 싶어 한다.

이는 복지 수당에 인생을 '낭비'하는 빈곤층, 자신의 일을 증오하는 복지사가 진행하는 모욕적이며 무분별한 일자리 창출 프로젝트에 종종 동원되는 실업자도 마찬가지다. 노숙자에게 나눠 줄 음식이 많다. 숙제를 돌봐줘야 할 아이가 많다. 외로운 노인도 많다.

그러면 대량 해고가 일어나는 게 아니냐고? 그럴 필요는 없다. 주37시간 일할 필요가 없다면 말이다. 주15시간을 실현할 수 있다면 가능한 일자리를 나눌 수 있다. 그런데 주15시간만 일해서 필요한 걸 다 살 수 있을까?

보편적 기본 소득

이 책에서 몇 번 다룬 대로, 우리는 다수의 사람이 가짜 노동보다 핵심 업무에 시간을 조금만 더 써도 사실상 조직이나 회사에 가치를 더할 수 있다고 믿는다. 그렇긴 해도 핵심 업무 자체가 가짜 노동인 직종은 분명 존재한다.

예를 들어 상당수 경영 컨설턴트가 그저 오락의 한 형태인 업무에 종사하는 게 아닌가 싶다. 우리 생각이 옳고 사회가 그 인과응보를 맞이하게 된다면, 그들의 수상한 활동이 근거를 잃는 순간 전 세계 수백만 명이 직장을 잃을 것이다. 그들은 어떻게 생계를 이어야 할까?

일하고 싶어 하고 일하길 원하는 사람에게는 언제나 역할이 주어진다고 우리는 믿는다. 일용직이든, (점점 더 많아질) 연금생활자를 위한 장보기든, 지역공동체 지원이든 말이다. 수학과 경제 학위가 있는 사람은 은행에서 알고리듬을 짜는 것보다 어린 학생들에게 도움이 될 것이고 문학 학위를 가진 사람은 광고 대행사에서 일하는 것보다는 고등학교에서 가르치는 게 더 좋을 거라고 우리는 믿는다. 다른 말로 하면, 세상엔 수많은 의미 있는 일이 있다. 아무도 임금을 주려 하지 않지만 제대로 보상받을 자격이 있는 일을 포함해서 말이다.

그에 대한 해결책이 보편적 기본 소득이다. 모두가 받아야 마땅할 최소한의 금액을 나라에서 지급하는 것이다. 보편적 기본 소득은 주류 정치 논쟁에서 거의 금기시되고 있다. 수십 년에 걸쳐 7명 이상의 좌파와 우파 양쪽 노벨 경제학상 수상자들에 의해 권고돼왔는데도 매우 소수의 지자체에서만 실험적으로 도입해왔다. 그 실험은 거의 언제나 분명하게 놀라운 긍정적 결과를 낳았다.

표준적인 반대는, 만일 무차별적으로 돈을 받으면 사람들이 일하지 않으리라는 거였다. 하지만 이는 인간이 게으르고 탐욕스럽다는, 너무 단순한 인류학에 근거한 주장이다. 거의 한 세기 동안 인문학 및 사회과학은 이런 주장이 실제로는 아무 근거가 없다고 지적해왔음에도, 불행히도 인류에 대한 이런 단순화된 경제학 모델이 정치와 행정 시스템을 장악해왔다. 어쨌든 보편적 기본 소득 실험의 결과가 경제 이론에 대한 심각한 질문을 제기했다.

덴마크에서는 1인당 1만 3천 유로가량의 기본 소득이 보다 유연한 노동시장을 만드는 데 도움이 되었다. 오늘날 회사와 공공 기관의 미래가 그 어느 때보다도 예측 불가능하다는 가정하에서 운영된다는 사실은 비밀도 아니다. 그래서 고정비용의 외부화, 즉 위험 요인을 떠넘기는 편을 선호하고 총매출보다는 인건비가 변동되게 만든다. 그렇게 되면 고용계약 기간은 더욱 짧아지고 사업도 더 단기적이 되지만 단기 고용은 또한 가짜 노동을 없애는 데 도움이 된다. 단기 고용은 회사의 단기적 필요를 충당시켜, 일이 끝난 인력을 떠안을 필요가 없게 해준다. 아직은 결국 인사, 홍보, 지원팀에서 흡수하며 그 존재를 정당화하기 위해 점점 더 많은 허위 프로젝트를 만드는 인력을 말이다.

인력의 외부화는 점점 자라나는 경향이며 조심스레 활용하면 유용할 수 있다. 그러나 임시 프로젝트 노동자도 정규 근로자와 같은 수준의 보수를 받아야 한다. 그렇지 않으면 씨앗이 엉뚱한 곳에 뿌려져 비참하고 위태로운 노동 조건을 영위해야 하는 주변화된 사회집단을 만들어낼 위험이 있다. 그래서 보편적 기본 소득이 필요해진다. 노동자들이 안정된 기본 소득을 받을 수 있게 되면 프로젝트 사이에도 집 규모를 옮겨 다니지 않아도 된다. 회사에서는 특정 문제를 해결할 때 임시직 노동자를 불러왔다가, 직장 내 문제적 정규직 고인 물로 전환되기 전에 집에 보내면 된다.

더 많은 위험 요소 감수하기

우리는 더 금욕적이어야 하는 시대에 살고 있다. 금욕주의는 금욕주의적 차분함, 즉 '아파테이아'라는 개념으로 가장 잘 알려진 철학 학파다. 금욕의 이상, 불교에서도 기르고자 하는 것은, 세상이 끔찍하게 잘못되더라도, 농장이 불타거나 배우자가 죽더라도, 우리 안에 침해되지 않고 남아 있는 고요의 장소가 있다는 것이다. 즉, 아파테이아란 우리를 괴롭히는 파토스에 영향받지 않는 것이다.

　손해보험사는 스토아학파와 정반대다. 우리가 미래에 대해 불안해야 한다고, 보험을 통해 마음의 평화를 살 수 있다고 말한다. 우리 사회에서 이런 사고방식은 이른바 뉴스 매체에 의해 양육되는 집단 신경증으로 진화했다. 특히 현대사회는 가능성을 예측하는 다양한 방법을 고안해냈고 예측 불가능함을 예측하려고 온갖 일을 다 한다. 신이 죽은 이후, 질병이 닥쳤다고 신을 탓해봐야 소용없으니 대신 서로가 서로를 책임지도록 만들었다. 그래서 끊임없이 탓할 누군가와 위험 요소를 식별할 영역을 찾아

헤매는 직업군 전체, 아니 사업 부문 하나가 생겨났다.

위험 없는 사회와 다른 사람을 언제나 탓할 수 있는 권리에 대한 믿음이 우리 문화에 스며들었다. 예를 들어 어느 요양원에서 상한 크림소스 감자 요리를 먹고 환자들이 죽었다는 걸 어느 텔레비전 다큐멘터리에서 밝혔다면, 다른 모든 요양원은 서둘러 자기들은 식품 위생에 훨씬 조심한다는 걸 보여줄 것이다. 테러리스트 공격에 집단 공황 상태에 빠진 사람들은 이런 치명적인 상황으로부터 우리를 보호하려고 수많은 돈과 인력을 소비한다. 통계적으로는 매년 자기 집 욕조에서 익사하는 사람이 더 많은데도 말이다. 과도한 염려 때문에 확률에 대한 균형 감각을 잃고 가짜 노동이 우리 유일한 방어책이 되었다.

금욕주의적 해답은 다음과 같다. 운명을 받아들이자. 매년 상한 음식으로 죽는 사람이 있고 또 어떤 사람은 파산할 것이며 아주 적은 수의 사람이 테러로 죽을 것이다. 하지만 인력 관리자들은 이런 상황을 피하며 또한 아이에게서 어머니와 아버지를 제거하고 부모에게서 아이를, 친구에게서 친구를 제거하려 한다. 관리 체계를 개선하는 건 언제든 가능하다. 그러니 그냥 하지 말자. 위험 없는 사회를 만들겠다고 모두를 과잉보호할 수는 없다. 그런 사회는 가능하지 않을 뿐더러 개인에게서 윤리와 도덕에 대한 책임을 덜어준다. 지자체에서 루이세의 도의적 책임감을 대체했던 병가 규정을 기억하자. 삶은 위험으로 가득한데 해결책은 너무 비싼 경우가 많다. '최선을 다하다'는 사실상 최선을 행한 것이 아닐 때가 있다.

일과 삶의 의미 되찾기

우리 원시 조상이 나무에서 내려와 자아 성찰 능력을 발전시키기 시작했을 때 전략 회의에서 파워포인트 발표를 보거나 목록에 표시해나가는 장면을 상상이나 했을까. 인간은 어느 정도까지는 자신을 자연의 구속에서 해방시켰지만 그건 '경영 자문'을 하기 위해서가 아니라 자유롭고 활동적인 삶을 살기 위해서, 환경과 의미 있는 유기적 상호작용에 참여하고 낮잠을 즐기기 위해서였다.

가짜 노동에 대한 우리의 인터넷 게시글 이후, 이 책에서 일일이 언급할 수 없을 정도로 많은 사람이 우리에게 연락을 해왔다. 2018년에 덴마크에서 책이 출간된 이후에는 우리 편지함이 더욱 가득 차게 되었고 연락은 여전히 이어진다.

그럼에도 실명을 드러내고 이야기하려는 사람은 드물었다. 어쨌든 이 책의 성공으로 점점 더 많은 이가 구체적인 개념으로 가짜 노동에 대해 이야기하게 되었다. 우리는 특히 덴마크 총리가 어느 인터뷰에서 이 책에 영감을 받았다고 언급하며, 취임 연설에서도 가짜 노동에 대해 이야기하는 것을 보고 감동받았다.

우리가 그녀에 대해 말하는 이유는 마지막으로 중요한 점 한 가지를 지적하기 위해서다. 가짜 노동에 대해 말하는 것은 큰 도움이 된다. 우리 제도 안의 금기이자 우리 자신의 머릿속 금기를 제거해야 하기 때문이다. 그래서 우리는 사람들이 자신의 가짜 노동을 인정하기 힘들어한다는 점을 이 책 내내 중요하게 지적해왔다.

우리와 대화를 나눈 어느 사회과학 교수는 동료들과 만든 연구 모델이 현실을 전혀 설명하지 못한다고 인정했지만 여전히 새로운 모델을 개발하지는 못하고 있었다. 우리는 그에게 그럼 일을 그만둬야 하는 거 아니냐고 대놓고 물었다. 그는 가족도 부양해야 하고 집세도 내야 한다고 대답했다. 우리는 그 점을 존중하고 싶었지만, 그 교수가 자존감을 잃을까 봐 걱정됐다.

우리는 일단 독자 여러분에게 그 교수와 같은 상황에 처한다면 어떻게 할지 물어보고 싶다. 계속 그 일을 하면서 자존감을 유지할 수 있을까? 당신이 바쁜지는 묻지 않았다. 다만, 당신의 시간을 그렇게 많이 쓰는 활동이 필수적인지 물었다.

이 책으로 우리는 아주 특별한 여정을 시작했다. 한 가지 문제와 서로의 견해에 대해 더 배우고 싶었다. 이 책의 모든 안건, 모든 세부 사항에 서로 의견이 일치하지는 않았다. 현실은 복잡하고 정치는 더욱 복잡하며 우리 정당은 다양한 방식으로 다르기 때문이다. 그럼에도 정치적 문제는 대화를 마비시키고 의미 있는 행동을 막는 정치적 파벌을 넘어서는 정치적 결단을 요구한다. 가짜 노동은 정치적 문제일 수 있지만 딱히 좌파나 우파의 문제는 아니다.

그런 점에서 우리는 함께 일하기로 결정하고 다양한 선택지를 토론하며, 탈주하는 무의미한 노동이 우리를 점점 더 깊은 공허로 끌어당기는 문제를 풀어갔다. 우리는 앞서 만났던 버트런드 러셀의 인용문으로 이 책을 마치려 한다.

"지금까지 우리는 기계가 발명되기 전과 마찬가지로 계속 총력을 기울여왔다. 어리석었지만 영원히 어리석게 지낼 이유는 없다."

정치적 편향과 관계없이 여기까지 읽어준 독자 여러분에게 고마움을 전한다. 우리는 이제 여러분이 다르게 생각하고 행동할 거라 기대한다. 여러분은 생각보다 더 자유롭게 행동해도 된다.

많은 연구 논문, 저서, 기사가 이 책의 집필에 사용되었다. 모든 자료를 다 쓰지는 않았고 필수적인 것들만 포함시켜 독자들이 사실 관계를 찾고 직접 읽어보고 판단할 수 있도록 했다. 아래 목록은 책에 나타난 순서대로 나열했다.

프롤로그

＊롤란드 파울센 Roland Paulsen, 『텅 빈 노동 : 게으름과 직장 내 반항 Empty Labor : Idleness and Workplace Resistance』(2014).

1장

도시 계획과 노동의 전망

＊뉴욕현대미술관 MOMA : https://www.moma.org/calendar/exhibitions/1410

＊모건 메이스 Morgan Meis, 「프랭크 로이드 라이트가 도시를 해결하려 했다 Frank Lloyd Wright tried to solve the city」, 『The New Yorker』 (2014.5.22.).

＊존 메이너드 케인스 John Maynard Keynes, 「우리 손주들을 위한 경제학적 예측 Economic Possibilities for our Grandchildren」(1930).

＊버트런드 러셀 Bertrand Russell, 『게으름에 대한 찬양 In Praise of Idleness』(1932) ; 송은경 옮김, 사회평론, 2005.

＊카를 마르크스 Karl Marx & 프리드리히 엥겔스 Friedrich Engels, 『독일 이데올로기 Die Deutsche Ideologie』(1845 – 1847).

＊벤저민 클라인 허니컷 Benjamin Kline Hunnicutt, 『자유 시간 Free Time』(2013).

✽ 월터 지포드 Walter S. Gifford, 「지겨운 노동의 나날은 곧 끝날 것 Days of drudgery will soon be over」.

✽ 막스 베버 Max Weber, 『프로테스탄티즘의 윤리와 자본주의 정신 Die Protestantische Ethik und der Geist des Kapitalismus』(1905).

✽ 마틴 포드 Martin Ford, 『로봇의 부상 Rise of the Robots : Technology and the Threat of a Jobless Future』(2015) ; 이창희 옮김, 세종, 2016.

✽ 뤼트허르 브레흐만 Rutger Bregman, 『리얼리스트를 위한 유토피아 플랜 Utopia for Realists』(2016) ; 안기순 옮김, 김영사, 2017.

노동시간의 역사

✽ 마셜 살린스 Marshal Sahlins, 『석기 시대 경제학 Stone-Age Economics』(1972) ; 박충환 옮김, 한울, 2014.

✽ 리처드 던킨 Richard Donkin, 『노동의 역사 The History of Work』(2010).

✽ 재레드 다이아몬드 Jared Diamond, 『총 균 쇠 Guns, Germs and Steel』(1997) ; 김진준 옮김, 문학사상사, 2005.

✽ 재레드 다이아몬드, 『제3의 침팬지 The Third Chimpanzee』(1997).

✽ 줄리엣 초어 Juliet B. Schor, 『과로하는 미국인 The Overworked American』(1991).

사무직의 역사

✽ 니킬 서발 Nikil Saval, 『큐브, 칸막이 사무실의 은밀한 역사 Cubed : A Secret History of the Workplace』(2014) ; 김승진 옮김, 이마, 2015.

✽ 휴버먼 Huberman & 민즈 Minns, 「그들이 바꾸지 않는 시대 : 옛날 세상과 새로운 세상의 직장 생활 The times they are not changin' : Days and hours of work in Old and New Worlds, 1870 - 2000」, 『Explorations in Economic History』 Vol. 44, No. 4(2007.4.).

* www.business.dk/oekonomi/hver-anden-ansat-i-danske-virksomhed-er-er-i-udlandet
* 마츠 알베손 Mats Alvesson, 『공허의 승리 The Triumph of Emptiness』 (2006).
* 앨리슨 울프 Alison Wolf, 「교육과 경제 성과 : 단순화된 이론들과 정책의 결과들 Education and economic performance : Simplistic theories and their policy consequences」, 『Oxford Review of Economic Policy』 Vol. 20, No. 2(2004).
* 타일러 코원 Tyler Cowen, 『거대한 침체 The Great Stagnation』 2011
* N. Bloom, 찰스 존스 C. Jones, J. Van Reenen & M. Webb. 「아이디어를 발견하기가 더 어려워지나 Are ideas getting harder to find?」, 『American Economic Review』 Vol. 110, No. 4(2020).
* 데이비드 그레이버 David Graeber, 『관료제 유토피아 The Utopia of Rules』(2015) ; 김영배 옮김, 메디치미디어, 2016.
* 코린느 마이어 Corinne Maier, 『게으름아, 안녕? : 회사에서 가능한 한 적게 일해야 하는 이유와 그 방법 Bonjour paresse : Why Hard Work Doesn't Pay』(2004) ; 한정석 옮김, 문학세계사, 2005.
* 허먼 멜빌 Herman Melville, 『필경사 바틀비 Bartleby, the Scrivener』 (1853).

2장

아무 일도 하지 않거나 체계적으로 고용주를 기만하는 사람들

* BBC News, 19.1.2004 : http://news.bbc.co.uk/2/hi/europe/3410547.stm
* BBC News, 16.1.2013:http://www.bbc.com/news/technolo-

gy-21043693

＊『WELT』:https://www.welt.de/regionales/duesseldorf/arti-
cle106169081/Mannerhielt-745-000-Euro-fuer-14-Jahre-Nichtstun.
html

＊갤럽 Gallup : http://news.gallup.com/poll/165269/worldwide-employ-
ees-engaged-work.aspx

＊로크울 재단 Rockwool Fondens Forskningsenhed, June 2012 : http://
www.rockwoolfonden.dk/app/uploads/2016/02/Nyheds-
brev-Juni-2012.pdf

＊로빈슨 외 Robinson et al., 『월간 노동 리뷰 Monthly Labour Review』
(2011. 6.).

＊에린 레이드 Erin Reid, 「주 80시간 일하는 척하는 사람들 Why some
men pretend to work 80-hour weeks」, 『하버드 비즈니스 리뷰 Harvard
Business Review』(2015. 4.).

＊『Dagens Nyheter』5.5.2009 : http://www.dn.se/nyheter/sverige/sju-up-
pgsagda-palfv-efter-att-ha-porrsurfat/

＊『데타일포크 Detailfolk』22.2.2013 : http://detailfolk.dk/detailnyheder/
netkunder_shopper_i_arbejdstiden.html?prsrc=3

＊CNN, 27.6.2000 : http://cnnfn.cnn.com/2000/06/27/people/q_wc_
cyberslackers/

＊Websense : Web@Work Survey 2002

＊데이비드 그레이버 David Graeber, 『불씻 잡 Bullshit Jobs』(2018) ; 김병
화 옮김, 민음사, 2021.

＊롤란드 파울센 Roland Paulsen, 『텅 빈 노동 Empty Labor』(2014).

＊재스민 버고위 외 Jasmine Vergauwe et al., 「들통의 공포 : 사기꾼 증후
군의 특성과 노동 환경 내 연관성 Fear of being exposed : The trait-re-

latedness of the impostor phenomenon and its relevance in the work context」,『Journal of Business and Psychology』3(2015).

지루함과 할 일 없음 혹은 의미 없는 일의 고통

＊킴 윌셔 Kim Willsher,「프랑스인이 전 고용주를 지루한 일을 시켰다고 고소하다 Frenchman takes former employer to tribunal over tedious job」,『The Guardian』(2016.5.2.).

＊크리스티안 브리옹 Christian Bourion,『모든 게 지긋지긋한 증후군: 일터에서의 지루함에 미칠 때 Le bore-out syndrom : Quand l'ennui au travail rend fou』(2016).

＊데이비드 볼초버 David Bolchover,『산송장 The Living Dead』(2005).

＊콜린 메리필드 외 Colleen Merrifield et al.,「지루함의 정신생리학적 특징 Characterizing the psychophysiological signature of boredom」,『Experimental Brain Research』Vol. 232, No. 2(2014.2.).

＊스트레스 학회 Stress Foreningen : http://www.stressforeningen.dk/stress-og-statistik/

＊국립 노동 환경 연구소 Det Nationale Forskningscenter for Arbejdsmiljø, 9.9.2014 :

＊YouGov 12.08.2015 : https://yougov.co.uk/news/2015/08/12/british-jobs-meaningless/

＊Schoutten & Nelissen : https://www.sn.nl/nieuws/4-op-de-10-medewerkers-vinden-hun-werk-niet-zinvol/

＊Rutger Bregman, 세계 경제 포럼 World Economic Forum, 12.4.2017: https://www.weforum.org/agenda/2017/04/why-its-time-to-rethink-the-meaning-of-work/

＊데이비드 그레이버 David Graeber,「헛짓거리 직업 현상 On the phe-

nomenon of bullshit jobs」,『Strike』(2013.8.17.) http://strikemag.org/
bullshit-jobs/
* 스콧 애덤스 Scott Adams,『딜버트의 법칙 The Dilbert Principle』(1996)
; 이은선 옮김, 홍익, 1996.

3장

텅 빈 노동
* 롤란드 파울센 Roland Paulsen,『텅 빈 노동 : 게으름과 직장 내 반항
Empty Labor : Idleness and Workplace Resistance』(2014).

합리성
* 미셸 푸코 Michel Foucault,「고문, 그것은 이성 La torture, c'est la rai-
son」,『말과 글 Dits et écrits』3권(1976-1979).
* 도미니크 자니코 Dominique Janicaud,『합리성의 힘 La Puissance du
rationel』(1985).
* 아네르스 포그 옌센 Anders Fogh Jensen,『Mellem ting, Foucaults filoso-
fi 사물 사이 푸코의 철학 』second edition(2012).

가속도
* 폴 비릴리오 Paul Virilio,『속도와 정치 Vitesse et Politique』(1977) ; 이재
원 옮김, 그린비, 2004.
* 하르트무트 로자 Hartmut Rosa,『소외와 가속 Beschleunigung und Ent-
fremdung』(2013) ; 김태희 옮김, 앨피, 2020.

허위 형성

∗오스발트 슈펭글러 Oswald Spengler, 『서구의 몰락 Der Untergang des Abendlandes』(1918-1922).

4장

허위 프로젝트

∗스티브 매케비트 Steve McKevitt, 『도시에서 빈둥거리기 City Slackers』(2006).

∗롤란드 파울센 Roland Paulsen, 『텅 빈 노동 : 게으름과 직장 내 반항 Empty Labor : Idleness and Workplace Resistance』(2014).

∗R. K. 개릿 R. K. Garrett & J. N. 댄지거 J. N. Danziger, 「사이버 공간에서 빈둥거리기 : 직장에서의 지위와 직장 내 개인 인터넷 사용 On cyberslacking : Workplace status and personal internet use at work」, 『CyberPsychology and Behavior』 Vol. 11, No. 3(2008).

파킨슨의 법칙

∗시릴 노스코트 파킨슨 Cyril Northcote Parkinson, 『파킨슨의 법칙 Parkinson's Law』(1958).

∗주디스 F. 브라이언 Judith F. Bryan & 에드윈 A. 로크 Edwin A. Locke, 「목표 설정 현상으로서의 파킨슨의 법칙 Parkinson's Law as a goal-setting phenomenon」, 『Organizational Behavior and Human Performance』 2(1967) 258-275쪽; 콘스탄틴 맨티스 Constantine Mantis, 「파킨슨 법칙 점검 Testing Parkinson's Law in Auto- and Manually Graded McGraw Assignments」, 『CIRTL Reports』 Vol. 9(2017).

＊로런스 H. 피터스 외 Lawrence H. Peters et al., 「시간 압박과 성과 사이 관계 : 파킨슨 법칙 현장 테스트 The relationship between time pressure and performance : A field test of Parkinson's Law」, 『Journal of Occupational Behaviour』 Vol. 5, No. 4(1984).

＊존 프리먼 John Freeman & 마이클 T. 해넌 Michael T. Hannan, 「조직의 성장과 쇠락 과정 Growth and Decline Processes in Organizations」, 『American Sociological Review』 Vol. 40, No. 2(1975).

＊스티브 매케비트 Steve McKevitt, 『도시에서 빈둥거리기』(2006).

＊헨리 L. 토시 외 Henry L. Tosi et al., 「성과는 얼마나 중요한가? CEO 임금 연구 메타 분석 How Much Does Performance Matter? A Meta-Analysis of CEO Pay Studies」, 『Journal of Management』 Vol. 26, No. 2(2000).

＊릭 마셜 Ric Marshal & 린다-엘링 리 Linda-Eling Lee, 「CEO는 성과급을 받는가 Are CEO's paid for performance?」, 『MSCI Research Insight』(2016.7) https://www.gsb.stanford.edu/insights/when-ceos-are-paid-bad-performance

바른 문화에서의 허위 노동

＊롤란드 파울센 Roland Paulsen, 『텅 빈 노동 : 게으름과 직장 내 반항 Empty Labor : Idleness and Workplace Resistance』(2014).

＊조너선 거셔니 Jonathan Gershuny, 「새로운 지배적 노동 계급에게 명예의 징표인 바쁨 Busyness as the badge of honour for the new superordinate working class」, 『Working Papers of the Institute for Social and Economic Research』(2005.9).

＊벤저민 클라인 허니컷 Benjamin Kline Hunnicutt, 『자유 시간 Free Time』(2013).

5장

보건 제도

* 한스 드라크만 Hans Drachmann & 아네르스 슈미트 Anders Legarth Schmidt, 「덴마크보다 미국에서 선호되는 자본 Hovedstaden foretrak en amerikansk frem for en jysk model」, 『폴리티켄 Politiken』(2017.3.9.).
* 폴 필가르드 존슨 Poul Pilgaard Johnsen, 「개선 부서 Forbedringsafdelingen」, 『Weekendavisen』(2017.3.17.)
* 『Politiken』: http://politiken.dk/debat/debatindlaeg/art6130438/Det-er-en-dødssejler-som-'Titanic'---lad-os-komme-fra-borde-i-tide

완벽, 관리, 성과급

* 배리 슈워츠 Barry Schwartz, 『우리는 왜 일하는가 Why We Work』(2015); 박수성 옮김, 문학동네, 2018.
* 예스 죄루프 외 Jes Gjørup et al., 「우리를 용서해요: 우리가 무슨 짓을 하는지 몰랐어요 Tilgiv os: vi vidste ikke, hvad vi gjorde」, 『폴리티켄 Politiken』(2007.3.29.).
* 요르겐 그뢰네고드 Jørgen Grønnegård Christensen & 페터 비에레 모르텐센 Peter Bjerre Mortensen, 『정치의 폭력: 공적 지도자의 조건과 기회 Politikens Vold: Offentlige lederes vilkår og muligheder』(2016).
* 마이클 립스키 Michael Lipsky, 『일선 관료제: 공무원 개인의 딜레마 Street-level Bureaucracy: Dilemmas of the individual in public services』(1980).
* 니나 홀름 본셴 Nina Holm Vohnsen, 『관료제의 부조리 The Absurdity of Bureaucracy』(2017).

민간 부문

＊제리 멀러 Jerry Z. Muller, 『성과지표의 배신 The Tyranny of Metrics』 (2018) ; 김윤경 옮김, 궁리, 2020.

＊올리버 제임스 Oliver James, 「기업 모델과 중앙 정부 조직의 기업 같은 변화 Business Models and the Transfer of Businesslike Central Government Agencies」, 『Governance』 Vol. 14, No. 2(2001).

＊마이클 파워 Michael Power, 『감사 사회: 검증의 의례 The Audit Society: Rituals of Verification』(1997).

＊마츠 알베손 Mats Alvesson & 안드레 스파이서 André Spicer: 『어리석음의 역설: 일터 내 기능적 멍청함의 힘과 함정 The Stupidity Paradox: The Power and Pitfalls of Functional Stupidity at Work』(2016).

＊데이비드 그레이버 David Graeber, 『관료제 유토피아 The Utopia of Rules』(2015) ; 김영배 옮김, 메디치미디어, 2016.

＊브렌던 맥스위니 Brendan McSweeney, 「우리는 후기 관료제 시대에 살고 있나 Are we living in a post-bureaucratic epoch?」, 『Journal of Organizational Change Management』 Vol. 19, No. 1(2006).

＊게리 하멜 Gary Hamel & 미셸 자니니 Michele Zanini, 「우리는 그 어느 때보다 대규모 관료제 조직들에서 일하고 있다 More of Us Are Working in Big Bureaucratic Organizations Than Ever Before」, 『하버드 비즈니스 리뷰 Havard Business Review』(2016.7.5.).

업무 해킹

＊빌 젠슨 Bill Jensen & 조시 클라인 Josh Klein, 『말 안 듣는 직원이 성과를 낸다 Hacking Work: Breaking stupid rules for smart results』(2010).

인사팀

∗ 패티 매코드 Patty McCord, 「넷플릭스가 인사부서를 재발명하다 How Netflix Reinvented HR」, 『하버드 비즈니스 리뷰 Harvard Business Review』(2014.1-2.). 127장의 슬라이드는 여기서 볼 수 있다: https://www.slideshare.net/reed2001/culture-1798664

개선과 창조성

∗ 스콧 애덤스 Scott Adams, 『딜버트의 법칙 The Dilbert Principle』(1996) ; 이은선 옮김, 홍익, 1996.
∗ 스테판 스카이퍼 Stephan Schaefer, 『경영진의 무지: 관리자들이 창조성을 조직하는 방법 연구 Managerial Ignorance : A study of how managers organize for creativity』(2014).

6장

기업 내 변덕스런 유행

∗ 키엘 아르네 뢰비크 Kjell Arne Røvik, 『현대 조직들, 밀레니엄 전환기 조직의 사고 경향 Moderne organisasjoner, Trender I organisationstenkningen ved tusenårsskiftet』(2007).
∗ 얀 발란데르 Jan Wallander, 『탈중앙화: 왜 그리고 어떻게 해야 하나 Decentralisation : Why and How to Make it Work』(2003).

7장

과시성

＊마츠 알베손 Mats Alvesson, 『공허의 승리 Tomhetens Triumf』(2011).

＊리처드 아룸 Richard Arum & 조시파 로스카 Josipa Roska, 『학문의 표류: 대학에서의 제한적 배움 Academically Adrift: Limited Learning on College Campuses』(2011).

＊마츠 알베손 Mats Alvesson & 안드레 스파이서 André Spicer, 『기능적 어리석음 Functional Stupidity』; 알베손 & 스파이서: 「어리석음 기반의 조직 이론 A Stupidity-Based Theory of Organizations」, 『경영학 연구 저널 Journal of Management Studies』 Vol. 49, No. 5(2012).

＊마츠 알베손 Mats Alvesson & 안드레 스파이서 André Spicer: 『어리석음의 역설: 일터 내 기능적 멍청함의 힘과 함정 The Stupidity Paradox: The Power and Pitfalls of Functional Stupidity at Work』(2016).

홍보 패러다임

＊메이켄 슐츠 Majken Schultz & 메리 조 해치 Mary Jo Hatch, 『기업 브랜드의 전략적 경영 Taking Brand Initiative』(2008); 정창훈, 권오영 옮김, 비즈니스북스, 2010.

과잉 교육

＊덴마크 지역들: http://www.regioner.dk/services/nyheder/2017/august/gymnasier-og-erhvervsskoler-har-brugt-en-milliard-til-reklamer

현실 복귀

＊마츠 알베손 Mats Alvesson & 야니스 가브리엘 Yiannis Gabriel & 롤란

드 파울센 Roland Paulsen, 『의미로의 복귀 : 사회과학의 역할 Return to Meaning : A social science with something to say』(2017).

8장

긍정성

* 한병철 Byung-Chul Han, 『투명 사회 Transparenzgesellschaft 』(2012) ; 김태환 옮김, 문학과지성사, 2014.
* 스벤 브링크만 Svend Brinkmann, 『스탠드펌 Stand Firm』(2017) ; 강경이 옮김, 다산초당, 2017.
* 먼데이 모닝 Monday Morning, 「전위의 지자체 : 오르후스가 복지를 다시 생각하다 Kommune forfra : Aarhus gentænker velfærden」(2015).
* G.W.F. 헤겔 G.W.F. Hegel, 『정신현상학 The Phenomenology of Spirit』 (1807).

9장

회의

* 구직 센터 CA : https://www.ca.dk/artikel/mere-effektive-moeder-tak
* Attentiv : http://attentiv.com/america-meets-a-lot
* 마이클 맨킨스 Michael Mankins & 에릭 가튼 Eric Garton, 『시간, 재능, 에너지 Time, Talent, Energy』(2017).
* Finans : http://finans.dk/karriere/ECE9542283/ledere-bruger-to-arbejdsdage-om-ugen-paa-moeder/?ctxref=ext

근무시간 길이와 생산성

＊ 존 펜카벨 John Pencavel, 「근무 시간 길이의 생산성 The Productivity of Working Hours」, 『The Economic Journal』 Vol. 125(2004).

＊ 마가렛 헤퍼넌 Margaret Heffernan, 『Inc.』(2012.1.26.) : https://www.inc.com/margaret-heffernan/the-truth-aboutsleep-and-productivity.html

＊ 필립 인먼 Phillip Inman, 「연구로 밝혀진, 영국인의 생산성 없는 긴 근무 시간 Britons working longer hours with no gain in productivity, study finds」, 『The Guardian』(2016.3.27.).

＊ 케이티 앨런 Katie Allen, 「노동은 가능한 시간에 맞춰 줄어든다 : 증명 가능하다 Work also shrinks to fit the time available : and we can prove it」, 『The Guardian』(2017.10.3.).

＊ 엠마 럭스톤 Emma Luxton, 「더 적은 시간 일하면 더 생산적이 되는가 Does working fewer hours make you more productive?」, 『World Economic Forum』(2016.3.4.).

＊ 하딥 마사루 Hardeep Matharu, 「스웨덴의 근로자들이 하루 6시간을 도입하다 Employers in Sweden introduce six-hour work day」, 『The Independent』(2016.10.1.).

＊ 벤 레이커 Ben Laker & 토마스 룰렛 Thomas Roulet, 「유럽에서 주4일 제 시작되나 Will the 4-Day Workweek Take Hold in Europe?」, 『하버드 비즈니스 리뷰 Harvard Business Review』(2019.8.5.).

＊ 페르닐레 가르데 아빌드가르드 Pernille Garde Abildgaard, 『주4일제의 비밀 The Secret of the Four Day Week』(2019).

＊ 칼 뉴포트 Cal Newport, 『딥 워크 : 강렬한 몰입, 최고의 성과 Deep Work : Rules for Focused Success in a Distracted World』(2016) ; 김태훈 옮김, 민음사, 2017.

＊ 미하이 칙센트미하이 Mihaly Csikszentmihalyi, 『몰입 Flow : 미치도록

행복한 나를 만난다 Flow : The Psychology of Happiness』(2002) ; 최인수 옮김, 한울림, 2004.

10장

근무시간의 탄생

＊ 미셸 푸코 Michel Foucault, 『말과 사물 Les mots et les choses』(1966).

근무시간 내 지루함

＊ 프랑수아 바우만 Francois Baumann : 『모든 게 지긋지긋함 : 일터에서의 지루함에 병들 때 Le bore-out : Quand l'ennui au travail rend malade』 (2016).

＊ 크리스티안 부리옹 Christian Bourion : 『모든 게 지긋지긋한 증후군 Le bore-out syndrom. 일터에서의 지루함에 미칠 때 Quand l'ennui au travail rend fou』(2016).

＊ 아네르스 포그 옌센 Anders Fogh Jensen : 『프로젝트 사회 The Project Society』(2009/2012).

일의 가치

＊ 모린 에스텔 Morin, Estelle, 「프랑스 관리직에게 일의 의미 Le sens du travail pour des gestionnaires francophones」, 『일과 조직의 심리학 Psychologie du travail et des organisation』 3 (3-4), 1997, 26-45쪽; Bourion의 2016년 책 20-22쪽에서 재인용.

＊ 스티븐 E. 험프리 Stephen E. Humphrey & 제니퍼 D. 나르강 Jennifer D. Nahrgang & 프레더릭 P. 모지슨 Frederick P. Morgeson, 「의욕 고취

적이고 사교적이며 맥락 분명한 노동 설계 특징들 통합하기 : 노동 설계 문헌의 메타분석적 요약과 이론적 확장 Integrating motivational, social, and contextual work design features : A meta-analytic summary and theoretical extension of the work design literature」, 『응용 심리학 저널 Journal of Applied Psychology』 Vol. 92, No. 5(2007).

*S. 안토니오 루이즈-퀸타닐라 S. Antonio Ruiz-Quintanilla & 조지 W. 잉글랜드 George W. England, 「노동의 정의 How working is defined : 구조와 안정성 Structure and stability」, 『조직 행동학 저널 Journal of Organizational Behavior』 Vol. 17(1996).

사무실 좀비

*크리스티안 부리옹 Christian Bourion, 『모든 게 지긋지긋한 증후군 : 일터에서의 지루함에 미칠 때 Le bore-out syndrom : Quand l'ennui au travail rend fou』(2016).

* 데이비드 볼초버 David Bolchover, 『산송장 The Living Dead』(2005).

11장

경제적 인간

*미셸 푸코 Michel Foucault, 『생명관리정치의 탄생 : 콜레주드프랑스 강의 1978~79년 Naissance de la biopolitique : lecture at Collège de France』(1979) ; 오트르망, 심세광, 전혜리, 조성은 옮김, 난장, 2012.

*새뮤얼 보울스 Samuel Bowles, 『도덕경제학 : 왜 경제적 인센티브는 선한 시민을 대체할 수 없는가 The Moral Economy : Why Good Incentives are No Substitute for Good Citizens』(2016) ; 최정규, 박용진, 전용

범 옮김, 흐름출판, 2020.

＊배리 슈워츠 Barry Schwartz,『우리는 왜 일하는가 Why We Work』(2015) ; 박수성 옮김, 문학동네, 2018.

감사

＊마이클 파워 Michael Power,『감사 사회 : 검증의 의례 The Audit Society : Rituals of Verification』(1997).

＊스타샤 셔먼 가 Stacia Sherman Garr,「민첩성을 위한 재정비 : 성과 평가를 폐기한 어도비 Reengineering for agility : How Adobe eliminated performance appraisals」, Bersin by Deloitte, 9월 2013

＊마커스 버킹엄 Marcus Buckingham & 애슐리 구달 Ashley Goodall,「성과 경영의 재발명 Reinventing Performance Management」,『하버드 비즈니스 리뷰 Harvard Business Review』(2015.4.).

＊Anne S. Binderkrantz & Jørgen G. Christensen,「정부 내 운영 성과와 임원 임금 Agency Performance and Executive Pay in Government : 경험적 분석 An Empirical Test」,『Journal of Public Administration Research and Theory』Vol. 22, Issue 1 (2012.1.).

시민적 불복종과 기업 관료제

＊니나 홀름 본센 Nina Holm Vohnsen,『관료제의 부조리 The Absurdity of Bureaucracy』(2017).

＊Dagpengeland : www.dagpengeland.dk

＊마이클 립스키 Michael Lipsky,『일선 관료제 : 공무원 개인의 딜레마 Street-level Bureaucracy : Dilemmas of the individual in public services』(1980).

＊빈센트 뒤부아 Vincent Dubois,『관료제와 빈곤 : 프랑스 복지국에서의

만남 The Bureaucrat and the Poor : Encounters in French Welfare Offic-
es』(2010).

＊레아 테스 Lea Tess, 『관료제와 피 흘리는 마음들 : 북호주의 토착 보건
Bureaucrats and Bleeding Hearts : Indigenous Health in Northern Aus-
tralia』(2008).

＊롤란드 파울센 Roland Paulsen, 『우리는 따를 뿐 : 스웨덴의 고용 지원
센터 이야기 Vi bara lyder : En berättelse om Arbetsförmedlingen』(2015).

신 공공 경영과 성과 경영

＊거트 T. 스벤센 Gert T. Svendsen & 군나르 L. H. 스벤센 Gunnar L. H.
Svendsen, 『사회 자본 입문 Social Kapital En introduktion』(2006).

＊크리스토퍼 후드 Christopher Hood & 루스 딕슨 Ruth Dixon, 『더 잘
작동하고 비용은 적게 드는 정부? A Government that Works Better and
Costs Less?』(2005). 덴마크어 토론 : http://denoffentlige.dk/bombe-un-
der-30-aars-styringstaenkning-hood-og-dixon-laegger-new-public-
management-i-graven

12장

필수로서의 노동

＊예르겐 K. 부크달 Jørgen K. Bukdahl, 『카를 마르크스 Karl Marx』(1967).

＊요아킴 이스라엘 Joachim Israel, 『소외 : 마르크스에서 현대 사회학까지
Fremmedgørelse : Fra Marx til moderne sociologi』(1969).

인간이 노동하는 이유

＊크리스티안 부리옹 Christian Bourion, 『모든 게 지긋지긋한 증후군: 일터에서의 지루함에 미칠 때 Le bore-out syndrom : Quand l'ennui au travail rend fou』(2016).

＊한병철 Byung-Chul Han, 『피로 사회 Müdigkeitsgesellschaft』(2010) ; 김 태환 옮김, 문학과지성사, 2012.

＊막스 베버 Max Weber, 『프로테스탄티즘의 윤리와 자본주의 정신 Die Protestantische Ethik und der Geist des Kapitalismus』(1905).

13장

반향

＊하르트무트 로자 Hartmut Rosa, 『소외와 가속 Beschleunigung und Ent-fremdung』(2013) ; 김태희 옮김, 앨피, 2020.

판단

＊이마누엘 칸트 Immanuel Kant, 「계몽이란 무엇인가 Was heisst Aufklärung?」『월간 베를린 Berliner Monatsschrift』(1783).

＊이마누엘 칸트 Immanuel Kant, 『판단력비판 Kritik der Urteilskraft』 (1790).

14장

합의 경영

＊데니스 뇌르마크 Dennis Nørmark, 『석기 시대 뇌를 위한 문화 지능 Cultural Intelligence for Stone-Age Brains』(2013).

헛소리 리더십과 경영학 코스들

＊제프리 페퍼 Jeffrey Pfeffer, 『헛소리 리더십 Leadership BS』(2015).

＊로버트 카이저 Robert Kaiser & 고디 컬피 Gordy Curphy, 「리더십 개발:산업의 실패와 컨설팅 심리학자들의 기회 Leadership development:The failure of an industry and the opportunity for consulting psychologists」, 『Consulting Psychology Journal:Practice and Research』 Vol. 65, No. 4(2013).

＊마츠 알베손 Mats Alvesson & 안드레 스파이서 André Spicer:『어리석음의 역설:일터 내 기능적 멍청함의 힘과 함정 The Stupidity Paradox-:The Power and Pitfalls of Functional Stupidity at Work』(2016).

＊마이클 C. 맨킨스 Michael C. Mankins, 「또 다른 관리직 고용의 진짜 비용 The True Cost of Hiring Yet Another Manager」, 『하버드 비즈니스 리뷰 Harvard Business Review』(2014.6.).

평화와 창조성

＊켄 로빈슨 Ken Robinson, 『내 안의 창의력을 깨우는 일곱가지 법칙 Out of our Minds』(2011) ; 유소영 옮김, 한길아트, 2007.

＊테레사 M. 아마빌레 외 Teresa M. Amabile et al., 「조직 내 시간 압박과 창조성:장기 현장 연구 Time Pressure and Creativity in Organizations:A Longitudinal Field Study」, Harvard Business School Working Paper, No. 02-073, April 2002.

＊파리드 자카리아 Fareed Zakaria:『하버드 학생들은 더 이상 인문학을 공부하지 않는다 In Defense of a Liberal Education』(2015).

＊칼 뉴포트 Cal Newport, 『딥 워크:강렬한 몰입, 최고의 성과 Deep Work:Rules for Focused Success in a Distracted World』(2016) ; 김태훈 옮김, 민음사, 2017.

＊데이비드 그레이버 David Graeber, 『불헛 잡 Bullshit Jobs』(2018) ; 김병화 옮김, 민음사, 2021.

＊Business Insider : http://www.businessinsider.com/google-20-percent-time-policy-2015-4?r=US&IR=T&IR=T

15장

임금과 직업의 부적절한 면들

＊마츠 알베손 Mats Alvesson & 안드레 스파이서 André Spicer : 『어리석음의 역설 : 일터 내 기능적 명청함의 힘과 함정 The Stupidity Paradox : The Power and Pitfalls of Functional Stupidity at Work』(2016).

교육과 일의 가치

＊브라이언 캐플란 Bryan Caplan : 『교육을 거스르는 사례 : 왜 교육 제도가 시간과 돈의 낭비인가 The Case Against Education : Why the Education System is a Waste of Time and Money』(2018).

보편적 기본 소득

＊뤼트허르 브레흐만 Rutger Bregman, 『리얼리스트를 위한 유토피아 플랜 Utopia for Realists』(2016) ; 안기순 옮김, 2017.

＊아네르스 포그 옌센 Anders Fogh Jensen, 『프로젝트 사회 The Project Society』(2009/2012).

옮긴이 **이수영**

연세대에서 국문학을, 같은 대학원에서 비교문학을 전공했다. 편집자, 기자, 전시 기획자로 일하다가 지금은 번역에 전념하고 있다.
역사서 『밴디트』, 경영서 『프라이탁: 가방을 넘어서』, 실용서 『너덜너덜 기진맥진 지친 당신을 위한 마음챙김 안내서』, 소설 『굿모닝 미드나이트』, 에세이 『국경 너머의 키스』, 여행기 『헤밍웨이의 집에는 고양이가 산다』 등을 옮겼다.

스스로 만드는 번아웃의 세계
가짜 노동
ⓒ 데니스 뇌르마르크·아네르스 포그 옌센, 2022

초판 1쇄 발행일 2022년 8월 8일
초판 12쇄 발행일 2024년 7월 30일

지은이   데니스 뇌르마르크·아네르스 포그 옌센
옮긴이   이수영
펴낸이   정은영

펴낸곳   (주)자음과모음
출판등록   2001년 11월 28일 제2001-000259호
주소   10881 경기도 파주시 회동길 325-20
전화   편집부 (02)324-2347 경영지원부 (02)325-6047
팩스   편집부 (02)324-2348 경영지원부 (02)2648-1311
이메일   munhak@jamobook.com

ISBN   978-89-544-4841-3 (03300)